本书获湖南省第17届优秀社会科学学术著作出版资助

贾谊文化品格研究

熊永祥 著

湖南师范大学出版社

·长沙·

图书在版编目（CIP）数据

贾谊文化品格研究／熊永祥著. —长沙：湖南师范大学出版社，2022. 7
ISBN 978－7－5648－4608－4

Ⅰ. ①贾…　Ⅱ. ①熊…　Ⅲ. ①贾谊（前200—前168）—文化思想—思想评论　Ⅳ. ①B234. 25

中国版本图书馆 CIP 数据核字（2022）第 125005 号

贾谊文化品格研究
JiaYi Wenhua Pinge Yanjiu

熊永祥　著

◇出　版　人：吴真文
◇责任编辑：胡艳晴
◇责任校对：谭静雅
◇出版发行：湖南师范大学出版社
　　　　　　地址／长沙市岳麓山　邮编／410081
　　　　　　电话／0731－88873071　88873070　传真/0731－88872636
　　　　　　网址／https：//press. hunnu. edu. cn
◇经销：新华书店
◇印刷：长沙雅佳印刷有限公司
◇开本：710 mm×1000 mm　1/16
◇印张：15. 25
◇字数：260 千字
◇版次：2022 年 7 月第 1 版
◇印次：2022 年 7 月第 1 次印刷
◇书号：ISBN 978－7－5648－4608－4
◇定价：55. 00 元

如有印装质量问题，请与承印厂调换。

探究湖湘文化之源（序一）

　　人生总有一段经历常常牵动人的情思，时不时地拨动心弦上婉转醉人的旋律。我在湖南师范大学曾经担任过一次班主任，也是唯一的一次，把一个班级的学生从一年级带到四年级毕业，几十年后的今天我还能准确地喊出大多数同学的名姓，清晰地回忆过往趣事。这个班级就是八五级五班。20 世纪 80 年代的中后期，正是一个常常被人们满怀深情地回忆和赞美的时代，那是一个热情洋溢、如痴如醉地追求诗酒远方的时代。湖南师范大学又处于巍巍云麓峰下，悠悠潇湘水畔，古木森森，芷兰茵茵，那是一个最容易激发青年人壮志遐想、中流击水的地方。

　　熊永祥是五班的学生，他是学校朝暾文学社和红烛诗社社长，家境比较贫寒，是那种励志经典叙事中朴实倔强、聪明颖悟、志存高远、勤奋刻苦的青年人。后来毕业他留校做了音乐系的学生辅导员，成了我在湖南师范大学的同事。他参加过师大的研究生学位班学习，后以优异的成绩直接考取博士研究生。我当时在扬州大学指导博士研究生主要的研究方向是先秦两汉文学，熊永祥志于屈原、贾谊研究。

　　屈原、贾谊是湖湘文化源远流长的文化标志，湖湘文化是中华优秀传统文化的重要形态。屈原和贾谊的气节与才华，他们忧国忧民的家国情怀和变革求新的进取精神构成了华夏文明的核心文化基因。清代乾隆朝的湖南巡抚、江苏武进人左辅（1751—1833）瞻仰屈贾二公合祠时，曾抚掌击节，仰天长啸：

　　　　亲不负楚，疏不负梁，爱国忠君真气节；
　　　　骚可为经，策可为史，经天行地大文章。

"亲不负楚"赞颂屈原哀郢投江忠贞不渝的爱国情怀，"疏不负梁"讴歌贾谊忠君不贰、生死不渝的师生情谊。"骚可为经"是说屈原的名篇《离骚》，"策可为史"即指贾谊的名著《治安策》。左辅认为这两篇都是如日月江河经天行地青史永垂的不朽经典，景仰之心溢于言表，崇敬之情溢于联间。古往今来，仁人志士，一踏上湖湘大地，无不凭栏远眺，把酒临风，遥想屈贾，壮怀激烈。另一个江苏人范仲淹（989—1052）早在北宋庆历年间，看到《洞庭晚秋图》，感叹巴陵胜迹，即抒发："予尝求古仁人之心……不以物喜，不以己悲。居庙堂之高则忧其民，处江湖之远则忧其君。是进亦忧，退亦忧。然则何时而乐耶？其必曰：先天下之忧而忧，后天下之乐而乐。"范仲淹追寻的"古仁人"，未尝不是屈原、贾谊？屈原、贾谊哪一个不是"居庙堂之高则忧其民，处江湖之远则忧其君"？屈原、贾谊的忧乐天下和范仲淹的忧乐天下，一脉相承。屈贾譬如湖湘文化的潇湘之水，中华传统文化犹如长江黄河，潇湘之水奔洞庭，洞庭波涌连江汉，江汉朝宗，源远流长，波澜壮阔，终成星辰大海。

伟大的历史学家司马迁在中国第一部纪传体史学巨著《史记》中，没有给屈原和贾谊单独列传，而是将二人合撰为《屈原贾生列传》。司马迁认为战国时期的屈原与西汉时期的贾谊历史地位同等重要。然而，长期以来，学术界对二人的研究有重屈轻贾的现象。当然，贾谊英年早逝，壮志未酬，遗著较少。根据班固的《汉书·艺文志》和清人姚振宗《汉书艺文志拾补》，贾谊有诸子类文章五十八篇、《五曹官制》五篇、赋七篇、《春秋左氏传训诂》著作一部，然多有亡佚，今仅存《新书》所收的五十六篇诸子类文章，还有五篇赋。他确实算不上著作等身，也没有惊天动地的丰功伟绩，然而他就是中国文化史上最为独特的那一位。为政，他少年老成，忧国忧民，深谋远虑；为文，他笔走龙蛇，赋文雄奇，才华横溢；为人，他志行高洁，方正廉能，蹈节死义。他像漆黑夜空中一颗最闪耀的流星，悲壮、绚丽、短暂的生命创造出辉煌的人生。他踵继屈原，培植了秦汉时期的湖湘文化之本，成为闪耀千古的历史文化坐标。

熊永祥博士的《贾谊文化品格研究》是在博士论文的基础上经过近二十年的反复打磨，从全新的角度研究贾谊精心撰著的佳篇力作，是湖湘文化探源研究的最新成果。文化品格是文化的一种特有的思维模式和价值取向，是文化品性和文化性格的综合体现。人的文化品格是一个人的本质特征，是人的一种自觉意识和精神风貌。人的文化品格是由人格决定的。瑞士著名心理学家荣格指出："人格是个体生命天赋特质的最高实现，人格的实现是敢于直面人生的具有高度勇气的行动，是对于所有那些构成个体生命要素的全面肯定，是个体对于普遍存在的状况最成功的适应。"贾谊的文化品格是贾谊直面现实人生的社会活动和文学创作活动所表现出的与众不同、出类拔萃的智慧、品行和精神。探究一个历史人物的文化品格，我们可以通过分析他的作品来尽可能地复原他的生命实践。德国古典主义文学家歌德认为，"一个作家的风格，是他内心生活的准确标志。所以，一个人如果想写出明白的风格，他首先要心里明白：如果想写出雄伟的风格，他也首先要有雄伟的人格"。另一位德国人、哲学家黑格尔也强调风格能展现出"作家人格的一些特点"。一个伟大政治家和文学家的文化品格必然影响他所生活的时代，从而形成那个时代的文化品格和民族精神。《贾谊文化品格研究》通过分析贾谊的文学作品，论述贾谊的五大文化品格，讨论贾谊文化品格对湖湘文化的影响，好似一支横空飞越的鸣镝，显示屈贾研究和湖湘文化研究的新航程。

《贾谊文化品格研究》虽重在研究贾谊的文化品格，也涉及贾谊文化研究的各个领域，时有卓识，一新耳目，请述三、四以明之。

一、首次归纳贾谊"五大文化品格说"，深入揭示贾谊精神特征

《贾谊文化品格研究》第一次提出贾谊"五大文化品格说"。作者从第一章到第五章，分别论证贾谊的文化品格：深刻的历史反思和现实担当精神、强烈的经世变革意识、坚贞的忠君爱国理想、以民为本的爱民情怀以及才海纵横、不断超越的求索风范。熊永祥博士论文的外审专家、著名古文献学家王继如教授认为："论文从文化品格的角度来研究这个历史人物，是很有创见的。抓住其'历史反思和现实担当精神'，亦可谓颇具慧眼。这种精神正是其文化品格的灵魂。这样一位充满'悲怆'音符的历史人物，

在历代士人中引起的共鸣和感慨是深入心灵深处的。"我赞成王先生的评述，历史反思和现实担当贯穿于贾谊政治生涯的始终，既有深刻的历史理性，又有广泛的现实基础。

秦国是中国历史上第一个大统一的帝国，嬴政是华夏文明史上第一个真正的皇帝。秦国如何崛起、强盛直至衰亡？政治学家和历史学家们苦苦探求。贾谊是古往今来反思最为深刻、论述最为精辟的学者。《新书·过秦上》叙述秦始皇"奋六世之余烈，振长策而御宇内，吞二周而亡诸侯，履至尊而制六合，执敲朴以鞭笞天下，威振四海。南取北越之地，以为桂林、象郡；百越之君，俯首系颈，委命下吏。乃使蒙恬北筑长城而守藩篱，却匈奴七百余里；胡人不敢南下而牧马，士不敢弯弓而报怨。于是废先王之道，焚百家之言，以愚黔首；隳名城，杀豪杰，收天下之兵，聚之咸阳，销锋镝，铸以为金人十二，以弱天下之民。然后践华为城，因河为池，据亿丈之高，临不测之渊以为固。良将劲弩，守要害之处；信臣精卒，陈利兵而谁何！"然而，曾几何时，一个"为人佣耕"的陈涉，率领"闾左适戍渔阳"九百疲弊之卒，"斩木为兵，揭竿为旗，天下云集响应，赢粮而景从"，点燃了一场轰轰烈烈的灭秦战火。曾经纵横天下的大秦帝国，顷刻土崩瓦解，灰飞烟灭。西方蕞尔小国，历经百年艰辛，终以"六合为家，崤函为宫"，然而，仅传二世，便由盛而衰，终致灭亡，"祸几及身，子孙诛绝"。其兴之艰，败之疾，亡之速，留给历史巨大的感叹和无穷的追问。贾谊指出："陈涉之位，非尊于齐、楚、燕、赵、韩、魏、宋、卫、中山之君也；锄櫌棘矜，非铦于钩戟长铩也；谪戍之众，非抗于九国之师也；深谋远虑，行军用兵之道，非及乡时之士也。然而成败异变，功业相反，何也？""一夫作难而七庙隳，身死人手，为天下笑者，何也？仁义不施，而攻守之势异也！"贾谊进一步说明国家的存亡决定于百姓的安危，为政之道在于以民为本。"闻之于政也，民无不为本也。国以为本，君以为本，吏以为本。故国以民为安危，君以民为威侮，吏以民为贵贱。此之谓民无不为本也。"贾谊的反思，立足于大量的历史事实，字字穿心，动人魂魄；论析秦得失天下的原因，句句千钧，气势磅礴，振聋发聩；读来拊膺击节，不胜唏嘘。

　　贾谊不仅对秦朝历史进行了深刻的反思，还以非凡的勇气和胆识，对汉初的各种政治和社会现实问题进行了剖析，敢于慷慨陈词。发盛世危言，唯有忧国忧民、忠贞不贰的忠臣死士。

　　西汉初年，刘邦为平项羽，大封功臣。同时又仿效周初分封，立亲为王。同姓诸王世袭罔替，渐次由亲变疏。《汉书·食货志》所言的"接秦之敝，诸侯并起"，成为最大的政治社会问题。贾谊奋不顾身，不畏人言，一针见血地指明"树国固必相疑之势""疏者必危，亲者必乱，已然之效，亦事有必至"。贾谊以无比忧虑的心情急切地揭示当时的危急情势："一胫之大几如要，一指之大几如股，平居不可屈信，一二指搐，身虑亡聊。失今不治，必为痼疾，后虽有扁鹊，不能为已。"贾谊高瞻远瞩提出治理良策："众建诸侯而少其力。"同时进行详细的论证："力少则易使以义，国小则亡邪心。令海内之势如身之使臂，臂之使指，莫不制从，诸侯之君不敢有异心，辐凑并进而归命天子，虽在细民，且知其安，故天下咸知陛下之明。割地定制，令齐、赵、楚各为若干国，使悼惠王、幽王、元王之子孙毕以次各受祖之分地，地尽而止，及燕、梁它国皆然。其分地众而子孙少者，建以为国，空而置之，须其子孙生者，举使君之。诸侯之地其削颇入汉者，为徙其侯国。及封其子孙也，所以数偿之，一寸之地，一人之众，天子亡所利焉，诚以定治而已，故天下咸知陛下之廉。地制一定，宗室子孙莫虑不王；下无倍畔之心，上无诛伐之志，故天下咸知陛下之仁。法立而不犯，令行而不逆，贯高、利几之谋不生，柴奇、开章之计不萌，细民乡善，大臣致顺，故天下咸知陛下之义。卧赤子天下之上而安；植遗腹，朝委裘，而天下不乱。当时大治，后世诵圣。一动而五业附，陛下谁惮而久不为此？"明代学者乔缙在《贾生才子传序》中赞誉贾谊的这一策论："援古证今；左譬右喻，举前代之已然，明当代之必然，断断乎欲措汉室，上跻唐、虞之治。"清代曾国藩也盛赞："奏疏以汉人为极轨，而气势最盛事理最显者，尤莫善于《治安策》，故千古奏议，推此篇为绝唱。"诚哉斯言！贾谊目光敏锐，洞若观火，分析鞭辟入里，利害得失，一目了然，发人深省；论说层层推进，丝丝入扣，事昭理明，深入人心。在《新书》卷一的《宗首》《大都》《益壤》、卷二的《权重》、卷三的《亲疏危乱》《解县》、卷四的《淮难》等篇中，贾谊对诸侯尾大不掉、威胁朝廷都有深入的反思。

二、首次提出贾谊研究"三个时期说"，准确概述各时期研究特点

任何学术体系大致由两个方面组成，一曰学术本体，一曰学术史。学术史即学术本体研究之研究的历史。研究贾谊的文化品格必须了解研究贾谊的学术史，必须对贾谊及贾谊研究者具有"了解之同情"。陈寅恪的《冯友兰〈中国哲学史〉上册审查报告》曾指出："对于古人之学说，应具了解之同情，方可下笔。盖古人著书立说，皆有所为而发；故其所处之环境，所受之背景，非完全明了，则其学说不易评论。""吾人今日可依据之材料，仅为当时所遗存最小之一部；欲借此残余断片，以窥测其全部结构，必须具备艺术家欣赏古代绘画雕刻之眼光及精神，然后古人立说之用意与对象，始可以真了解。所谓真了解者，必神游冥想，与立说之古人，处于同一境界，而对于其持论所以不得不如是之苦心孤诣，表一种之同情，始能批评其学说之是非得失，而无隔阂肤廓之论。"

《贾谊文化品格研究》注重贾谊研究史的研究，仔细梳理历代贾谊研究的学术理路、学术研究的内容和特征，第一次把贾谊研究分为三个时期，即第一时期为汉代至隋唐五代，第二时期为宋朝至清朝，第三时期为现当代。

作者指出汉代至五代时期的贾谊研究，除《新书》校本外，没有严格意义上的研究专著，对于贾谊的评述散见于各种历史典籍和歌赋题咏之中。作者认为可以把《史记》《汉书》关于贾谊的评述作为贾谊研究的源头。因为后世评述贾谊，必定提及《史记》《汉书》，多数论点也来自两书中的记载和评述。

章学诚《文史通义·书教下》曾说："迁书一变而为班氏之断代，迁书通变化，而班氏守绳墨，以示包括也。就形貌而言，迁书远异左氏，而班史近同迁书，盖左氏体直，自为编年之祖，而马、班曲备，皆为纪传之祖也。推精微而言，则迁书之去左氏也近，而班史之去迁书也远。盖迁书体圆用神，多得《尚书》之遗。班氏体方用智，多得官礼之意也。"章学诚认

为"圆神方智，自有载籍以还，二者不偏废也"，"马则近于圆而神，班则近于方以智也"。何谓"圆神方智"，"撰述欲其圆而神，记注欲其方以智也。夫智以藏往，神以知来，记注欲往事之不忘，撰述欲来者之兴起，故记注藏往似智，而撰述知来拟神也。藏往欲其赅备无遗，故体有一定，而其德为方；知来欲其抉择去取，故例不拘常，而其德为圆"。辨析《史记》《汉书》两书内容，《汉书》中有关贾谊的记载评述，除引用《史记》中的贾谊生平和刘向对贾谊的评论外，所收录的贾谊作品比《史记》更翔实，并确定了选择贾谊作品中"切于世事者着于传"的撰述理念。司马迁与班固在价值标准、认识水平、思想观念等许多方面存在差异。司马迁通过研究历史，探索社会发展规律，对许多历史事件和历史人物都以个人独立的意识去探索，他把屈原和贾谊合传，实际上体现了司马迁对屈、贾独立人格的高度认同，而班固的《汉书》更多地受到汉王朝主流政治思潮和思想的影响，因而与司马迁评价历史人物和事件的标准不尽相同。司马迁评价事件人物没有外在的标准，以事物本身的是非作为标准，始终坚持记注实录的原则，"欲往事之不忘"，反对"誉者或过其实，毁者或损其真"。而到班固时代，儒家思想已占据统治地位，圣人的观点成为判断事物的基本标准，班固根据"三纲六纪"的政治原则和伦理规范，为贾谊在《汉书》中单独立传，"欲来者之兴起"。永祥君的辨析合于史实，评述新奇允当，或为不刊之说。

作者认为宋朝—清朝时期的贾谊研究主要是展开对贾谊作品真伪的考辨。首先设疑者是南宋人陈振孙，《直斋书录解题》认为《新书》"决非谊本书也"。踵继其后的有姚鼐、袁枚等大学者，四库馆臣则指明"陈氏认为决非谊书，尤非笃论也"，"书不全真，亦不全伪"。多数学者认为《新书》确为贾谊所作。

这一时期的贾谊研究还有一个重要方面，就是展开各种各样的贾谊专题研究。虽然专题研究主要关涉贾谊的政治才华和贾谊作品的文学价值，但的论卓识，异彩纷呈。许多著名的学者都有评述，诸如朱熹、苏轼、欧阳修、黄震、真德秀，全祖望、汪中、卢文弨、王闿运、袁枚、姚鼐、陈鳣、刘毓崧、吴楚材、浦起龙、林纾、金圣叹、王夫之、章太炎、曾国藩等。这一时期贾谊研究影响之大，远超前一时期。

贾谊作品真伪的考辨是这一时期学术思潮的必然产物，贾谊专题研究则是这一时期学术研究深入的反映。

作者认为近现代—当代时期的贾谊研究，前期的近现代，稍显冷清，未见专著。学者们对贾谊的评述，多散见于众多相关论述中，虽为零金碎玉，仍多沾溉后人，启迪来者。当代的贾谊研究进入了一个多元和深入研究的时期，研究视野开阔，内容丰富，一些聚讼纷纭、久争未决的问题也逐步形成了共识。诸如，关于贾谊著作真伪问题的讨论逐步形成共识，关于思想属性的论争渐趋认同贾谊"内儒外法"，关于贾谊文学成就和作品文本的研究不断体现多元特色。有些评述，虽然表述不尽相同，但认识渐趋统一。例如，20 世纪 80 年代始对贾谊思想属性的评述，王兴国先生的《贾谊评传》认为，"论其为法家和儒家的根据多一些，但是贾谊既非纯粹的法家，也非纯粹的儒家，他使二者在一定程度上统一了起来"。有学者的说法是"内法外儒"，有学者的说法是"阳儒阴法"。"内法外儒"也好，"阳儒阴法"也罢，都是"使二者在一定程度上统一了起来"。

《贾谊文化品格研究》的作者熊永祥博士本着对贾谊及贾谊研究者"了解之同情"，费大气力，下死功夫，大量搜寻史籍子集中的贾谊研究材料，穷原竟委，稽隐索微，演绎归纳，确定各个时期的上限和下限，论证各个时期的研究特征，有理有据，皎然可信，对贾谊研究的深入展开具有重要的学术史参考价值。

三、首次系统地论述"贾生意象说"，深刻揭示贾谊的文学影响

熊永祥博士学位论文的评审专家、文学史学家黄强教授评价《贾谊文化品格研究》第六章第二节的《贾生意象论析》"是本文新意最多、说服力最强因而最有价值的部分。因为'贾生意象'的提出，最符合贾谊对中国历代文人影响的实际状况，其内涵是多方面的。作者对唐诗中提及这一意象的作品的统计和示例有力地说明了这一点"。我与黄先生有同感，"贾生意象"的提出与系统地论证是永祥君这部论著最为出彩的部分。

　　"意象"一词是中国古代文论中的一个重要概念。古人以为意是心意，是内在的抽象的情感；象是物象事象，是外在的具体的客观存在。意与象是互为的，相辅相成的。意源于内借助于象显现于外，象实为意之形。一个作家用文学形式表现情感的主要途径，便是寻找一个与此情感紧密吻合的客观对应物，这个客观对应物就是文学意象。文学意象通常是指自然意象，日月星辰、山川河流、树木花草都可以寄托情感，都可以是自然意象。文学作品中还有相对于自然意象的社会意象，即指所咏叹的社会事物、所刻画的人物形象以及所描绘的生活场景，等等。

　　文学意象有两个特征，即其代表性和历时性。"贾生意象"兼具这两个特征。

　　中国最早的知识分子就是绝地天通后的祀者。他们不仅有神权，也有教化权和执政权，他们俯仰天地，独专人神，与生俱来地具有造化天地万物的使命感和责任感。尧的时代知识分子就有修齐治平内圣外王的政治哲学诉求。《尧典》赞美尧的美德："克明俊德，以亲九族；九族既睦，平章百姓；百姓昭明，协和万邦。"美德就是外化的典则。《大学》也指出："古之欲明明德于天下者，先治其国；欲治其国者，先齐其家；欲齐其家者，先修其身。""身修而后家齐，家齐而后国治，国治而后天下平。"知识分子的终极追求是成圣成贤，"穷则独善其身，达则兼济天下"。宋代关学大师张载有著名的"横渠四字教"："为天地立心，为生民立命，为往圣继绝学，为万世开太平。"这更为知识分子的命运共同体构建了不朽的人生指南和精神坐标，贾谊则是知识分子精英阶层的杰出代表。贾谊天赋异禀，怀瑾握瑜，才华旷世。《史记》记载"年十八，以能诵诗属书闻于郡中""文帝召以为博士。是时贾生年二十余，最为少。每诏令议下，诸老先生不能言，贾生尽为之对"。班固《汉书·贾谊传》引刘向评赞："贾谊言三代与秦治乱之意，其论甚美，通达国体，虽古之伊、管未能远过也。"贾谊不仅是经天纬地的政治家，还是独步千秋的文学家。刘勰《文心雕龙·哀吊》从辞赋发展的源流上论及贾谊的影响："自贾谊浮湘，发愤吊屈，体同而事核，辞清而理哀，盖首出之作也。"刘熙载《艺概·文概》高度评价贾谊的策论之文："贾生谋虑之文，非策士所能道；经制之文，非经生所能道。汉臣后起者，得其一枝一节，皆足以建议朝廷，擅名当世，然孰若其笼罩群有而精之哉！"贾谊是一代又一代知识精英们仰望、学习、赞美的典范，"贾生意象"是他们集体心态的真实反映。

贾谊是知识精英中的志远命穷者，这是知识精英中一个特殊的群体。他们或不遇明主，抑郁愤懑；或忠言逆耳，抱恨含冤；或忧谗畏讥，凤遭闵凶；或怀才不遇，报国无门；或先宠后辱，去国怀乡。历朝历代，层出不穷。李陵《答苏武书》曾感叹："贾谊、亚夫之徒，皆信命世之才，抱将相之具，而受小人之谗，并受祸败之辱，卒使怀才受谤，能不得展。彼二子之遐举，谁不为之痛心哉！"贾谊是这些知识精英们永远的精神寄托，他们在绝望和希望中苦苦挣扎，体验生命的意义，追寻文学的永恒，用沾满血泪的笔，在诗词歌赋中不屈地抗争，呼唤生存价值的和风丽日。贾生意象是贬谪文学特有的现象。据尚永亮先生的《贬谪文化与贬谪文学》统计，唐五代三百四十余年中，约有四百三十七位逐臣属于贬谪诗人，其中初唐九十九人，盛唐九十八人，中唐一百二十一人，晚唐八十二人，五代三十七人。这一现象不仅仅是一种特殊的社会存在，也是一种特殊的文学现象。"贾生意象"体现了这个特殊文学群体的忧患意识、进取精神、刚正品节、强烈的参政意识以及执着的理想追求，是主观和客观、感性和理性、灵魂和物象融合无间的真实体现。

"贾生意象"也是一个激荡在千百年文学长河里的晶莹浪花，自汉至今奔腾跳跃，绵延不绝。扬雄、刘歆、王充、曹丕、曹植、权德舆、白居易、柳宗元、刘勰、刘知几、沈约、李善、范晔等在各自的诗文中均论及贾谊。据永祥君对《全唐诗》的不完全统计，有四十六位诗人共八十六首诗歌中出现过"贾生意象"，其中李白有七首。《金陵送张十一再游东吴》："空余贾生泪，相顾共凄然。"《答高山人兼呈权顾二侯》："未作仲宣诗，先流贾生涕。"《巴陵赠贾舍人》："圣主恩深汉文帝，怜君不遣到长沙。"《赠江夏韦太守良宰》："君登凤池去，勿弃贾生才。"《田园言怀》："贾谊三年谪，班超万里侯。"《送别得书字》："圣朝思贾谊，应降紫泥书。"《放后遇恩不沾》："独弃长沙国，三年未许回。"杜甫有七首。《久客》："去国哀王粲，伤时哭贾生。"《春日江村五首》："群盗哀王粲，中年召贾生。"《别蔡十四著作》：“贾生恸哭后，寥落无其人。”《题郑十八著作虔》：“贾生对鹏伤王傅，苏武看羊陷贼庭。”《别张十三建封》：“载感贾生恸，复闻乐毅书。”《同元使君春陵行》：“贾谊昔流恸，匡衡常引经。”《八哀诗·赠左仆射郑国公严公武》：“颜回竟短折，贾谊徒忠贞。”白居易有六首。《读史五首》：“汉文疑贾生，谪置湘之阴。”《舟中示舍弟五十韵》：“长沙抛贾谊，漳浦卧刘桢。”《不准拟二首》：“多于贾谊长沙苦，小校潘安白发生。”《寄唐生》：“贾谊哭时事，阮籍哭路歧。”《忆微之伤仲远》：“可能胜贾谊，犹自滞长沙。”《偶然二首》：“汉文明圣贾生贤，谪向长沙堪叹息。”李白是诗仙，杜甫是诗圣，白居易是诗豪，诗仙、诗圣和诗豪虽然是不同诗歌风格流派的领袖，但他们的精神血脉与贾谊遥相呼应，息息相通。他们不吝笔墨讴歌贾谊的金玉之质、松柏之节和不世之才，他们更多的是顾影自怜，伤感愤激，自觉或不自觉地将贾谊奉为心中和笔下的感伤意象。

熊永祥博士的“贾生意象说”立足扎实的文献基础，辨章学术，考镜源流，条分缕析，论证严密，具有重要的理论价值和实践意义。

四、辨析湖湘文化界说，科学论证贾谊文化品格基因特质

华夏文化是一种多元文化，湖湘文化是一个重要的区域文化。《贾谊文化品格研究》梳理了湖湘文化的各种界说，从时间与空间两方面进行综合考察，提出湖湘文化的“湖”是指洞庭湖，“湘”是指湘江，湖湘文化是“指湖南省范围内的一种多源的区域文化，它以古代传统楚文化为基石，融入异地文化的因子，兴起于两宋之间，并延续不断，于近现代达至高峰”。永祥君的这个说法比较确当全面，渐为学术界认同。

湖湘文化远肇屈原、贾谊，真正形成系统文化形态的是南宋时期的湖湘学派。湖湘学派形成于南宋建炎以后，创宗立派的学者是福建人胡安国与儿子胡宏等，他们创建碧泉书院和文定书堂，潜心研究理学，大力传播理学，再通过张栻等接力传承，形成传道求仁、践履务实的学派特色。这也是屈、贾一生身体力行的精神品格。张栻本人也通过主持岳麓书院，影响日甚，终成与朱熹齐名的一代宗师。《宋史·道学传》将朱熹与张栻并列，称“张栻之学，亦出程氏，既见朱熹，相与博约，又大进焉”。湖湘文

化发展至晚清近现代时期，高峰迭起，杰出的领袖人物不断走进中国历史舞台的中心，"惟楚有才""中兴将相，十九湖湘""半部中国近代史由湘人写就"，湖湘文化也自然而然成为中国影响最大的区域文化之一。

学者们归纳湖湘文化的特质有许多种，诸如"原道思变""忠君爱国""经世致用"。我认为湖湘文化与别的地域文化的区别性特征就是"霸蛮"。"霸蛮"是个独具特色的湘方言词，有学者认为"霸蛮"是湘方言的借音词，有学者认为就是一个并立复合词。有学者认为"霸蛮"是个贬义词，"霸蛮"就是执拗、强横、不讲道理，也有学者认为是个褒义词。我认为"霸蛮"的"霸"，词素义是"霸气"，而"蛮"的词素义是"硬气"。

"霸蛮"就是贾谊文化品格中的"强烈的经世变革意识"和"不断超越的求索精神"。我在长沙学习、工作、生活了近二十年，我特别喜欢湖南，特别喜欢湖南人，特别喜欢湖湘文化的"霸蛮"。我虽然居住在长江边上的柳湖之畔，我的号是"柳湖湘人"，我一直自认为是一个江苏湖南人。

"霸蛮"的"强烈的经世变革意识"就是学以致用，变革图强。江苏江都人汪中作《贾谊〈新书〉序》赞叹贾谊"所陈立诸侯王制度、教太子、敬大臣，皆先王之成法。周公旧典，仲尼之志，盖《春秋》经世之学在焉""汉世慕尚经术，史氏称其缘饰，故公卿或持禄保位，被阿谀之讥，博士讲授之师，仅仅方幅自守，文吏又一切取胜，盖仲尼既没，六艺之学其卓然着于用世者，贾生也"。贾谊"强烈的经世变革意识"培育湘人"霸蛮"的倔强，湘人追求政治理想，自强自立，一往无前，九死而不悔，虽千万人吾往矣。甚至，自以为不可为亦为之。人称湘人是犟骡子，湘人吃得苦，霸得蛮，不怕死，耐得烦。民国初年，面对三千年未有之大变局，湖南湘潭人杨度作《湖南少年歌》："湖南少年好身手，时危却奈湖南何……中国如今是希腊，湖南当作斯巴达；中国将为德意志，湖南当作普鲁士……若道中华国果亡，除非湖南人尽死。"多么霸气！光绪二十四年，戊戌变法失败后，湖南浏阳人谭嗣同明知可避而不避，昂首阔步向刀丛："各国变法，无不从流血而成""我自横刀向天笑，去留肝胆两昆仑"。临刑时大呼："有心杀贼，无力回天，死得其所，快哉快哉。"多么硬气！杨度身后二十年，年届而立之年的毛泽东独立寒秋，"书生意气，挥斥方遒，指点江山，激扬文字，粪土当年万户侯"，多么豪气！这就是湖南人，这就是湖湘文化的独特文化品格"霸蛮"。

"霸蛮"的"不断超越的求索精神"就是"敢为天下先"，独立求索，不断创新。每每在中国社会的变革和学术思潮转型时期，风云际会、雷电激荡之中，都矗立着湖南人。或标举大纛，振臂疾呼，狂飙突进；或标新立异，一骑绝尘，独领风骚。辛亥志士长沙人杨毓麟曾作《新湖南》一书，高度概括和精辟阐释这种文化品格，他说："独立之根性使然也。"这就是湖南人，这就是湖湘文化独特的文化品格"霸蛮"。

熊永祥博士在时空纵横维度中苦苦寻觅湖湘文化的源流，论证贾谊文化品格与湖湘文化特质的内在关系，结论可信，新识迭见。《贾谊文化品格研究》是贾谊研究和湖湘文化探源研究不可多得的重要成果。

《贾谊文化品格研究》可圈可点之处尚多，不能备述，读者诸君当能自明。《贾谊文化品格研究》亦有可商之处。诸如，为何湖湘文化的渊源屈原、贾谊，湖湘学派的开山宗师胡安国、胡宏，湖湘文化的重要传播者张栻皆是外省人，晚清至近现代几乎所有的湖湘文化的代表人物都是湖南人？贾谊的文化品格与湖湘文化究竟有怎样的联系？还有哪些更有力的文献资料证明？屈贾与楚文化的关系如何，楚文化又与湖湘文化存在什么样的关系？"霸蛮"的构形与语源学意义究竟何解？学无止境，倘有机会，愿与永祥君触膝抵掌，相与论析。

我已经写过数十篇书序，一般都是两三千字，而万字以上的长序，仅写过一篇，那是我主编的《〈尚书〉学文献集成·朝鲜卷》，有三十五册，要说的事比较多。《贾谊文化品格研究》的序是第二篇万字长序。主要原因有两点。一是出于对贾谊的敬畏之心，对永祥君成就的欣喜之情，有不少话要说。二是不写一篇长序有点对不住永祥君。永祥君读博吃苦受累常人难以忍受。他读的是在职那种类型，要一边工作一边读书。他从事的是为党育才、为国选材的教育考试工作，任务重压力大。到扬州来上课，没有直达车，更没有高铁，每天仅有一班长沙至上海的火车，要从株洲、南昌、杭州绕行，到了上海还需要横渡长江换乘长途公共汽车，上车下车，绕来绕去，三年读博，寒暑易节，来来往往，辛苦异常。他是正儿八经的湖南人，硬是凭借湖南人的"霸蛮"，不仅顺利完成学业，还以"优秀"的等级完成博士学位论文。永祥君虽已过知天命之年，工作之余，仍不辍学术研究，贾谊的文化品格在永祥君的生命实践中熠熠生辉。我心甚慰，斯为序，时维壬寅年荷月。

钱宗武

广陵荟景苑南区榴园

（钱宗武，享受国务院政府特殊津贴专家，扬州大学古代文学、汉语言文字学、语言学和应用语言学三个博士点的博士研究生导师。著名《尚书》研究专家，国际《尚书》学会会长，东亚文献研究会会长。国家社科基金重大委托项目及国家重点图书出版规划项目《中华传统文化百部经典尚书》解读专家、央视《典籍里的中国尚书》首席学术顾问、全国政协国学经典特邀导读专家。曾先后赴欧美等数十个国家和地区进行讲学和交流，在海外 20 多所高校和研究机构及国内 80 多所著名高校和研究机构进行学术演讲）

常读治安策（序二）

一

　　熊永祥同志的专著《贾谊文化品格研究》即将出版，可喜可贺。

　　我与永祥的认识，源于贾谊研究。2005 年，永祥在扬州大学攻读古代文学博士学位（先秦两汉方向），他选择的论文题目就是贾谊研究。有一天，他通过导师钱宗武教授（钱先生是我朋友，国际《尚书》研究首席专家）找到我，向我请教。我问他："你为什么到扬州大学攻读博士学位呢？"他说："我想做点古代文学研究，湖南目前没有古代文学博士点；再说扬州大学古代文学博士点是 1983 年批准的全国首批博士点，令人向往。"我问他："你为什么选择研究贾谊呢？"他说："因为贾谊是先秦两汉时期重要的文学家、思想家，又与湖南、与湖湘文化有着密切联系。"当时，我对他能否完成学位论文有一些担心，一是因为他是公职人员，政务繁忙，而扬州大学要求高、管理严格；二是贾谊研究的资料有限，研究视野有限，很难创新。当晚，他将论文开题情况告诉了我，我也指导他将写作提纲进行了修改，还把我自己撰写《贾谊评传》一书的相关资料全部提供给他，他非常高兴。永祥非常淳朴善良，也非常勤奋、用心，把工作之余的所有时间都用来收集资料和撰写文章。他后来还告诉我，当初为了考上扬州大学的博士，把丢了十五年的英语书捡了起来，和高中生一起在培训班学习英语；当时扬州没有直达火车，他每次周末去扬州要坐一晚火车到上海，再坐四小时的长途汽车到扬州，他就在火车和汽车上，利用一切时间背英语单词。

他开玩笑说，现在的自己常常被当初"疯狂"的自己感动不已。2007年，他顺利完成博士论文答辩，最后论文的创新点主要体现在四个方面：一是对历代贾谊研究进行分期；二是对贾谊文化品格进行归纳；三是首次提出"贾生意象"的概念；四是从湖湘文化的视角对贾谊进行研究。本书就是永祥在其博士论文的基础上，结合十年来的研究进行部分修改后形成的成果。

<h1 style="text-align:center">二</h1>

回望悠长的中国思想文化史，贾谊是浩瀚璀璨的文化星空中一颗闪亮的星。贾谊，西汉前期重要的文学家、思想家、政治家，他有着深刻的历史反思和现实担当精神。贾谊对秦代历史和汉初三十年的社会现实，从政治、经济、国防、礼制等诸多方面进行了深刻的反思和剖析。贾谊身处文景盛世之初，又居庙堂之高，能对现实有如此深刻的洞悉，这不能不说是他出色的文化品格使然。他站在汉初思想的最高点，以非凡的勇气和胆识，直面当朝现实问题，提出了一系列卓越的政治主张，概括起来主要包括五个方面：一是中央集权；二是规范礼制；三是抵御匈奴；四是重本抑末；五是尊师重教。

贾谊有着强烈的经世、变革意识，他认识到，变革对一个国家的强大和长治久安是何等重要，"天下和洽既久，若不为防微杜渐之策，则积习相沿，将至溃败而不可收拾，故欲法制度，兴礼乐"。他有着清晰的礼制变革意识，思路清晰，论述完备，立足现实，发展丰富了儒家的礼治思想，尤其对荀子的礼治思想进行了继承、发展和创新。贾谊的变革意识不是孤立、空洞的，不是坐而论道、纸上谈兵，而是与现实政治、经济、国防、外交、教育等方面的现实政策密切相关，他审时度势，为汉廷量身构建了以礼为中心的政治结构，包含了经济、教育、国防、外交等方面的施政措施。历史证明，汉代能够绵延持久数百年，与这些长治久安之策相关甚切。

贾谊既是学术精英，学源荀韩，深受诸子之说浸润，又是当时最耀眼的政治明星，建立一个长治久安的汉帝国是他毕生追求的目标。他继承了先秦儒家对大一统国家的期待和追求，延续了法家为建立大一统国家所贡献出的治国主张和智慧，同时，墨家、阴阳家、纵横家的政治理想也或多或少地参与构筑贾谊的大国蓝图。贾谊生活的时代，是我国封建社会发生巨大转型的时代。由于复苏经济和休养生息的需要，汉初稷下齐学和南楚道家进一步合流，黄老思想占主导地位。在国家和民族的问题上，贾谊表现出了高度的民族自尊、自重、自醒，"舟车之所达，人迹之所至，莫不率服，而后云天子"，这是"古之正义"，他提出"建三表、设五饵"的国防政策。

贾谊极力推崇老师的社会作用，认为老师是知识最多的人，是智慧的源泉，是道德高尚的人，其行为人表率。贾谊把王者之"官人"分为六等，而教师放在首位，排在第一等。贾谊对教育的内容也进行了思考和陈述。

贾谊的政论奏疏是汉初的一幅全景图，汉初的政治、经济、文化、教育、外交、国防以及各种风俗、各种社会矛盾均在文中有所反映，字里行间发散着贾谊的大国理想，每篇每章都是为实现这一理想而开出的政治处方。贾谊将"民为邦本"的思想向当朝统治者作了充分详尽的阐释，并指出最大的政事，就是以民为本。这种"民为邦本"的思想是先秦儒家民本思想的延续。在《新书·修政语》上、下两篇中，贾谊通过记述古帝王实行美政的言论，阐明自己的政治主张，警示君王，只有遵道爱民、行仁政、讲信义，臣民才会尊君忠信，天下才得以太平，达到"治、安、显、荣"四美。贾谊提出了一系列利民富民的措施：一是"驱民而归之农""天下各食其力，末技游食之民，转而缘南亩"；二是正确处理德与刑的关系，"约法省刑，以持其后，使天下人皆得自新"，在刑与德之间，以德为先，因为"刑罚不足以慈民"，所以惩罚和奖赏一定要慎重。贾谊不否认刑罚的必要性，但他又认为，还有比刑罚更重要的东西，那就是礼教。只有通过礼教，才能使老百姓避恶而迁善，绝恶于未萌。

在文学史上，贾谊赋开汉赋之先声，其政论文独步千秋；在历代士人的笔下，贾谊是楷模，"贾谊"二字成为文人们伤心的意象；在思想家、哲学家的眼中，贾谊是耸立着的汉廷大儒；在政治家们的思维里，贾谊是"伊、管不能过"的廊庙之才。自汉以降，贾谊一直是历代学者、官宦以及其他社会精英关注、研究、景仰的对象。

贾谊是历代忠君爱民的知识分子的典范，他忠君爱国的理想，深刻的反思精神，以及直道而行的变革意识、不断超越的求索精神，既体现于他的人生实践，又深嵌于作品之中。因之，贾谊的文化品格，既直接影响历代文人创作时的情感表达，也影响后世文人士子的生命实践和心态历程。

近代以来，贾谊的政治意识、价值观念、知识系统、行为方式影响着一批一批仁人志士。政治改革派的代表贺长龄曾诗书《贾太傅祠》："迁谪南来意未平，犹余祠宇镇孤城，苔深古井秋无色，鸟宿寒林夜有声。宣室空劳问神鬼，才人何必到公卿，投书不尽江流恨，一读遗文一怆情。"对贾谊寄予高度的同情。理学经世派的代表曾国藩对贾谊论述较多，他服膺于贾谊直言无畏的忠君爱国之情，说："（治安策）陈于文帝时，便谓文帝死后，庙号应称太宗，足见当时风俗近古。"又说："古今奏议推贾长沙、陆宣公、苏文忠三人为超前绝后。余谓长沙明于利害，宣公明于义理，文忠明于人情。""奏疏以汉人为极轨，而气势最盛事理最显者，尤莫善于《治安策》，故千古奏议，推此篇为绝唱。"他教育儿子作文"古文如贾谊《治安策》……有最盛之气势，尔当兼在气势上用功，无徒在揣摩上用功"。与其说这是曾国藩对贾谊文章之美的赞美，不如说是对其文化品格的高度认同。一代伟人毛泽东对贾谊也十分赞赏，在多首诗作中把贾谊作为一种文化意象。1918年，年仅25岁的毛泽东吟出了"年少峥嵘屈贾才，山川奇气曾钟此"的诗句，后来又写了《贾谊》《咏贾谊》两首诗，前一首写道："贾生才调世无伦，哭泣情怀吊屈文，梁王堕马寻常事，何用哀伤付一生。"后一首写道："少年倜傥廊庙才，壮志未酬事堪哀，胸罗文章兵百万，胆照华国树千台。雄英无计倾圣主，高节终竟受疑猜。千古同惜长沙傅，空白汨罗步尘埃。"毛泽东同志在赞赏、痛惜贾谊的同时，实际上已从中吸收了文化品格的养分和人生勇气，他在读书批注和言谈中，多次提到贾谊，称贾为"英俊天才"。1958年，他专门给有关同志推荐《贾谊传》，并特别指出《治安策》是西汉一代最好的政论文。1976年，他又谈起贾谊的《鹏鸟赋》，说"文章不长，可意境不俗"，已经读了十几遍，还想读。

三

习近平总书记曾指出，各种文史知识、中国优秀传统文化，领导干部也要学习，以学益智，以学修身。中国传统文化博大精深，学习和掌握其中的各种思想精华，对树立正确的世界观、人生观、价值观很有益处。还指出，领导干部还应该了解一些文学知识，通过提高文学鉴赏能力和审美能力，陶冶情操，培养高尚的生活情趣。学史可以看成败、鉴得失、知兴替；学诗可以情飞扬、志高昂、人灵秀；学伦理可以知廉耻、懂荣辱、辨是非。文化是民族的血脉，历史是生动的教科书，文学是人学，是塑造灵魂的精神产品。中国的发展和进步需要这些血脉，治国理政需要这些教科书的启迪，坚定信仰和统一意志需要这些爱国情怀、浩然正气和求索献身精神的涵养。

当今改革发展面临的一些问题与两千多年前的汉初社会相比，情况千差万别，不过有一些类似的问题，比如以民为本和重视农业农民的问题，国防安全和国家统一的问题，奢靡相竞、贫富分化的问题，游食之民过多的问题，文化媚俗和娱乐至死的问题，等等，解决起来更棘手，需要更多的智慧，需要有更多的激情，需要更多的知识分子尤其是青年知识分子来经营。现实是历史的发展和延伸，历史的一幕幕图画，是那么生动，那么富有启示。作为知识分子尤其是任重道远的青年知识分子，应该常读治安策，常怀贾谊心，从贾谊的作品和文化品格中吸收益智养分，加强文化认同，增进文化吸引力和凝聚力，增强责任意识、忧患意识和求索意识，力学笃行，勇于改革，积极为党和国家建言献策。文化的力量是巨大的，要选择好、维护好、吸收好、利用好这些力量，使其成为正能量。同时，应创新人才培养选拔机制，让年轻、优秀的人才脱颖而出。因之，从这些方面来考量，贾谊给我们的启迪是现实的，更是深远的。

谨以此文，表达我对永祥《贾谊文化品格研究》出版的祝贺，以及对文化大发展、大繁荣的期许。

王兴国

[王兴国，湖南省社会科学院哲学研究所原所长、研究员，中国思想史、马克思主义哲学史（主要是毛泽东思想发展史）湖湘文化史著名研究者，贾谊研究资深专家，船山学社社长，湖南省书院研究会副理事长]

目　录

引论
历代贾谊研究综述

一、贾谊主要生平及本书讨论重点

贾谊是西汉前期重要的文学家、思想家、政治家，公元前 200 年出生于河南洛阳，十八岁时因诗书闻于郡中而被河南郡守吴公召于门下。汉文帝元年（前 179 年），吴公被汉文帝召为廷尉，便向文帝推荐贾谊，文帝遂召谊以为博士（备皇帝顾问的官员），同年，贾谊超迁至太中大夫，秩比千石。公元前 177 年，贾谊二十四岁，见疏，为长沙王太傅。公元前 173 年，贾谊二十八岁，文帝思之，乃征见。公元前 169 年，梁怀王刘揖入朝坠马死，贾谊自责而伤心过度，累及性命。公元前 168 年，贾谊以 33 岁卒。

据班固《汉书·艺文志》和清人姚振宗《汉书艺文志拾补》，贾谊有诸子类文章 58 篇、《五曹官制》5 篇、赋 7 篇、《春秋左氏传训诂》1 部。但我们今天能看到的，只有《新书》收集的诸子类文章 56 篇（《问孝》和《礼容语上》两篇有题无文），赋 5 篇，而《五曹官制》《春秋左氏传训诂》均佚。由于年代久远且印刷传播手段所限，后人对贾谊的部分作品颇有疑惑。从学术的立场看，怀疑久远年代的任何人、任何事都是可以的，但应有确实让人信服的证据。从现有资料看，虽然"新书"之名是刘向整理编辑时冠上的，但《新书》中的 58 篇作品基本可以肯定是贾谊所作，其人其作品《史记》《汉书》有确切录入；现存的 5 篇赋中，《吊屈原赋》《鹏鸟赋》见于《史记》《汉书·贾谊传》，毫无疑问是公认的贾谊作品，《虡赋》仅见残篇无须争讼，而学界有争议的《旱云赋》和《惜誓》，也应认定为贾谊所作。

　　客观地看，贾谊很难说是一个伟大的政治家，也很难说是一个集大成的思想家、哲学家，甚至也不算是一个著作等身的文学家。但是，两千多年来，很难找出一个类似的人，像贾谊一样，在如此短暂的生命时光中，创造出如此辉煌的人生。承前启后的文学作品、杰出的思想、闪光的智慧、深谋远虑的政治主张，以及出类拔萃的文化品格，使得他成为中国文化星空中独特的闪亮星宿，让人久久仰望而难以企及。

　　贾谊的影响广泛而深远，历代学者从思想、政治、哲学、经济、教育、文学等方面对贾谊进行过多侧面的研究，但考察现有研究成果，对贾谊的文化品格尚缺乏深入全面的研究。其原因是多方面的：一是有关贾谊的研究资料较为缺乏；二是历代贾谊研究成果较为零散，系统性不强；三是长时间学界对其作品、思想和文化品格看法不一，又多有人云亦云者。没有文化品格的人物形象自然难以"立"起来，没有文化品格研究的贾谊研究也自然难以深入。

　　文化是指人类社会历史发展过程中所创造的全部物质财富和精神财富，品格是指一个人或事物的性质，或者风度、品质高下的等级。文化品格是文化的一种特有的品格，它往往并不在于直接的言语本身，而常常在言语之上，在于言语和情感背后的东西，它比人们已经说了或做了什么更能体现一种文化的特殊风格。人的文化品格是一个人本质特征的综合体现，是人的一种自觉意识和精神风貌。从心理学的角度看，人性在本质上是受历史文化感染熏陶的，人格则是人性的最高结晶，"人的人格结构，不但可以左右思想和感觉，而且也可以左右人的行为"①。"人格是个体生命天赋物质的最高实现，人格的实现是敢于直面人生的具有高度勇气的行动，是对于所有那些构成个体生命要素的全面肯定。"② 贾谊的文化品格是指通过贾谊直面现实人生的社会活动和文学作品所表现出的与众不同的精神，文化品格既通过他的生命实践来体现，也通过他的作品来表现。"一个作家的风格是他内心生活的准确标志，如果想写出雄伟的风格，他也首先要有雄伟的

① 佛洛姆. 逃避自由 [M]. 孟祥森，译. 哈尔滨：北方文艺出版社，1987：152.
② 霍尔. 荣格心理学入门 [M]. 冯川，译. 北京：生活·读书·新知三联书店，1987：194.

人格。"① 正如黑格尔所说，"风格能完全见出作家人格的一些特点"②。从第一章到第五章，本书将通过分析贾谊的文学作品，论述贾谊的历史反思和现实担当精神、变革意识、忠君爱国理想、爱民情怀和不断的超越求索风范五大文化品格的来源、构成，第六章以唐诗为重点，讨论贾谊文化品格在历代文学中的传承，提出"贾生意象"，第七章讨论贾谊文化品格对湖湘文化的影响。本书试图通过论述，丰富贾谊研究领域，拓展贾谊研究的视角，进一步彰显贾谊作为文化巨子的历史地位。

二、历代贾谊研究的基本分期

在中国思想文化发展的历史长河中，大汉王朝是一个承前启后的重要王朝，中国传统文化的一些重要元素就是大汉帝国的辉煌成果。贾谊作为一位曾经给汉初政治、经济、文化、教育等诸多方面留下巨大印记的人，一直是评述、研究汉代历史的重要人物，自汉迄今，历史的聚光灯始终投射在他的身上。然而，历朝历代的贾谊研究是否是历史思维惯性作用下的陈陈相因，学术研究视野中的贾谊为什么有褒贬不一或截然相反的历史映象，贾谊可否作为传统文化的一个符号仍然给当代中国的思想文化建设以影响，等等，这些问题都关涉贾谊研究的分期，研究者必须仔细考察贾谊研究的历史纵深，推阐各具特征的历史阶段。

一个强大的帝国必然有一个强势的政治中心，不同的历史时期也必然有不同时期的学术思潮。受不同时代的主流意识形态和学术思潮的影响，历朝历代对贾谊研究的视角也不尽相同。历代评述研究主要有以下六个重点论题：一是贾谊作品的真伪问题，二是贾谊的遇与不遇问题，三是贾谊的思想属性问题，四是贾谊的文学风格问题，五是对贾谊的赞赏与认同问题，六是贾谊对后代的影响等。本书认为，历代贾谊研究可分为三个时期，即汉代—五代时期、宋代—清代时期、近现代—当代时期。

1. 汉代—五代时期的贾谊研究

这一时期，除《新书》校本外，没有见到严格意义上的研究专著，《新

---

① 爱克曼. 歌德谈话录［M］. 朱光潜，译. 北京：人民文学出版社，1978：39.
② 黑格尔. 美学［M］. 朱光潜，译. 北京：商务印书馆，1981：372.

书》最早的印刷版本是宋本，但今无法看到。这一时期对贾谊的评述散见在各种历史典籍和歌赋题咏之中。

关于贾谊生平的记载最早见于《史记》。《史记》中关于贾谊的评述和描写被后人反复征引。在此亦稍多引述如下：

贾生名谊，洛阳人也。年十八，以能诵诗属书闻于郡中。吴廷尉为河南守，闻其秀才，召置门下，甚幸爱。孝文皇帝初立，闻河南守吴公治平为天下第一，故与李斯同邑而常学事焉，乃征为廷尉。廷尉乃言贾生年少，颇通诸子百家之书。文帝召以为博士。

是时贾生年二十余，最为少。每诏令议下，诸老先生不能言，贾生尽为之对……孝文帝说之，超迁，一岁中至太中大夫。

贾生以为……天下和洽，而固当改正朔，易服色，法制度，定官名，兴礼乐，乃悉草具其事仪法，色尚黄，数用五。为官名，悉更秦之法。孝文帝初即位，谦让未遑也。诸律令所更定，及列侯悉就国，其说皆自贾生发之。于是天子议以为贾生任公卿之位。绛、灌、东阳侯、冯敬之属尽害之，乃短贾生曰："洛阳之人，年少初学，专欲擅权，纷乱诸事。"于是天子后亦疏之，不用其议，乃以贾生为长沙王太傅。

贾生既辞往行，闻长沙卑湿，自以寿不得长，又以适去，意不自得。及度湘水，为赋以吊屈原。……

贾生为长沙王太傅，三年，有鸮飞入贾生舍，止于坐隅。楚人命鸮曰'服'……自以为寿不得长，伤悼之，乃为赋以自广。

后岁余，贾生征见。孝文帝方受釐，坐宣室。上因感鬼神事，而问鬼神之本。贾生因具道所以然之状。至夜半，文帝前席。既罢，曰："吾久不见贾生，自以为过之，今不及也。"……拜贾生为梁怀王太傅。梁怀王，文帝之少子，爱，而好书，故令贾生傅之。……居数年，怀王骑，堕马而死，无后。贾生自伤为傅无状，哭泣岁余，亦死。……

太史公曰：余读离骚、天问、招魂、哀郢，悲其志。适长沙，观屈原所自沈渊，未尝不垂涕，想见其为人。及见贾生吊之，又怪屈原以彼其才，游诸侯，何国不容，而自令若是。读服鸟赋，同死生，轻去就，又爽然自失矣。

《史记》其他部分记载也偶涉贾谊（生），如《史记·日者列传》记载了贾谊与宋忠上街问卜时和楚人司马季主的精彩对话：

> 宋忠为中大夫，贾谊为博士，同日俱出洗沐，相从议论，诵易先王圣人之道术，究遍人情，相视而叹。贾谊曰："吾闻古之圣人，不居朝廷，必在卜医之中。"……司马季主复理前语，分别天地之终始，日月星辰之纪，差次仁义之际，列凶吉之符语数千言，莫不顺理。宋忠、贾谊瞿然而悟，猎缨正襟危坐……宋忠贾谊忽而自失，芒乎无色，怅然噤口不能言。于是摄衣而起，再拜而辞。行洋洋也，出门仅能自上车，伏轼低头，卒不能出气……自叹曰：道高益安，势高益危。居赫赫之势，失身且有日矣。……天地旷旷，物之熙熙，或安或危，莫知居之。

这个司马季主应为道家卜筮高人，讲得贾谊、宋忠茫然无色，分策定封之人，能言天地之利害，事之成败，"自伏羲作八卦，周文王演三百八十四爻而天下治，越王勾践放文王八卦以破敌国，霸天下"。司马季主把道观讲通彻了，也把贾、宋的命运讲绝了，君子必须"处卑隐以群众，自匿以群伦，微见德以除群害，以明天性，助上养下，多其功利，不求尊誉"。后来，宋忠抵罪，贾谊毒恨而死，也许是二人太过求尊誉而不知自匿？司马迁说古来从不为卜筮之人立传，而史迁看见了司马季主，特地"志而著之"，也许不仅仅司马季主是楚贤大夫，也不仅仅是他通易经，术黄志，博闻远见。也许史迁也想做一个绝世高人，所以对司马季主的游学和君子之风钦羡不已。班固《汉书·贾谊传》基本上继承了《史记》中关于贾谊的生平记载，但在收录贾谊作品数量上超过《史记》，明确了贾谊作品58篇是真实有据的。班固在《汉书·贾谊传》中引了刘向对贾谊的高度评价，又认为贾谊虽然位不及公卿，但贾谊却知遇明君贤主：

> 刘向称"贾谊言三代与秦治乱之意，其论甚美，通达国体，虽古

之伊、管未能远过也。使时见用，功化必盛。为庸臣所害，甚可悼痛。"追观孝文玄默躬行以移风俗，谊之所陈略施行矣。及欲改定制度，以汉为土德，色上黄，数用五，及欲试属国，施五饵三表以系单单于，其术固以疏矣。谊亦天年早终，虽不至公卿，未为不遇也。凡所著述五十八篇，掇其切于世事者著于传云。

后世诸家评述贾谊，必提及《史记》《汉书》，且多数论点自两书中的记载和评述引申，因此，常把这两本书中关于贾谊的评述作为贾谊研究的重要源头。司马迁汉武盛世著《史记》，班固在东汉光武、明、章之治后作《汉书》，学界认为，辨析两书内容，《汉书》中汉武帝以前的部分，大多采用了《史记》的记载，但在许多方面进行了改写和补充，尤其是班固利用典校秘书，占有大量文献资料，以其父班彪的《史记后传》为蓝本，综合刘向、冯高、扬雄等有关汉史的记述，在综合整理的基础上经过认真审核、考辨和取舍。《汉书》中有关贾谊的记载、评述，除引用《史记》中的贾谊生平和刘向对贾谊的评论外，《汉书》所收录的贾谊作品比《史记》更翔实，并确定了选择贾谊作品中"切于世事者著于传"的写作思路。但应该看到，司马迁与班固在价值标准、认识水准、思想观念等许多方面是存在差异的。司马迁通过研究历史，探索社会发展规律，对许多历史事件、人物都个人独立的意识去探索，他把屈原和贾谊合传，实际上体现了司马迁对屈、贾独立人格的高度认同，"这种独立人格最主要的表现是独立地认识社会和自然万物，把各种事物作为认识和研究的物件，而且在认识和研究过程中形成独立的价值判断，没有外在制约力量和价值标准"①。而班固更多地受到当朝政治的影响，认为汉王朝的建立，不是秦政暴虐而失民心以及汉高祖等人长期奋斗的结果，而是五行回环得天统的结果，因此司马迁与班固评价历史人物和事件的标准不尽相同。前者评价事件人物以事物本身的是非作为标准，始终坚持实录的原则，反对"誉者或过其实，毁者或损其真"。而到班固所处的时代，宣帝、章帝两次讲经，儒学统治地位已固，文网周密。随着贾谊的一系列政治主张在他身后逐渐施行，贾谊在汉

---

① 张国刚，乔治忠，等. 中国学术史［M］. 上海：东方出版中心，2006：193.

代的影响也就越来越大，班固作为正宗经学的泰斗，"惟圣人之意尽心"，在《汉书》中根据"三纲六纪"的政治原则和伦理规范，为贾谊单独立传，且把贾谊的作品"掇其切于世事者著于传"。

这一时期，贾谊著录除见于上述两书外，还见于唐魏征等《隋书·经籍志》，以及后晋刘昫《旧唐书·经籍志》等。对贾谊的研究评述见于各种文论和文学作品之中。李陵、扬雄、刘歆、王充、曹丕、曹植、挚虞、李康、骆统、仲长统、权德舆、白居易、柳宗元、刘勰、刘知几、沈约、李善、范晔、独孤及等在各自的诗文中均对贾谊有所论及。

李陵在《答苏武书》中说："贾谊、亚夫之徒，皆信命世之才，抱将相之具，而受小人之诮，并受祸败之辱，卒使怀才受谤，能不得展。彼二子之遐举，谁不为之痛心哉！"①　扬雄论贾谊赋说："如孔氏之门用赋也，则贾谊升堂，相如入室矣，如其不用何？"沈约《宋书·谢灵运传论》谓谊赋："英辞润金石，高义薄云天。"刘歆认为贾谊："在汉朝之儒，唯贾生而已。"②　王充说："贾谊，智囊之臣。"③

曹丕认为，"贾谊之才敏，筹画国政，特贤臣之器，管晏之姿，岂若孝文大人之量哉"。④

曹植深深理解贾谊志或郁结、欲逞才力的良苦心情："臣之事君，必以杀身靖乱，以功报主也。昔贾谊弱冠，求试属国，请系单于之颈而制其命；终军以妙年使越，欲得长缨占其王，羁致北阙。此二臣者，岂好为夸主而曜世俗哉？志或郁结，欲逞其才力，输能于明君也。"⑤

三国魏人李康将屈原与贾谊合而论述："治乱，运也；穷达，命也；贵贱，时也。而后之君子，区区于一主，叹息于一朝。屈原以之沉湘，贾谊以之发愤，不亦过乎！"⑥

三国时，吴国大将骆统对贾谊远退长沙独有见解，他说："昔贾谊，至

① 萧统．文选［M］．李善，注．北京：中华书局，1977：575.
② 班固．汉书［M］．北京：中华书局，1962：1969.
③ 王充．论衡［M］．上海：上海人民出版社，1974：306.
④ 陈寿．三国志［M］．北京：中华书局，1959：88.
⑤ 陈寿．三国志［M］．北京：中华书局，1959：566.
⑥ 萧统．文选［M］．李善，注．北京：中华书局，1977：732.

忠之臣也，汉文，大明之君也，然而绛、灌一言，贾谊远退。何者？疾之者深，谮之者巧也。然而误闻于天下，失彰于后世，故孔子曰：'为君难，为臣不易'也。"①

权德舆谈贾谊时，联系当朝实际进行比较论述："尝读贾谊书，观其经制人文，铺陈帝业，术亦至矣。待之宣室，恨得后时，遇亦深矣。然竟不能达四聪而尽其善，排群议而试厥谋，道之难行，亦已久矣。东阳、绛、灌，何代无之！嘻！一薰一莸，善齐不能同其器；方凿圆枘，良工无以措巧心。所以理世少而乱日多，大雅衰而正声寝。汉道未融，既失之于贾傅；吾唐不幸，复摒弃于陆公。"②

白居易对贾谊政论文言辞激切的原因进行了分析，他认为："汉兴四十载，万方大理，四海大和，贾谊非不见之。所以过言者，以为词不切，志不激，则不能回君听，感君心，而发愤于至理也。是以虽盛时也，贾谊过言而无愧；虽过言也，文帝容之而不非，故臣不失忠，君不失圣，书之史策，以为美谈。"③

柳宗元认为："当文帝时，始得贾生明儒术，武帝尤好焉，而公孙弘、董仲舒、司马迁、相如之徒作，风雅益盛，敷施天下，自天子至公卿大夫士庶人咸通焉。于是宣于诏策，达于奏议，讽于辞赋，传于歌谣。由高帝迄于哀、平、王莽之诛，四方之文章，盖烂然矣。……修其书，拔其尤者，充于简策，则二百三十年列辟之达道，各臣之大范，贤能之志业，黔黎之风美列焉。"④

刘勰《文心雕龙·哀吊》从辞赋发展的源流上论及贾谊的影响："自贾谊浮湘，发愤吊屈，体同而事核，辞清而理哀，盖首出之作也。"

李善则认为："贾生英特，弱龄秀发，纵横海之巨鳞，矫冲天之逸翰，而不参谋棘署，赞道槐庭，虚离谤缺，爰傅卑士，发愤嗟命，不亦宜乎？

---

① 陈寿．三国志［M］．北京：中华书局，1959：1332.

② 权德舆．陆宣公集序·古文雅正卷七［M］．台北：台湾商务印书馆，1983：123.

③ 阎振益，钟夏．新书校注［M］．北京：中华书局，2000：568.

④ 柳宗元．柳河东集：卷二十一［M］//文渊阁四库全书本：第1076册．台北：台湾商务印书馆，1983：203.

而班固谓之未为不达，斯言过矣！"①

类似上述评述，无法一一列举，本章亦无法一一进行评述。但在后面章节论述贾谊的影响时，将会有所论及。

《史记·太史公自序》认为，"贾生、晁错明申商"，而贾谊又被公认为是汉初三儒之一，刘歆在《移让太常博士书》中指出，"在汉朝之儒，唯贾生而已"，这不可避免地引起了后世诸多辩争。

这一时期贾谊研究的特征主要体现在三个方面：一是完成对贾谊生平事迹的辑录整理，为后世研究奠定了史料学基础；二是形成对贾谊的基本评价，为后世研究确立了参照坐标；三是设定对贾谊评述的主要议题，为后世研究的深入和拓展提供了选题依据。

2. 宋朝—清朝时期的贾谊研究

宋学是宋代学者对汉学反思的产物，宋代学术具有区别于其他时代学术的显著特征。以宋代为发轫的贾谊研究也具备区别于宋以前贾谊研究的学术特征。这一时期在贾谊研究领域出现了一个标志性的事件，即对《新书》真伪问题的探讨。

南宋陈振孙首先提出《新书》的真伪问题，他在《直斋书录解题》卷九的儒家类中认为，《贾子》十一卷为"汉长沙王太傅洛阳贾谊撰，《汉·志》五十八篇，今书首载《过秦论》，末为《吊湘赋》，余皆录汉书语，且略节谊本传于第十一卷中，其非《汉书》所有者，辄浅驳不足观，决非谊本书也"。陈氏见解不全无道理，但同一人的作品也有高低之分，有浅薄和深奥之别。后代一些研究者对此多有附和，清人姚鼐对《汉书》中所载的贾谊作品评价甚高，但他否定《新书》为贾谊所作，其《惜抱轩全集》中有言："贾生书不传久矣，世所有云《新书》者，妄人伪为者耳。班氏所载贾生之文，条理通贯，其辞甚伟。及为伪作者，分晰不复成文，而以陋辞联侧其间，是诚由妄人之谬，非传写之误也"。《四库全书总目》九十一卷子部儒家类列有《新书》七卷，写明《新书》"为汉贾谊撰。《汉书·艺文志·儒家》贾谊五十八篇，《崇文总目》云：本七十二篇。刘向删定为五十八篇。隋唐志皆九卷，别本或为十卷……明人传刻古书，往往如是，不足

---

① 萧统. 文选 [M]. 李善，注. 北京：中华书局，1977：198.

怪也"。并引用了陈振孙《朱子语录》及颜师古经引，应劭《汉书注》对《新书》的评价也算公允，认为陈振孙所见《新书》十一卷与清时版本并不一致，无第十一卷，末篇也未载《吊湘赋》，其书"多取谊本传所载之文，割裂其章段，颠倒其次序，而加以标题，殊瞀乱无条理。……二本传所载皆五十八篇所有，足为显证……今本即为唐人所有制见，亦足为显证。然决无摘录一段立一篇之理，亦决无连缀十数篇合为奏疏一篇上之朝廷之理。疑谊《过秦论》《治安策》等本皆为五十八篇之一，……其书不全真，亦不全伪。朱子以为杂记之稿，固未核真实。陈氏认为决非谊书，尤非笃论也"。且《修政语》二篇、《保傅》、《容经》等具有源本，"深得经义，又安可尽以浅驳不粹目之哉！"据《长沙贾太傅祠志》记载，针对此问题，袁枚则直言"《贾子》，伪书也，天子御四夷，有五帝三王之道在，未闻表与饵也。贾生王佐才，识政体，必无是言"。不过，其他学者大多认为《新书》为贾谊所作，宋人王应麟在其所撰《汉艺文志考证》中指出，"班固作传，分散其书，参差不一，总其大略"，肯定《汉书·贾谊传》的《治安策》，是班固从《新书》中选取有关篇章并"总其大略"而成的。

从学术史的视角看，陈振孙提出《新书》的真伪有其客观原因。贾谊在儒学传承过程中的影响越来越大，贾谊作品也越来越受到重视。这一时期收入贾谊著录的典籍中，有不少已称贾谊著作为《贾子》，如《隋书》《旧唐书》均称"贾子"。

宋儒在治学方法上，通过对汉学进行改造，形成了自己的特点，而"疑经"正是宋学的起点和特征。宋儒力图摆脱汉学章句之学的束缚，根据自己对儒经的理解，由我注经，阐释义理，宋儒不仅怀疑汉儒的注疏，而且直接怀疑经文。宋代一些名士多为疑经学者，如欧阳修曾在《易童子问》中首次提出《易》中的"系辞""文言"等不是孔子所作。吴棫、朱熹等学者就曾怀疑《孔传古文尚书》是伪书。《易经》的注解和《尚书》经文都可以怀疑，贾谊作品以及刘向编撰的其他人的作品受到怀疑也是很正常的事。陈寅恪在《邓广铭〈宋史职官志考证〉序》中云："华夏民族之文化，历数千载之演进，造极于赵宋之世。"而梁启超认为：文化发达愈久，好古的心事就愈强。一个文化、学术发展的时代，怀疑能够促进学术研究的发展。但是，陈振孙认为贾谊《新书》"浅驳不足观"者"决非谊本书"，姚鼐认为《新书》中一部分作品是"妄人之谬，非传写之误"，或受疑古风气的影响，未为酌论。且不论"非汉书所有者"到底是不是"浅驳不足观"，是不是"陋辞联厕其间"，即使是这样，也可以理解，因为再伟大的作家，写出的作品也不可能是字字珠玑。姚鼐认为部分作品是"妄人"所为，这"妄人"是指哪些人呢？从汉朝一直到唐五代，也没有人指出"妄人"存在，姚鼐也无法明确指出妄人是何方人氏，看来，此说或为姚鼐心证，并无实证。甚至于余嘉锡认为《汉书》抄《新书》有关篇目，从时间和文风来看，也是完全有可能的。

对于《惜誓》是否为贾谊所作，这一时期的学者看法也不尽一致。朱熹认为《惜誓》是贾谊所作。他在《楚辞集注》中说，"《史》《汉》于《谊》传独载《吊屈原》《鵩鸟》二赋，而无此篇，故王逸虽谓'或云谊作，而疑不能明'，独洪兴祖以为其间数语与《吊屈赋》词指略同，意为谊作亡疑者。今玩其辞，实亦瑰异奇伟，计非谊莫能及"。朱熹晚年讲学时经常论及贾谊其人、其学、其书，还经常将贾谊与晁错、董仲舒的文章比较，认为贾谊文字典实，其根柢是战国纵横家之学，只是较近道理，不如仪秦蔡范之甚尔，其所见道理明澈说得较好，朱熹认为贾谊的辞赋代表西汉最高水平，《吊屈原》《鵩鸟》二赋短小精练，言简意深，其篇幅、形制及内容上皆不同于《七谏》《九怀》《九叹》《九思》，而且坚定认为《惜誓》非贾谊而不能作。贾太傅以卓然命世英杰之材，俯就骚律，所出三篇，皆非一时诸人所及，其中《惜誓》句意超然拔俗，还认为"谊有经世之才，文章盖其余事，其奇伟卓绝，亦非司马相如所能仿佛"。王夫之赞同朱熹关于《惜誓》的观点。但清人王耕心却否认《惜誓》为贾谊所作。他在《贾子次诂·记纪下》中说："其文虽摛辞高朗不让昔贤，而篇首即云'余年老而日衰'，其非贾子遗文已不待辩。……'独浊世而自藏'，以孝文之世为乱、为浊，后世犹无此言，况在贾子！若直以此为贾子所作，何异诬罔先贤，妄凿浑沌！朱子注《楚辞》，虽亦姑事因循，要为千虑之一失，非后学所宜附和。"①

王耕心的分析不无道理，但考察特定历史环境中的贾谊或为黄昏之谈亦在情理之中。贾谊平步青云，又满腹经纶，居庙堂之高意气风发，指点朝政，

---

① 王兴国. 贾谊评传 [M]. 南京：南京大学出版社，1992：40.

处江湖之远感叹几句年老日衰，是再寻常不过的事。历来文人多伤感，自古悲愤出诗才。如果在生理、心理方面有些问题，或个人处于逆境之中，更容易感伤岁月的无情，也许他认为诗词歌赋均为末技，也许他不会"为赋新诗强说愁"，但特定时空下，"忽忽而不反"，辞赋少作，留取心魂相守也是正常的。宋代洪兴祖的《楚辞补注》不仅选录而且认为《惜誓》作于贾谊被贬"为长沙王太傅，意不自得"之际，彼时是贾谊短暂的自然生命和政治生命最为困厄之时，他的精神在理想和现实的强烈反差中痛苦地挣扎，他悲愤地斥责汉初权力重组时的残酷政治生态："黄鹄后时而寄处兮，鸱枭群而制之；神龙失水而陆居兮，为蝼蚁之所裁。""悲仁人之尽节兮，反为小人之所贼。"他苍凉地诉说了政治打击对生命能量的无情消耗："水背流而源竭兮，木去根而不长，非重躯以虑难兮，惜伤身之无功。"他无法挣脱苦难的现实世界，转身向幻化的神仙世界寻求精神的安慰和寄托。写下"苍龙蚴虬于左骖兮，白虎骋而为右騑；建日月以为盖兮，载玉女于后车；驰骛于杳冥之中兮，休息乎昆仑之墟"及"念我长生而久仙兮，不如反余之故乡"的语句。观照作品语言本身，我们还可以看到，《惜誓》与屈原在《离骚》中幻游天国、上下求索的楚文化固有的浪漫气息相通。所以有专家指出，该文与《吊屈原赋》在风格、内容、词旨等方面相似，这篇文章就是凭吊屈子时抒发自己胸襟的作品，这一观点是值得相信的。退一步讲，从传播学的角度分析，宋前的传播方式主要是口耳相传，贾谊作品在悠长的时间和辽阔的空间传播，偶尔误入一两句后人的诗句，也应该可以理解。

文景之治是两千多年封建社会为数不多的太平盛世之一，但贾谊作品中似乎没有多少"盛世"一类的溢美之词。贾谊极忠于文帝，文帝也极其器重他。年轻气盛的贾谊凭倚着这份忠心和宠信，往往言词激进。在漫长的历史上，太平盛世往往是忠臣说得出死谏的话，盛世危言多出于具有高度忧患意识的忠臣死士，他们敢于慷慨陈词，更没有顾忌在个人寄情的辞赋中说一些"乱世"一类过激的词。可见，如果否定《惜誓》为贾谊所作，证据还不充分。

贾谊另一篇《旱云赋》在《艺文类聚》卷一百题作东方朔《旱颂》，又见《古文苑》卷三及《北堂书钞》卷一五六。《史记》《汉书》均未录载，所以前人以为伪作，不过《文选》中谢朓《敬亭山诗》、潘岳《在怀县诗》、陆机《从军行》注文均引此赋，可见《旱云赋》是贾谊的作品。从"何操行之不得兮，政治失中而违节；阴气辟而留滞兮，厌暴至而沉没"可以看出文章具有天人感应思想，于是有学者认为天人感应学说是汉武帝以后才出现的，因此认为该篇不是贾谊作品。不过，有专家也指出，天人感应的学说和天人感应的思想是两回事，把灾异与政治联系起来的天人感应思想在董仲舒之前早已存在，如《春秋》中本就有此义例。因此光凭这点难以否认《旱云赋》是贾谊的作品。

宋朝学者朱熹、苏轼、欧阳修、黄震、真德秀，均对贾谊有过评述。明清两代研究或评述贾谊的学者包括：明人胡价、乔缙、李梦阳、唐顺之、张溥、杨节、何孟春、张志淳、周廷用，以及清人全祖望、汪中、卢文弨、王闿运、吕留良、袁枚、姚鼐、汪之昌、陈鳣、姚莹、刘毓崧、方宗诚、林云铭、吴楚材、李扶九、余诚、浦起龙、林纾、金圣叹、王夫之、章太炎、曾国藩等。

南宋浙东慈溪理学思想家及爱国学者黄震在其《黄氏日抄》中指出："以谊奇才，得为典属国，以试之匈奴，虽无可灭之理，势须渐弱，未可以大言而少之。若其分王诸侯，施行汉事，后多卒如其说，真洞识天下之势者也。"

黄震学继朱熹，自称"非圣人之书不观，无益之诗文不作"。也主张经世致用，曾在史馆检阅任上上书直言指斥内政四大弊端：民穷、兵弱、财匮、士大夫无耻，因之被连降三级。曾有《春秋集解》等著作，他对贾谊的高度赞赏可谓顺理成章，二人学术旨归一致，人生实践也相仿。

胡价、乔缙、李梦阳等对贾谊文化品格高度认同并进行赞美。胡价认为贾谊的谋谟论建，非常人所能及，基本赞同刘向对贾谊的评价，认为其通达国体，堪比伊管。他在《贾子跋》中写道：

> 窃考谊所著《过秦论》，所陈《治安策》，虽繁简与是书不同，要皆椎轮于斯也。盖谊自长沙召对宣室，文帝嘉之。已乃数上书，论政事，危言谠义，卓诡切至。若众建诸侯，益广梁地，养大臣有节，崇廉耻之风，后皆遵之有效，一一如谊所言。则谊之谋谟论建，诚有大过人者。刘向谓为通达国体，伊、管不能过，其亦美矣。

又如明代洛阳人乔缙，对同乡前贤十分追慕又十分同情惋惜，他于明成化十九年曾刻《贾长沙集》十卷，并认为如果贾谊不早逝，"汉将不止于汉"，贾谊也将可以和皋陶、夔、后稷、契比肩，赞美不可谓不高。其在卷首《贾生才子传序》中写道：

> 帝数问政治得失，谊遂陈《治安策》，……援古证今，左譬右喻，举前代之已然，明当代之必然，断断乎欲措汉室，上跻唐、虞之治，不翅烛照数计，著筮龟卜，直言激切，冀以感悟人主之听。惜乎！年逾三十，而天夺之速，徒使谊之言验于身后，而莫能成功于当日也。维时仲舒、匡衡、倪宽之徒所陈之策，非无可观，然彼皆老于事情，精于笔札者。而谊年方弱冠，乃能激颓风以继三、五，鼓芳风以扇幽尘，使天假之以年，其进未已，汉将不止于汉，而谊俦皋、夔、稷、契矣。

明代前七子领袖人物李梦阳在《贾子序》中认为：

> 汉兴，谊文最高古，然谊陈说治理，善据事实，识要奥，一一可措之行，盖管、晏之俦焉。故曰：谊练达国体云。
> 谊文高古最者，太史公业裁之入《史记》矣。后人或摭其创草及他篇简论说，不忍遽捐弃，于是类之称书焉。如《过秦论》，太史公业裁入之矣，褚先生又取其余，附之后，今为三篇云。亦有一事一义而篇二三者，或二篇而杂之一。如《治安策》，挽截无复绪理可寻。乃其宏识巨议，故皎皎如日星，如江河地中，不得掩没之矣。

李梦阳进士登科后初授户部主事，他不畏权贵，直言上书，上疏应诏指陈《疏》，尖锐指出当时的"二病""三害""六渐"的时弊，揭露寿宁侯和外戚各种罪行，遭到权贵疯狂陷害，被解职问罪，严刑拷打，并欲急杀李梦阳，后幸有皇帝干预才得以官复原职。后也几经沉浮，多次入狱，换得身心疲惫，终不复仕，每日饮酒、著述，尽享天年。也许惺惺相惜，也许贾谊文章确实皎皎如日星，流芳后世，也许兼而有之，李梦阳对贾谊的宏识巨议进行了高度评价。

这一时期，还有一个对贾谊的重要评价来自苏轼。

苏轼从小受母亲教诲，勤习贾谊文章，且一生受贾谊影响很大。但他认为贾谊"志大而量小，才有余而识不足"。他的《贾谊论》写道：

> 若贾生者，非汉文之不用生，生之不能用汉文也。夫绛侯亲握天子玺而授之文帝，灌婴连兵数十万以决刘、吕雌雄，又皆高帝之旧将，此其君臣相得之分，岂特父子骨肉手足哉？贾生，洛阳之少年，欲使一朝之间，尽弃其旧而谋其新，亦已难矣。为贾生者，上得其君，下得其大臣，如绛、灌之属，优游浸渍而深交之，使天子不疑，大臣不忌，然后举天下而惟吾之所欲为。不过十年，可以得志。安有立谈之间，而遽为人痛哭哉？观其过湘，为赋以吊屈原，悲郁愤闷，超然有远举之志。其后卒以自伤哭泣，至于夭绝。是亦不善处穷者也。夫谋之一不见用，安知终不复用也？不知默默以待其变，而自残至此。呜呼！贾生志大而量小，才有余而识不足也。

如果仅从保全身心的角度看问题，苏轼的论述无疑是明智的，但是，苏轼无法理解一个具有战国士风的知识分子在一个大一统的新兴国家平步青云后急于建功立业的心情，也未能理解贾谊固有的文化品格，因而苏轼的观点遭到不少人的反对。如清嘉庆藏书家陈鳣的《贾谊论》就认为：

> 若云"志大而量小，才有余而识不足"，未免以成败论人耳。嗟乎！世之君子，苟有高世之才，务为立身之计，特不幸穷而在野，无官守，无言责，惟是默而息耳。若遭遇人主特达之知，又当国家治乱所系，知无不言，言无不尽，而又奚待哉？而又奚忍哉？

清桐城派后期名家方宗诚在《柏堂集前编》中认为苏轼"未详考贾生之事实""甚矣子瞻之疏也""贾生之识，见微知著"，贾生"不以死生去就为怀"。

这一时期，贾谊的思想属性问题继续得到关注，清桐城派古文大师姚鼐认为，"宋儒者以为生上书谓'髋髀之所，非斤则斧'，以此待诸侯为申韩之意，吾谓不然""然遂谓太史公为诬贾生？则亦非也""贾生当文帝而明申商，汲长孺为武帝言黄老，彼皆救世主之弊，和而不同"。① 晚清考据学派学者汪之昌在分析贾谊思想时说过，"生则能诵诗书，受《春秋左氏传》于张苍，兼通诸学百家，申、商特其一耳""吾谓史迁以明申商称之者，殆有感于廷臣而言""谓生以申商矫汉文所为，其说之谬显然也"。而著名乾嘉学者、校勘专家刘毓崧在《西汉两大儒董子贾子经术孰优论》中指出，贾谊"沉潜经术，学贯天人，上足以匡君，下足以救世，卓然自立，不愧为一代之大儒者，吾得二人焉，一为洛阳贾谊，一为广川董仲舒"。②

贾谊文学作品的创作技巧一直是历代研究者的热议论题。清康熙年间著名选家吴楚材的《古文观止》这样评价《过秦论》："层层敲击，笔笔放松，正笔笔鞭紧，波澜层折，姿态横生，使读者有一唱三叹之致。"类似的评述如浦起龙《古文眉诠》所写：

> 贾策断推西京文第一。有家令之峻刻，而术非名法；有广川之醇茂，而气更英多。急势缓势相衔，夹喻夫正入化。辟尽眉山匠巧。

至于最有趣旨的评价，当数黄宝和清代文人金圣叹。长沙人黄宝于1484年中进士，曾任陕西巡抚、吏部郎中、御史、山东巡抚，他操风节凛，有"黄宝不爱宝"之说，他在《新书序》中生动地记述了贾谊之文对他的影响，艺术地评价了贾谊的经世之才和奇伟文章：

> 余手披目览，口诵心惟，始而骇，终而不知神与之接，融融浃浃，不知旨之、乐之、咏之、叹之。于是乎乃知太傅之生，值汉室初造，光岳气完之时，通乎天人精微之蕴，穷乎历代治乱之故，洞乎万物荣悴之情，究乎礼乐刑政之端，贯通乎仁义道德之原。故正言竑义，卓卓乎其奇伟，悠悠乎其深长，凿凿乎其有援据。如江河荡潏，而莫测

---

① 姚鼐. 惜抱轩文集 [M]. 台北：文海出版社，1979：25 – 27.
② 刘毓崧. 西汉两大儒董子贾子经术孰优论 [M] // 刘毓崧. 通义堂文集：卷八. 吴兴求恕斋，1958：43.

其涯也；如风霆变化，而莫见其迹也；如云霞卷舒，出没晻霭，千态万状，而莫可名言也。……予惟太傅高世之才，殆出天纵。汉刘向称其"通达国体，虽古之伊、管未能远过"。《班史》痛其不用，但谓其"天年早终，虽不至公卿，未为不遇"……宋欧阳公谓"其所陈，孝文略施其术，犹能比德于成康，况用于朝廷之间，坐于廊庙之上，则举大汉之风，登三皇之首，犹决壅裨坠尔"。苏公论其为"王者之佐"如其所言，虽三代何以远过。……顾其书之在霄壤中，上则为德星、为庆云，下则为朱草、为礼泉，光景常新而精神不亏，亘万古犹一日……中间如鉴秦俗之薄恶，指汉风之奢僭；请定经制，述三代之长久；深戒刑罚，明孤秦之速亡；譬人主之如堂，所以优臣子之礼，置天下于大器，所以示安危之机，凡《忧民》《傅职》《官人》《大政》等篇，皆经济之大略，又有国与天下者之所当鉴也。①

金圣叹将贾谊之文与韩昌黎、苏东坡之文对比后，其《天下才子必读书》中指出贾谊之文最高：

> 幼闻人说韩昌黎如海，苏东坡如潮，便寻二公文章反复再读，深信海之与潮，果有如此也。既而忽见《贾生列传》，读其治安策，乃始咋舌怪叹：夫此则真谓之海矣，千奇万怪，千态万状，无般不有，无般不起；则真谓之潮矣，来不知其如何忽来；去不知其如何忽去。总之，韩、苏二公文章，纵极汪洋排荡时，还有墙壁可依，路径可觅。至于此文，更无墙壁可依，路径可觅。少年初见古文，便先教读一万遍，定能分外生出天授神笔。

《新书》的版本，今人方向东在其集解的《贾谊集汇校集解》一书中，认为"今以卢文弨抱经堂本为最善"，因为卢氏校本有三个特点，一是卢校本用了两个宋本校勘，较好地保存了宋本的特点，二是卢氏校勘《新书》，几乎囊括了明代所有的五个本子（沈颉本、李空同本、陆良弼本、程荣本、

---

① 黄宝. 新书序 [M]. 抱经堂校本. 北京：直隶书局，1923.

何允中本）。清本多承明本，王耕心《贾子次诂》只是将卢校本的目次和篇段进行了调整，改动了一些文字。方向东的观点甚为允当。

这一时期贾谊研究的主要特征体现在两个方面：一是展开对贾谊作品真伪的考辨；二是展开对贾谊的专题研究。前者是这一时期学术思潮的必然产物，后者是这一时期学术研究深入的反映。对于贾谊的专题研究，虽然主要关涉贾谊政治才华的讨论和贾谊作品文学价值的述论，但多宏论卓识，而且参加论辩的学者之众、影响之大都远远超过前一时期。

3. 近现代—当代时期的贾谊研究

近现代时期，贾谊研究稍显冷清，未见研究贾谊的专著，但在众多学者的相关论述中，对贾谊仍然多有评述，如鲁迅认为贾谊文章为"西汉鸿文，沾溉后人，其泽甚远"①。章太炎的《国故论衡》、朱自清的《经典常谈》等均亦论及贾谊。

书传千载，凤引九雏。当代的贾谊研究进入了一个多元和纵深研究的时期，一些研究者围绕着各种论题进行多方位开掘，并在一些久争未决的问题上逐步形成共识。

（1）关于贾谊著作真伪问题的讨论逐步形成共识

在古代的贾谊研究中，《新书》真伪问题一直久争不决。在当代的贾谊研究中，这一问题继续得到关注。前文已述，近人余嘉锡（1884—1955）把《新书》与《汉书·贾谊传》详加比较后指出：不是《新书》抄《汉书》，而是《汉书》抄《新书》。这一重要发现，为《新书》辨伪工作打开了全新的视角。王季星发表了《贾谊和他的作品》一文，指出："《新书》这部书向来被人们当作十足的伪书，（当时）著述中国政治思想史的学者几乎没有一个人提到过它，学者们对于这部书的评价并非实事求是""像《大政》篇这样精辟的政治见解，也绝不是庸俗的假古董和骗子手们所能捏造得出来的"②。他同时指出，陈振孙所说"非汉书所有者，辄浅驳不足观，决非谊本书"，朱熹所说贾谊《新书》除了汉书中所载"余亦难得粹旨"，这二人的意见并不完全正确。20世纪60年代初，北京大学中文系古典文献

---

① 鲁迅. 汉文学史纲要［M］. 北京：人民文学出版社，1976：38.
② 王季星. 贾谊和他的作品［J］. 东北人民大学人文科学学报，1956（4）.

教研室的部分教师和研究生对贾谊《新书》的真伪进行了认真探讨。1961年，魏建功、阴法鲁、吴竞存、孙钦善共同发表了《关于贾谊〈新书〉真伪问题的探索》的文章，他们通过例证比较后认为："贾谊书在西汉时就被编定，在流传过程中，有散佚，而且经过后人整理改动过，今存《新书》已非原貌，形式上尤其如此，但是它与原书一脉相承，继承关系并未中断，不是全书全部亡佚，经人据一些间接材料，如《史记》《汉书》引文等，编辑而成的。因此，可以说与原书相比，《新书》不但没有达到面目全非的地步，它们反倒是相近的，特别是它的内容当为原书所包括，可靠性无疑，我们还没有发现后人增窜伪作的痕迹。"① 《光明日报》1962年8月2日对北京大学中文系部分师生的有益探索进行了报道。1982年，王洲明在《文学遗产》上发表了《〈新书〉非伪书考》，这篇文章进一步肯定《新书》为贾谊所作，原因有三：第一，《新书》引《诗经》共15条，其中用鲁诗者则达12条之多。汉初三家诗比毛诗盛行，三家诗中又以鲁诗为最盛。第二，《新书》遣词造句多有重出之处。第三，《新书·时变》中的一段话与《汉书·贡禹传》中贡禹上书元帝时的一段话极为相似，应是贡禹引贾谊的。还有专家进一步指出贾谊作品自汉至宋皆有著录，且在汉代就被司马迁、董仲舒、韩婴、刘向、戴德、班固所引用，宋以前的类书如《北堂书钞》《艺文类聚》《太平御览》等，在征引贾谊作品时，篇目、顺序和内容都与今本《新书》大体一致，可以说源自一处。至于有些学者认为有些词语和西汉时期的用语习惯和规范不尽相同，这需要具体分析，不排除存在误读，比如"妃"字不作"嫔妃""妃子"解，也可理解为"匹配""配偶"的意思，《尔雅》《说文》《礼记》《左传》存有例证。在皇帝称谓上，由于汉廷沿用秦制，把皇帝称为陛下，这在《汉书》中随处可见。《等齐》通篇都是讲"诸侯王乃埒至尊"的越轨行为，意思是说诸侯王妄自以皇帝自居，可能令臣下称其为陛下，此外从文章的风格看，《新书》中非《汉书》所有者，古奥典雅，后人难以伪造杜撰。

至于引用文章，正如杨柏峻先生指出的，古人引用词句一般惯于引用

---

① 魏建功，阴法鲁，吴竞存，等. 关于贾谊的《新书》真伪问题的探索 [J]. 北京大学学报（人文科学版），1961（5）.

大意，不一定拘泥于文字，有时详尽，有时简略，不一而足。钱穆说，雅化一直是中国古代文学演进的主要角色。其实何止于文学，史学、哲学著作也莫不如此，而雅化决非一字不变地录抄。

1992年，王兴国的《贾谊评传》出版，这被认为是一部总结性的贾谊研究著述，该书对历代《新书》的考辨进行了清晰的梳理，认为"余嘉锡、魏建功等人的考证，可以说基本上了结了一场长达数百年的关于《新书》真伪争论的公案，它可以使我们比较放心地引用《新书》中的文字进行学术研究，而不致作茧自缚地局限于班固《汉书》中所引用的个别篇章"①。

至于《惜誓》的作者，马积高认为《惜誓》非贾谊所作，"而当是西汉末期一位被贬谪的失意者所为"②。今人赵逵夫考证《惜誓》的作者是屈原之后贾谊之前的唐勒，也成一家之言。③

其实，贾谊作品真伪问题的论争只会吸引更多的人来关注贾谊及其作品，来维护贾谊作品的真实与完整，维护贾谊的人格和创作激情。钱穆说，就文学史研究而言，欣赏的作用远大于考据的作用。文学考据必须有助于欣赏，以文化生命的交流、沟通与欣赏为旨趣，这样才能发挥文学的人生教育功能。其实，也何止于文学研究呢？所以，真伪问题的论争不影响贾谊作品包含的思想光辉和艺术价值，不影响对贾谊文化品格的分析定位。

（2）关于思想属性的论争渐趋认同贾谊"内儒外法"

关于贾谊思想属性的论争一直是现当代贾谊研究的热点，聚讼纷纭，从未止息。不同经历、不同职业和不同学识水准的人，不同时期、不同阶层利益的代表，对贾谊的思想派别的看法不尽相同。王季星认为，贾谊有"儒家思想，法家思想，同时也有道家思想"④，1962年北京大学中文系古典文献教研室贾谊集整理小组（阴法鲁、陈铁民执笔）的《贾谊思想初探》一文认为，贾谊"继承了儒家传统思想，吸收了法家的法治观点，在情绪消沉时也接受过道家的人生观，但他的思想基本上是属于儒家的，只是面

---

① 王兴国. 贾谊评传 [M]. 南京：南京大学出版社，1992：53.
② 马积高. 赋史 [M]. 上海：上海古籍出版社，1987：61.
③ 赵逵夫. 论《惜誓》的作者与作时 [J]. 文献，2000（1）.
④ 王季星. 贾谊和他的作品 [J]. 东北人民大学人文科学学报，1956（4）.

对着西汉初期的时代特点，比起早期的儒家来已经有了很大的发展"①。马晓乐、庄大均在《贾谊、荀学与黄老》中认为贾谊以儒家思想为基础，运用黄老道家的治学方法，广泛吸收百家之学，融会贯通，最终成为以进一步黄老化的荀学为主体的新型儒学。② 1976 年上海人民出版社《贾谊集》认为"贾谊继承了先秦朴素唯物主义和朴素的辩证法思想……错误地强调仁义、德教和礼的作用，说明他还没有摆脱儒家思想的影响"。邵勤在《论贾谊》的文章中认为"可知从汉代开始，实际上已不存在原来意义上的'法家'和儒法两种学说的对立，别有用心给贾谊披上'法家'的华衮……这是典型的唯心史观"③。论述贾谊思想属性的专文还有许多，但大多不出前人窠臼。20 世纪 80 年代开始论者对贾谊思想属性的认识渐趋统一，只是表述不一。王兴国认为，"论其为法家和儒家的根据多一些，但是贾谊既非纯粹的法家，也非纯粹的儒家，他使二者在一定程度上统一了起来"④。按照侯外庐的说法，是"内法外儒"⑤，按张纯和王晓波的说法叫"阳儒阴法"。⑥ 当然，这个时期不同的声音也还存在，但主流意见已经形成。

（3）关于贾谊文学成就和作品文本的研究不断体现多元特色

这也是贾谊研究中一个比较热闹的领域。1956 年王季星提出"希望我们对这位作家能逐渐予以确当的评价，并在文学史上给予他适宜的位置"⑦。之后，胡念贻在《贾谊和他的散文》中认为《治安策》是我国散文史上一篇空前的巨制，也是第一篇很有价值的政论文章。⑧ 朱碧松的《试论贾谊和晁错的政论文》一文认为贾谊的政论文章至今仍然震撼着读者的心弦，这不能不归功于他的文章做到了思想内容和艺术形式的较高统一。⑨ 20 世纪 80 年代有影响的论文包括王洲明的《贾谊散文的特点及在文学史上的地

① 阴法鲁，陈铁民．贾谊思想初探［J］．北京大学学报，1962（5）．

② 马晓乐，庄大钧．评贾谊、荀学与黄老——简论贾谊的学术渊源（哲学社会科学版）［J］．山东大学学报，2003（1）．

③ 邵勤．评贾谊［J］．安徽师大学报哲学社会科学版，1977（4）．

④ 王兴国．贾谊评传［M］．南京：南京大学出版社，1992：325．

⑤ 侯外庐，等．中国思想通史：第二卷［M］．北京：人民出版社，1980：63．

⑥ 张纯，王晓波．韩非思想的历史研究［M］．北京：中华书局，1986：249．

⑦ 王季星．贾谊和他的作品［J］．东北人民大学人文科学学报，1956（4）．

⑧ 胡念贻．贾谊和他的散文［N］．光明日报，1962-03-04（4）．

⑨ 朱碧松．试论贾谊和晁错的政论文［J］．光明日报，1962（441）．

位》、李伯齐的《贾谊散文浅论》、龚克昌的《贾谊赋论》。20 世纪 90 年代以后，类似的论文逐渐增多。韩高年在《论贾谊赋的承上启下》一文中指出，"贾谊骚赋创造的抒情模式，成为整个汉代骚体文学中文人抒发情感的重要方式，弥补了西汉诗歌抒情功能不足的缺憾……一定意义上开汉代散体赋的体制"①。江立中认为《吊屈原赋》是悼念屈原文学作品的滥觞之作，邱冬玎在《贾谊散文风格论》一文中认为贾谊散文有格调美、思想美、理性美，总体风格是壮美②。安小兰在《贾谊论》中认为：贾谊的真情激荡，避免了政论文可能具有的文学价值的缺失，情感的支撑成就了其在文学史上罕有人及的价值高峰；贾谊的人生形态，较早地显示出儒道杂糅的特点，透露出汉代文士人生形态新变的消息，具有一种先行的意义③。

当代贾谊研究的著作大多为译注类，其中较早的是 1976 年上海人民出版社的《贾谊集》，其后，《贾谊集校注》（吴云、李春台，1989）、《贾谊集校注》（王洲明、徐超，1996）、《贾谊文赋全译》（夏汉宁，1996）、《新译新书读本》（饶东原，1998）、《贾谊集汇校集解》（方向东，2000）、《新书校注》（阎振益、钟夏，2000）、《贾谊新书译注》（于智荣，2003）相继出版，吴李校注本对贾谊的作品从内容到形式上进行了深入探讨，以实事求是的态度进行标点和注释，为阅读贾谊著作提供了极大方便，不过该书印装品质不佳，不利传行。夏、于译本为通俗翻译普及本，对一般读者有较大的阅读帮助。饶译本虽注释者为大陆学者，但由台湾三民书局印行，为贾谊研究走上更宽广的视域做出了贡献。其余诸种译本均对贾谊作品的字词有更加详细的考究，其中论述较为全面者当数方向东的《贾谊集汇校集解》，他认为"《汉书》的引文和《新书》都不是伪书，他们所本者均为贾谊的原疏，但取舍详略和编排形式不同"的观点，值得引起注意。王徐和阎钟校注本对字词的辨析校注更为详细，且对后人关于贾谊的评述搜罗更多。

综合研究类专著见《贾谊的法律思想》（杨鹤皋，1985），《贾谊评传》

---

① 韩高年. 论贾谊赋的承上启下 [J]. 中国韵文学刊，2002（1）.
② 邱冬玎. 贾谊散文风格论 [J]. 西华师范大学学报（哲学社会科学版），2004（4）.
③ 安小兰. 贾谊论 [J]. 安徽教育学院学报，2000（5）.

（王兴国，1992），《贾谊和西汉文学》（汪耀明，2003）和《贾谊研究》
（蔡廷吉，1984）。《贾谊的法律思想》一书出版时间较早，仅四万多字，小
32开本，该书指出贾谊是试图把礼法结合具体化、制度化，并力图付诸实
践的第一人，对西汉的长治久安颇有贡献。王兴国《贾谊评传》是一部总
结性的贾谊研究著作，汪耀明的著作主要探讨贾谊与西汉散文、辞赋创作
的密切关系及对后世的影响，二书尽显大家风范，所论皆有其系统性和独
创性。《贾谊研究》一书涉猎甚广，所论不虚。

近十几年来，贾谊研究取得更加丰硕的成果，研究的范围更广，程度
更深，方法更细致、多样，尤为令人欣喜的是，一些年轻的博士、硕士把
自己的视域放在贾谊研究上，学位论文取得不少成果，在此，特做摘要综
述（摘要资料来源于中国知网）。

梁安和在其博士学位论文《贾谊思想研究》中，将贾谊思想分为两个
阶段（入仕前为前期，博士到太傅期间为后期）来研究，认为《道术》《六
术》《道德说》等文本是贾谊前期思想的反映，此时贾谊的思想没有形成自
己的理论体系，对一些问题的看法还比较模糊、幼稚，甚至带有朴素唯物
主义及神秘主义的色彩。贾谊开始进入政治角色，对汉初的社会问题注意
思考，并形成自己的看法，提出了以礼治国的思想主张。贾谊用本、命、
功、力等概念及国、君、吏与民的关系具体阐述了自己的民本思想，把先
秦以来的民本思想发展到一个新阶段。

薛俊武在其博士学位论文《贾谊政治哲学研究》中，从政治哲学的角
度，对贾谊的思想进行继续研究，以期对西汉初期的政治变迁有新的认识，
并试图探讨贾谊对中国政治建设的影响。贾谊不断总结治国的经验与教训，
概括出自己丰富的管理社会、治理国家的智慧，形成了自己的政治哲学。
贾谊提出的大一统思想，礼法并用、仁政治国的思想，民为国本的民本思
想，不仅体现了汉初政治思想的精髓，对后来的整个封建社会都有着深远
的影响。

闫利春在其博士学位论文《贾谊"道"论研究》中认为，贾谊对
"道"的探讨是从追问"道"是什么这一问题切入的。在贾谊看来，"道"
以"虚"为本，不是说"道"是空无一物的绝对的虚无，而是为了强调
"道"的精微特性。"虚"是"道"的精微特性，以"当"作为"道"之接

物的指导原则，而"虚"本身不能与物相接。因此，"道"要与物相接，就不能停留在"虚"的层面，而是要在"虚"的基础上通过"术"来完成。在这个意义上，贾谊认为"术"也是"道"。"德"论，是贾谊"道德"形而上学的特色之处。贾谊认为，"道"虽然是创生万物的根本，但是如果没有"德"的承载，那么"道"的创变过程就无法展开。因此，贾谊在讨论"道虚"的基础上，引进"德"的概念，并借"德有六理"与"德有六美"两个命题来说明"道"在天地间的扭转、运作方式。"道"的理想不仅体现在贾谊的政治哲学、礼治思想之中，而且体现在他的生命实践和文学创作中。

冯国利在其博士学位论文《贾谊的政治哲学思想》中认为，贾谊的政治哲学思想主要包括他的"道"本体引领下的民本思想、"大一统"思想、"礼、法、仁"相结合的礼治思想以及教化万民的思想。全面把握贾谊以"道"为本的政治哲学思想，将给后世的思想家和为政者以极大的思想启迪，应努力将"以道为本""体道合德"的理念作为制定国策的重要依据。

对贾谊《新书》文本的研究依然是学者喜欢的领域。王星华在其硕士学位论文《贾谊〈新书〉校注商兑》中，针对王洲明、徐超的《贾谊集校注》，吴云、李春台的《贾谊集校注》，阎振益、钟夏的《新书校注》，方向东的《贾谊集汇校集解》在正文文字和注解两方面存在的疏漏予以校诘，共计六十七条，其中校勘二十二条。李书玮在其硕士论文《贾谊新书研究》中，从《新书》的撰写与篇目问题、《新书》的流传与版本系统、《新书》的基本内容及其思想成就三方面对《新书》进行了探讨与论述，从古典文献学的角度对《新书》做了一次全面的考察。张超在其硕士学位论文《贾谊〈新书〉研究》中，对被誉为"西汉鸿文"的《新书》进行了考辨及校勘研究，探讨了《新书》两个主要版本的校勘得失问题。梁悦在其硕士学位论文《贾谊社会历史思想研究》中，以贾谊《新书》为主要研究资料，运用历史学及相关人文社会学科的研究方法，试图通过贾谊去理解知识分子群体的制度设计，从而解读东周至秦汉的社会历史大变局。方明智在其硕士学位论文《贾谊〈新书〉之研究》中，采用比较分析法、史论结合法、文献分析等方法，从贾谊的生平、《新书》的真伪及版本流传、古今学者对贾谊及《新书》的研究概况、《新书》的主要思想内容，以及贾谊散文的艺术风格等方面，对贾谊及其《新书》做了多角度的研究。并且认为，是时代决定了贾谊的命运，贾谊的思想归属问题仍然遵循一定的规律。葛玉霜在其硕士学位论文《贾谊〈新书〉法律思想研究》中，对贾谊《新书》中的法律思想体系进行观照，以现行部门法为分类标准，谈贾谊的经济法思想、刑事法律思想和行政法法律思想，对贾谊的法律思想做总体归纳。何广华在其硕士学位论文《贾谊〈新书〉研究》中，以贾谊《新书》作为观照对象，力求更为深入地探讨贾谊《新书》的满腔热忱与经国才略熔铸而成的思想光芒和艺术风采，并指出贾谊散文因深受先秦以来尤其是战国时期文风的影响，又处于汉初多元文化整合的历史时期而具有了自身的风格与特色。《新书》的产生，既受前朝历史文化的影响，又是与现时的政治和文化紧密相关的，同时，也是与创作主体本身的文化品格分不开的。涂捷在其硕士学位论文《贾谊〈新书〉法律思想探析》中指出，贾谊《新书》法律思想在建立儒学一统的统治思想的过程中具有特殊的历史地位。其法律思想上承周秦诸子余绪，下启董仲舒大一统思想，在两汉及整个中国法律思想文化史上承前启后，继往开来，对西汉及中国两千年来封建正统法律思想的创立功不可没。贾谊《新书》法律思想具有独特的现代价值，胡春丽在其硕士论文《贾谊法治思想研究》中提出，贾谊充分继承了先秦法家如商鞅、申不害、慎到、韩非子等人的法治思想，又深受荀子礼法合流思想的影响，并进一步将其加以改造，吸收其合理内核，重新建构了自己的思想体系。贾谊的法治思想是一套丰富而系统的理论体系，对汉代社会产生了重要影响，也对后世产生了深远影响，在中国政治思想史上占有非常重要的地位。

邵宗波在其硕士学位论文《贾谊与西汉封建正统文化的建构》中认为：贾谊《春秋》之学上承荀子、张苍，下启孙嘉、张敞等；贾谊说《诗》，更加注重礼学的精神，接受的是春秋官学中"以诗为教"（与"以诗为史"传统相对应）的传统。在西汉独尊儒学道路的行进轨迹上，贾谊是董仲舒之前最为引人注目的一个亮点。贾谊以他突出的政论文和优秀的辞赋在中国文学史上树立了一座永远的丰碑。

陈新宇的硕士学位论文《论贾谊对司马迁及〈史记〉的影响》从贾谊的史政观和著作两个方面对司马迁和《史记》的影响来进行研究。贾谊以

"礼"作为指导思想和以"仁"作为核心的社会秩序的完整思想理论体系影响了司马迁的史官思想形成。贾谊的著作对司马迁的影响在《史记》中有两处最为明显,第一处是《史记·秦始皇本纪》和《史记·陈涉世家》在发表观点的地方,直接引用了贾谊《过秦论》的下篇和上篇。还有一处是《史记》的开篇《五帝本纪》对上古五帝的排列顺序与贾谊的《新书·修政语》中对上古五帝的排列顺序是一致的。

钱彦惠在其硕士学位论文《西汉前期"重农抑商"思想、政策及实践研究——以贾谊为中心的考察》中认为,"重农抑商"是中国封建社会的主流经济思想。贾谊是"重农抑商"思想与政策的兼论者,他的这一思想的提出脉络伴随着《过秦论》《论定制度兴礼乐疏》《论积贮疏》《谏使民放铸疏》与《治安策》等政论文的先后提出渐趋形成。

陆田在其硕士学位论文《接受理论视野下的贾谊政论散文研究》中,以康斯坦茨学派的接受理论为依据,即研究同一时代人对贾谊政论散文的水平接受状况,在同一社会背景下对不同阶层接受者状况进行分析,在诸多不同声音中寻找主流共通之处加以研究,同时将贾谊政论散文放置于历史长河中,纵向梳理接受者对贾谊政论散文在不同时期的评价和理解状况。

程建在其硕士学位论文《唐代咏贾谊诗的文化解读》中,对古代吟咏贾谊的诗歌进行观照,认为古代咏贾诗产生于东汉末期,发展于魏晋南北朝,兴盛于李唐时期。其运用纵横比较法、文艺心理学、中国古典诗学等方法及观念,结合质化与量化、规律性和个案性研究,解读唐代的咏贾诗。胡佳的硕士学位论文《贾谊纪咏诗研究》花费诸多心血,搜集历代咏贾谊的诗歌440多首,并分类研究,可谓匠心独运,功莫大焉。

汪文国在其硕士学位论文《唐诗对汉代怀才不遇人物形象的接受研究——以贾谊、冯唐、李广、汲黯为例》中认为,唐朝有重史的传统,而汉代在政治、经济、军事、文化等方面所取得的成就又与唐朝具有非常大的可比拟性,因而在唐人诗作中经常出现"以汉喻唐"的现象。唐人这种"以汉为宗"的心理使得唐诗更为频繁地摄入了汉代历史人物,出现了大量吟咏汉代人物的诗作,而其中尤以吟咏怀才不遇人物的诗作居多。以贾谊、冯唐、李广、汲黯为代表的汉代怀才不遇人物形象不断地成为唐人在诗歌中歌咏的对象。

曹中凯在其硕士学位论文《贾谊与西汉前期政治》中，探讨的重点在于贾谊思想主张中的三个方面："改正朔，易服色""禁止私铸""众建诸侯而少其力"。这三个措施大体上概括了汉初的社会问题，皆体现出贾谊对于社会统一秩序的强调，这也正是儒家大一统思想的体现，都是为了巩固中央集权而提出的措施。

韩秀坤在其硕士学位论文《西汉才子贾谊之命运与创作风格解读》中指出，文品反映人品，所以研究一个作家自然也离不开对其作品的分析。知识分子文化人格的悲剧二重性，具体说就是自由与理想的两难抉择以及由此带来的身体摧残和精神折磨直接导致了他生命的毁灭。

张海波在其硕士学位论文《贾谊〈诗〉学研究》中认为，贾谊《新书》所引《诗》凡十七处，涉及 14 篇内容。贾谊说《诗》与《毛诗》相同者 1 首，与《鲁诗》相同者 3 首，本于《左传》者 1 首，源自《国语》者 1 首，与四家相近者 3 首，相异者亦 3 首，与诸家关系不清者 2 首。贾谊说《诗》以"雅""颂"为主，其《诗》学应非四家诗系统，而与《左氏》有很深的渊源，受先秦《诗》学的影响极深，继承的是"以诗为教"的传统，反映着先秦儒家《诗》学向汉代《诗》学转型的特点。贾谊说《诗》非常注重礼学精神，强调"以诗为教"和经世致用。此外，《新书》在谈到"礼"的内容、作用及重要性时，又多次引《诗》为说，其目的是阐述礼的思想而寻找权威的佐证。贾谊十分重视以《诗》为代表的文艺的教化作用，并提出"广道显德"的文艺观，反映着对儒家诗教的继承和发展。

程伊杰在其硕士学位论文《贾谊、晁错政论散文对比研究》中认为，贾谊和晁错的政论散文代表了汉初政论散文的最高成就，其政论散文的风格特色足可代表汉初政论散文的风格特色。鲁迅高度评价贾谊与晁错的政论"为文皆疏直激切，尽所欲言""皆为西汉鸿文，沾溉后人，其泽甚远"，又说"惟谊尤有文采，而沉实则稍逊"，明确指出了贾、晁政论散文的风格特色和异同。贾谊的政论笔锋豪迈奔放，风格旷达壮美，深受后代政论作家的推崇。晁错虽然为文略乏华彩，但沉实峻切，言之凿凿，也是一代雄文，且深深地影响了后世政论作家的创作。

邱华荣在其硕士学位论文《贾谊研究》中将贾谊政治家和文学家这两个角色自然而紧密地联系起来，进一步分析作为文学家的贾谊及其作品思想内涵和价值。

王鹤鸣在其硕士学位论文《贾谊骚体赋研究》中认为，贾谊的骚体赋开启了汉代赋体文学的先声，在赋体文学流变的过程中起到了承上启下的重要作用。贾谊的骚体赋在内容和形式上对楚歌、楚辞吸收的基础上，做了些许的创新，对赋体文学的传承和整个汉代文学作品的创作有着极其重要的作用。

葛瑞敏在其硕士学位论文《气积文畅，情深意挚——贾谊散文研究》中，从动态层面考察贾谊不同时期的状态、经历对其散文创作的影响，并从主观、客观方面分析贾谊遭受政治挫折的原因，指出造成贾谊悲剧的客观原因有贾谊思想的超前性与社会现实的不予接受、武力政治主宰时局与文人受到轻视，主观原因有贾谊个人的气质个性及贾谊疏于人际关系。贾谊的散文不仅密切贴合时代主题，散文内容涉及了汉代面临的现实政治问题，而且贾谊的文化性格及文人身份使得其散文在政治主题之外，还有学术主题，总体风格为气势充沛、笔势纵放、情理兼具、文采斐然，使用了多种表现技巧，如夸张、排比、对偶、对比、比喻等手法来增强其文章的可读性与文学性，使原本枯燥的政论文散发出学者气质的芬芳。

赵常伟在其硕士学位论文《贾谊〈治安策〉研究》中认为，贾谊的"才调"对推动历史发展有积极作用，在当时的历史条件下是继往开来的，为汉武帝时期的文治武功奠定了基础，为儒教的一统立下了汗马功劳。

近几年来贾谊研究成果迭出，热度不减，通过网络搜索发现，无论是出版的专著还是硕博士学位论文、期刊论文、会议论文，都体现出很高的水平。这些研究的内容大致体现在以下几个方面。

一是关于贾谊作品文本的研究成果丰硕。刘明的《贾谊〈陈政事疏〉经班固史笔的删节及考补》认为，《汉书》贾谊本传所录《陈政事疏》经过了班固史笔的删节，包括文句删节和组成内容删节两方面，特别是组成内容的删节而致疏文失去原貌，在删节的同时还存在着文本改写的现象。删节的原因主要是考虑到史传容量有限，只能"总其大略"，也有对《汉书》"志""传"使用贾谊奏疏材料保持平衡的考虑。南宋真德秀、王应麟便针对此类删节尝试进行考补，经姚鼐至夏炘都在接续此项工作。夏炘的考补集中体现在所撰《汉贾谊政事疏考补》中，即根据《大戴礼记》所载的互见性文本还原了删节的内容，既是最为允当的文献辑补工作，也体现了文本对读、作品理解与文献考据的完美结合，具有典型的学术范式意义。王学军的《〈鹏鸟赋〉写作时间考订与贾谊年谱重勘》在考察前人诸说的基础上，参考相关历史文献与出土文物材料，综合考虑汉初所行历法、长沙地理位置、鹏鸟生活习性等因素，确定《鹏鸟赋》中鹏鸟入舍的具体时间为公元前 173 年 6 月 1 日（汉文帝七年四月孟夏庚子），长沙当地 17 时至 19 时 14 分之间（北京时间 17 时 28 分至 19 时 42 分之间）。贾谊的《鹏鸟赋》当作于鹏鸟入舍后不久，也在汉文帝七年四月左右。以这一时间点为中心前后延伸，结合相关材料进行校正，可以重新勘定贾谊年谱，缩小贾谊作品和生平系年的时间偏差。王玉玲的《贾谊〈新书〉研究》认为，《新书》是贾谊创作，后人编辑整理而成的一部作品。作为秦汉嬗变之际的子书，其内容反思前朝历史，关注汉朝现实，对西汉大一统王朝的建设有重要意义，文章风格独特，对后世文学创作有深远的影响，因此从这几个角度来研究《新书》很有价值。陈功文的《贾谊〈新书〉结集及版本考述》认为《新书》自宋以来，刻印不绝，出现了多种版本，其渊源关系亟须梳理。文章通过梳理后认为刘向父子是该书的最终编成者，书名也是刘向父子命名的。宋元明清诸刻本中，影响较大的当属卢文弨抱经堂校定本，后世版本多源于此。阎振益、钟夏的《新书校注》是目前研究贾谊及《新书》非常重要的版本。余建平的《贾谊奏议的文本形态与文献意义——兼论〈新书〉〈汉书·贾谊传〉与〈贾谊集〉的材料来源》指出，贾谊奏议在不同的文献中呈现出不同的形态，贾谊留下的奏议草稿可能是《新书》的重要文献来源，其上奏到中央而保存下来的文书档案则成为《汉书·贾谊传》中所载贾谊奏议的重要文献来源。贾谊的辞赋等作品虽然在宋前以有别于《新书》的《贾谊集》流传，但在《贾谊集》亡佚之后，又出现了以截取《汉书》《通典》等书而成的新《贾谊集》，成为我们今天理解贾谊辞赋和奏议的基础。在以贾谊奏议为中心的梳理过程中，我们可以看到子、史、集部文献错综复杂的关系，而这种文献关系在汉代应是比较普遍的。龚武的《从贾谊〈新书〉"管子曰"看"管仲撰"〈管子〉》指出，宋代以来的"管书非管著"论，使得今本《管子》各种正式出版物均仅署校注者或译者之名，而不署"管仲撰"。西汉初年贾谊《新书》，以"管子曰"引用《管子》原文，全书共 4 次，均存于今本《管子》相关篇目。贾谊不仅阅读、效法管子，其"《管子》体"著述《新书》具有承前启后的典型性和代表性。今本《管子》虽成书于刘向编修，但其文本主干为管仲撰，而管书最早可上推到齐桓公时期或稍后，至少应在田氏代姜之前。《新书》与《韩非子》《史记》及《管子》构成密切的互文关系，从而形成管仲是《管子》主要"责任者"或"著者"的系列证据链，证伪了宋代以来的"管书非管著"论。刘明《贾谊与贾谊集的文学史观察》指出，刘勰《文心雕龙·诠赋》准确而精当地界定了贾谊的文学史地位，认为贾谊的赋作继承了秦代的杂赋文学传统。结合贾谊创作的两篇赋作《吊屈原赋》和《鵩鸟赋》，以说理为主旨，句式表达也与荀卿《赋篇》及李斯刻石文辞一脉相承，体现出主流的秦代文学传统。同时也受到了楚辞体创作的影响，主要是增加了舒缓语气的"兮"字，表明汉初的赋体创作沿着两种文学传统在融合演进。贾谊集的编定，是固守别集本位和扩大"文集"范围这样两种理路的反映，意味着不仅要在纯文学范畴内观察贾谊的文学史，还要在杂文学的视野里注重《新书》的政论类作品。夏德靠的《论贾谊〈新书〉的生成、编纂及流传》认为，《新书》的编纂在目前看来还存在争议，最初很可能出自贾谊门徒或者其后人之手，不过其原初形态则难以详查。今本《新书》在流传过程中虽然经历比较曲折的改编，但在很大程度上还是体现了贾谊著述的真实状况，它主要由《事势》《连语》《杂事》三部分组成，它们的生成方式及功能并不一样。邓桂姣的《〈史记〉贾谊传录文深意探究》指出，贾谊有大量影响广泛而深远的"切于世事"的政论文和多篇骚体赋，然而《史记》却偏偏不忌重复地选录两篇同类型的"不切于世事"的骚体赋。这是因为该传立意于探讨人生困境下士人的生死去就、志行操守问题，贾谊"切于世事"的作品因不切合该命题致使落选。《吊屈原赋》《鵩鸟赋》虽有雷同的因素但表达的思想内容不同，从而构成了对该命题的讨论和对屈原式精神行为的不同角度的反思，因此并录而不重复。刘跃进的《略论贾谊的时代与贾谊的文学》指出，《史记》《汉书》本传所载《吊屈原赋》《鵩鸟赋》可以反映贾谊的辞赋创作特色，贾谊的散文创作则以《汉书》本传所载《陈政事疏》及《史记·秦始皇本纪》末段附《过秦论》等为代表。严旭的《贾谊〈吊屈原赋〉的语音技巧》认为，贾谊《吊屈原赋》中有不少地方运用了语音技巧，表现在句式的长短、声律的规则、押韵的讲究、相应节奏点上的语音复叠与对比以及叠音词、联绵词的使用等诸多方面。这些语音技巧的安排对于汉语语音史和文体学的研究具有重要的参考价值。刘国民的《贾谊〈鵩鸟赋〉之再诠释》指出，庄子、贾谊之齐物、安命以顺应变化之思想是解决现实政治和人生的困惑问题，《鵩鸟赋》之齐物、安命以顺应变化是发挥《齐物论》《大宗师》等篇的思想，贾谊并没有把客观性的知识内容与主观性的生活和生命相结合，而形成道的人生境界。雷磊、钟怡芸的《"方正倒植"：论贾谊赋的意象》指出，贾谊赋中的意象，香草美人减少而善鸟神兽增多，多用对比句式，即善恶对举，且物我合一，由此形成了其相应的艺术特色。贾谊赋意象的思想内涵有一个由儒而道渐变的过程。贾谊赋逐渐摆脱了对屈宋的模仿，丰富了文学意象，努力塑造文学的个性，推动了主流文学朝骈俪和铺张的方向发展。母英坤的《贾谊、晁错政论文比较研究》指出，贾谊和晁错的政论文在思想内容上有很多共同之处：他们的政论文都是针对汉初的社会现实有感而发，内容反映了广阔的社会生活。但他们政论文也有不同之处，一是体现在对太子的教育上，晁错提倡术数教育，贾谊主张应以儒教为中心；二是体现在治国理念上，贾谊主张以礼治国，而晁错主张以法治国。贾、晁的政论文深得诸子遗风，为文皆"疏直激切，尽所欲言"，且善用历史来进行说理，旁征博引，鉴古明今。但贾谊重文，晁错重质，对文与质的不同追求使他们的政论文呈现出不同的风格。宋贤的《贾谊的政治命运和他的文学创作》认为，贾谊将个性才略、政治遭际融会表现于文学创作之中，故而其散文擅长政论，纵横俊伟而情致恳恻，其辞赋感怀颠顿塞塞，愤郁悲婉而琦玮卓绝。李怡蕾的《近四十年来贾谊赋研究综述》认为，近四十年来，学术界对贾谊赋的研究逐步深入，在贾谊赋的创作时间、贾谊赋对老庄哲学和楚辞的继承与创变、贾谊赋对汉大赋的影响等方面的研究工作做得较为扎实，但也存在重复研究、研究缺乏深层次分析以及缺少更为有力的材料支撑等问题。

二是对贾谊的影响和历代对于贾谊的接受进行更为完备的探究。林秋颖《唐代贾谊接受研究》对唐代贾谊接受的总体状况进行了初步探究，通过唐人对贾谊其人和其文的接受情况，总结此时文人学者在贾谊接受上的成就，探索唐代贾谊接受呈现兴盛局面的原因，并以此为视角初步感知唐代文人的生存状态与创作心态。贾谊无论在才具、品格还是人生经历方面都极具典型性、代表性，很自然地吸引了唐人的目光，引起了他们的共鸣、钦佩和仰慕。胡贺兰的《宋代咏贾谊诗研究》认为，宋代咏贾谊诗呈现出一些新变特质。宋代咏贾谊诗创作主体的身份较为复杂，有庙堂之臣、贬谪之臣、隐逸之士，还有僧人和女性诗人，从"异代同悲"新变、"诗""史"互补和异解以及屈原作为咏贾谊诗主题的参照三个方面来探究宋人咏贾谊诗的特色主题，以及宋人的精神风貌。同时选取了"鹏鸟""宣室""前席""长沙"四个独特的意象，进一步探究宋代咏贾谊诗的文化内蕴。赵晓岚的《略论辛弃疾对西汉文人的文化接受——以贾谊、司马相如、扬雄为个案》指出，辛弃疾对西汉文人的文化接受，可从贾谊、司马相如、扬雄这几位代表作家的个案研究中见其大概。就贾谊而言，辛弃疾在淳熙六年（1179）之前，重视其盛气有为的心志；淳熙六年之后，其共鸣共振的重点，则转向了怀才不遇、欲有为而不得的寂寞伤时之悲。何新文的《论苏轼对屈原贾谊的评论及其"适中""处穷"的人生智慧》认为，苏轼"好贾谊"之书，撰写《贾谊论》评论贾谊，中晚年更对屈、贾辞赋推崇备至，以为"楚辞前无古，后无今"，"使贾谊见孔子，升堂有余矣"。可以说屈、贾的影响贯穿了苏轼的人生旅程，但他认为屈原之道独为其难而"不适中"，批评贾谊志大量小而"不善处穷"。而所谓"适中"与"处穷"，正是苏轼所践行的人生哲学和处世策略，这也是他与屈、贾的不同之处。刘毅的《毛泽东评论贾谊研究》认为，司马迁等认为贾谊怀才不遇，理应得到更高的官职，实现更大的政治抱负，班固等则认为贾谊的策论谋略既然得到文帝认可，故而他"未为不遇"。毛泽东对贾谊的评价与史学家的角度不同，主要以政治家的视角去评论，赞扬贾谊能在清平盛世的表象中，居安思危，针砭时弊，因而鼓励向贾谊学习。宋小芹、何新文的《乃知汨罗恨，未抵长沙深——贾谊〈吊屈原赋〉的历代接受及其原因与启示意义》认为，贾谊《吊屈原赋》问世之后，自汉代史家司马迁、唐代诗人李白，到当代领袖毛泽东，两千多年来一直广受关注。除苏轼曾有贾谊"不善处穷"和"志大量小"的批评外，几乎无一例外地给予了肯定和接受，乃至形成了源远流长的"贾生吊屈"话语。张明月的《〈史记〉与〈汉书〉中贾谊形象的比较》认为司马迁与班固笔下的贾谊似乎有所不同，并以《史记·屈原贾生列传》和《汉书·贾谊传》的文本为基础，对司马迁和班固所塑造的贾谊的形象进行比较，并分析了差异产生的原因。靳宝的《班固与贾谊关于历史认识的异同》认为，贾谊所陈疏的一些建议与主张，都关系到治国平天下的根本，为封建大一统事业做出了积极贡献。班固为他作专传，对其一生的评价是"虽不至公卿，未为不遇"，二人虽不同时，却有诸多共识，当然也有差异。陈倩的《辩汉文帝不用贾谊》指出，许多学者都认为，汉文帝没有重用贾谊，这种说法并不准确，作为一名政论家，贾谊是否得到重用，判断标准是贾谊的政治主张是否得到重视和实现。从这个意义上讲，汉文帝非常重视贾谊，基本上采纳了贾谊的重要政见。彭丽华的《贾谊为何不被汉文帝所用》认为，贾谊提出的一系列政治主张损害了朝廷重臣等人的既得利益，而汉文帝以藩王身份继承皇位，皇权有限，是在强大的政治压力下将贾谊贬为长沙王太傅。贾谊的削藩措施不符合汉文帝以诸侯王国拱卫西汉中央王朝的思路，故也不被汉文帝采用。

由于史料缺乏，历来对于贾谊的生平难以校勘，近年来的研究者在此方面做了有益的探究。张振龙、胡上泉的《贾谊生平交游考论》指出，贾谊在其短暂一生中经历了丰富的交游，与他交游的主要对象有吴廷尉、张苍等老师，周勃、利苍、利豨等同僚，汉文帝、长沙王、梁怀王等君王，贾谊与他们的交游博涉政治、学术、文学乃至地理、军事等领域，这为贾谊人生价值的实现提供了平台，改变了他的人生境遇和心态，其文学创作也受此影响。

三是对于贾谊思想和学术渊源的研究继续走向纵深。汪高鑫的《贾谊的"过秦"论及其"六经"思想基础》指出：贾谊的《过秦论》，是汉初"过秦"思潮的重要组成部分，其目的是为西汉王朝的政治统治提供历史借鉴。同时，贾谊是汉初六经的重要传人，其六经思想继承了先秦儒家特别是荀子的思想，并将其上升到哲学的高度，从天道观上作出了论证。这些六经之论，成为其"过秦"历史总结的思想基础。朱蔚彰的《贾谊无为思想探微》认为，贾谊无为观是先秦两汉无为思想发展过程中的重要一环。贾谊在《道术》一篇中赋予"道"以"接物"的规定，并从本末角度将此"道"划分为"虚之接物"与"术之接物"。经由对"虚之接物"的内涵界定及对"虚""术"关系的定性，贾谊阐明了无为与有为在君道实践中的一体相关。杨延平的《物质享受的异同——论陆贾与贾谊的过秦差异及成因》通过对比陆贾与贾谊的"过秦"思想，分析了二人在物质享受认识上存在的异同，陆贾对物质享受持彻底否定的态度，而贾谊却主张区别对待。然而在"抑商"思想的影响之下，二人在物质享受的认识上又存在相同的一面，即都反对平民阶层的物质享受。刘建昌、郑婧伶的《从〈治安策〉看贾谊的治安思想》认为，在贾谊的思想中，大治的治安目标、长治的治安模式、众建诸侯的治安路径、德治法治等治安手段至今闪烁着社会治理的思想光芒。孙海霞、金东辉的《贾谊法律思想的主要内容及对中国传统法制的影响》指出，贾谊看到了太平盛世之下隐含的社会危机，他认为社会治理应该根据社会的具体情况采取不同的方式，提出因时而变的治理理念，提倡礼法结合的综合治理方式，强调重视民生、以民为本。他的思想不仅对正统封建法律思想产生了深远的影响，而且对汉代乃至整个封建社会的法律制度的转变和发展起了重要的作用。彭俏的《贾谊犯罪学思想研究》指出，贾谊犯罪学思想以儒家思想为基础理论来源，并融合法、道先进思想。贾谊犯罪学思想内容丰富，从犯罪的原因到犯罪的预防，提出了一个较为完整的解决方案，为维护汉初时期国家长治久安和社会秩序建设做出了巨大贡献，对后世治理犯罪、研究犯罪学思想产生深远影响。江丽、段知壮的《汉初法律思想的转型——以贾谊对陆贾犯罪学思想的继承发展为线索》指出，陆贾被认为是将荀子思想转化为治国理念的关键人物，被称为荀子再传弟子的贾谊同样将秦失天下归因于"不行仁义"，主张在国家统治和社会治理上要"安民"和"惠民"，可以说与陆贾一脉相承。但入仕后的贾谊深受法家思想的影响，对陆贾的犯罪学思想进行了发展，认为在以儒家思想治国的同时，必须辅之以刑罚手段来解决社会矛盾。

　　探究贾谊的学术渊源一直是贾谊研究的亮点。陶广学的《贾谊与〈礼记〉学》认为，考察贾谊《新书》对《礼记》的征引情况并梳理贾谊的学术师承渊源，可知其礼治思想与《记》文有着极其密切的关系。贾谊论礼治的重要意义与作用，论以礼别异与以礼防乱，论礼治的目的与实现途径等，其说多取自《记》文。当时单篇行世的《记》文正是由于贾谊等汉初重要学者的高度重视，其影响力得到大幅度的提升，促进了《礼记》的编撰成书。程慧敏的《汉初贾谊的儒学意识形态化建构研究》指出，贾谊试图以礼为核心从政治、社会、经济、文化等层面建构和规范国家秩序，并尝试发挥其作为国家意识形态的重要功能。但是贾谊的"以礼治国"论作为国家意识形态而言并不成熟，其理论还存在着诸多不足。赵琪的《陆贾、贾谊到董仲舒的灾异思想演进略论》认为，屡次向刘邦称说《诗》《书》的陆贾在其《新语》中便开了言说灾异的风气之先。贾谊在继承陆贾灾异思想的基础上又试图对灾异思想的理论依据做出解答，从而体现出一种理论化、系统化的发展方向。从陆贾、贾谊、董仲舒三人的灾异思想中，我们能看到一条西汉儒家灾异思想的演进轨迹。张树平的《中国传统政治的特定情感与结构主体——以"贾谊悲剧"为例》认为，中国传统政治形态与某种特定的政治情感现象及其流变具有内在的关联性。贾谊悲剧正是这样一种内生于中国传统政治结构的特定的政治情感现象。余永霞的《贾谊对孔子礼教思想的因循与发展》认为贾谊的学术思想具有"颇通诸家之书"的特点，但从学术思想本质而言，无疑属于儒家。西汉刘歆说："在汉朝之儒，唯贾生而已。"以校勘古籍称名的清人卢文弨在《重刻贾谊新书序》中说："西汉文、武之世，有两大儒焉，曰贾子，曰董子，皆以经生而通达治体者也。"汪高鑫的《汉初儒学思想的"驳杂"性特征——以陆贾、贾谊为中心》一文指出，以陆贾、贾谊为代表的汉初儒学思想，普遍具有驳杂性特点，这是由时代学术思想发展与现实政治需要所决定的。何平的《西汉贾谊的"奸钱论"与格雷欣法则》认为，贾谊是塑造西汉乃至中华"帝国政治体制"最杰出的两位思想家之一（另一位桑弘羊），在货币问题上，提出"上收铜勿令布"的主张，禁止民间占有和使用铜料以杜绝私人铸造铜钱，实现货币铸造权的集中和统一。论及私铸和盗铸的危害时，他尖锐地指出了"奸钱日繁，正钱日亡"的货币流通现象，深刻地揭示了"劣币驱逐良币"规律，成为"格雷欣法则"在世界货币史上的最早版本，是中国货币思想史上具有世界意义的重要贡献。李文杰的《贾谊"缘善"论考述》认为贾谊在《新书》中，对"善"进行独到分析，以"缘善"为思想主线，对汉初的价值观结构和社会状态进行了重新设计。他的"善"已经不单是"善"本意，而是调和人与人之间关系的准则，是合乎封建纲常、等级的内在约束力，具有强烈的时代性。黄元元的《贾谊〈新书〉中"道"与"德"及其关系研究》指出，贾谊继承并发展了先秦哲学中关于"道"

与"德"的思想，立足汉朝政治领域、社会实践，提出了"道"与"德"、"六理"说、"六美"说，这些思想主要蕴含在《新书》的《道术》《六术》和《道德说》三篇之中。张菁、张旭的《从〈陈政事疏〉看贾谊的政治观》认为，对《陈政事疏》进行研究探讨，有利于更加全面地认识贾谊的政治哲学思想。王进、李建军的《贾谊〈治安策〉与儒家政治秩序的重建》认为，贾谊提出以仁义、礼义作为根本要道来治理汉朝，建议有罪官员自杀以免除刑罚，有罪官员的自杀有利于培养其气节廉耻感。作为国家中坚力量的官员有了廉耻感，不但有利于国家政治的治理，而且有利于优美、淳朴、厚重社会风俗的形成。关万维的《贾谊与官儒时代的开启》提出，贾谊的第一身份是官，因为贾谊兼采儒术，因此亦可称之为儒。亦官亦儒，即为"官儒"。官意味着必然承载着郡县体制的天然特质，具有法的必然属性，此为体；儒则意味着对经典儒家思想的选择性继承，此为用。从贾谊看先秦诸子到汉诸子的转型，官儒崛起，官僚知识分子产生，古典思想家"子"时代结束，亦臣亦子时代即官儒时代得以开启。

王硕的《浅析贾谊"三表""五饵"的民族思想》认为，"三表""五饵"是贾谊民族思想的核心内容，这种通过先进的物质和精神文明来改造和同化其他文明的斗争方式，虽然不能像贾谊设想的那样立即奏效，但却比通过武力征伐更容易被接受。徐莹的《贾谊夷夏观探析》认为，"三表五饵"的"战德"之策体现出贾谊"华夷一体""尊王攘夷""用夏变夷"的夷夏观。其制夷之道并非如后世所非议的那样迂阔空疏、非仁人之用心，而是秉承先秦儒家的天下情怀和文化自信，试图以物质为载体，向匈奴输出汉朝的华夏文明。

何婉祯的《贾谊治道思想研究》指出，贾谊思想体系是以儒家思想为主综合并借鉴了黄老道家、法家的精华部分用以弥补儒家治道思想的不足，为汉廷思想整合做出了一定的贡献，形成了"新儒学"思想。贾谊的治道思想在当时虽未发挥巨大的作用，但对整个汉廷的国家治理是十分有帮助的。李丹丹、柴文华的《论贾谊对儒家伦理思想的转化和创新》认为，贾谊在伦理思想上的独特贡献是对儒家伦理思想的高度提升和深度挖掘，他对50多对道德规范做了界定，从形而上的角度论证了德的"六理"和"六美"，并对仁义与礼的关系、君臣的行为规范等做了广泛而深入的探讨，为先秦伦理思想在汉代的转型和发展做出了积极的努力。郭金鹏的《贾谊的伦理思想研究》认为，贾谊伦理思想的形成及发展是一个过程。论述贾谊的伦理思想，可着重从人性论、礼治思想、仁政思想和生态观四个方面展开。王汐朋、赵庆灿的《道载于德——贾谊的德性政治哲学》指出，贾谊以道、德、性、神、明、命"六理"，建构了以德为中心的政治哲学框架。贾谊以仁、义、礼、智、信、乐这"六行"阐释了德性政治伦理。"以道接物"是其德性政治哲学的根本策略，包含"以虚接物"和"以术接物"两种方法，其中"术"不仅包括儒家传统中的仁、义、礼、信，还吸收了法家思想中公、法的观念。王媛菲的《贾谊"置势入礼"思想研究》认为，贾谊置势入礼思想是其礼论和势论相互融合、相互作用而产生的一种新的治世理念。贾谊礼论和势论可以说是其置势入礼思想的根基所在。

宋贤的《试论屈原及〈楚辞〉对贾谊的影响》认为，汉初政治大一统加剧了南北文化之间的交流融合，汉初文士在接受北方文化的同时又深受南方楚文化的浸润。贾谊远在贬赴湖南之前就对楚文化有所涉猎，三年的贬宦生涯，致使贾谊更加积极地继承了屈原的忧患意识和执着精神，同时《楚辞》的文学形式也深深影响到了贾谊的文学创作。祁海文的《汉代美育的开篇——论贾谊的美育思想》认为，贾谊在政治上主张实施礼治，在个体人生修养上，重视"太子"的礼乐教养和"礼容"的审美修养意义；其"德有六美"之说，从哲学上深刻揭示了仁、义、礼、智、信、乐"六德"的本体意义，使儒家德行修养的美育意义得以展现。贾谊的美育思想是汉代美育的真正开篇。钟良灿的《移风易俗，天下向道：贾谊对商君变法后秦俗的批判》认为，贾谊对秦之家庭风俗有过深刻的反思，是为实现"移风易俗，天下向道"的治国目标。贾谊的批评对后世仍产生了一定影响，后世儒生对"移风易俗"的向往和努力，其实也是贾谊思想的延续。

黄稼辉的《贾谊政治思想研究》指出，贾谊一直是研究汉代思想史中绕不过的一个存在，其政治思想对两汉四百年之长治久安有不可替代的作用。贾谊在明以"过秦"，实则"戒汉"的过程中，提出其政治设计之逻辑起点，即王道论。贾谊之"君道论"为其政治设计之重要环节，只有明白"立君之道"，才能理解"为君之道"，这是贾谊"君道论"中最有价值的地方，也是最容易忽略的地方，但贾谊文本呈现了这种内在的逻辑结构。

民本思想是贾谊政治思想之最重要部分，主要强调以民众为治国安邦之学说，是古代最为系统的民本思想。朱绍侯的《贾谊民本思想浅析》指出，贾谊的民本思想，主张为政必须以民为本，以民为命，以民为功，以民为力。建立刑罚的目的是"以禁不肖，以起怠惰之民"，故他反对民有疑罪立即判刑、诛杀，主张"疑罪从去"，这在法制史上是进步思想。穆军全《贾谊和晁错政治秩序观比较及启示》指出，贾谊和晁错是中国大一统政治秩序形成初期的重要思想家，他们提出的建构汉帝国政治秩序的一些策略对后世帝国统治乃至当今国家治理体系的建设产生重要影响。在建构现代法制国家政治秩序过程中需要注意以下三点：问题意识和底线思维是评价和建构政治秩序的重要思维向度；利益分析是评价和建构政治秩序的重要方法；理性启蒙基础上的王霸结合是扬弃传统政治秩序观的正确选择。

同样通过网络梳理发现，近年来出版（再版）的贾谊研究著作并不多，主要有：方向东的《贾谊集汇校集解》，潘铭基的《贾谊及其〈新书〉研究》，徐超和王洲明导读、安平秋审阅的《贾谊集》，闫利春的《贾谊道论研究》，吴云、李春台的《贾谊集校注》，唐雄山的《贾谊礼治思想研究》，董晓慧的《贾谊评传》，《卢校丛编》中的《新书》，陈功文的《汉初贤才贾谊》，吴松庚的《贾谊》，梁安和的《贾谊思想研究》，王渊明、徐超译注的《贾谊文选译》，阎振益、钟夏的《新书校注》，等等，在此不一一述评。

类似的学位论文、期刊论文等还有很多，无法一一列举。虽然部分论文也不可避免地存在重复研究多、创新研究少的问题，但是，对贾谊研究的关注，对贾谊研究领域的开拓，对贾谊研究诸课题的观照和再认识、再深化，这本身就是科研的一种可喜局面，从某种程度上甚至还可以说，这种活跃而精彩的研究状况，本来也就体现着贾谊对后世文人士子的深刻影响。总之，贾谊研究大体已经历了汉代—五代、宋朝—清朝、近现代—当代三个时期。在长达两千多年的时间里，贾谊一直是历代学者、官宦以及其他社会精英、士人关注、研究、景仰、同情的人物。在历代士人的笔下，贾谊是楷模，"贾谊"二字又是文人们伤心的意象；在政治家们的思维里，贾谊是"伊、管不能过"的廊庙之材；在思想家、哲学家的眼中，贾谊是汉廷大儒；在文学史上，贾谊赋开汉赋之先声，他的政论文独步千秋。"贾生谋虑之文，非策士所能道；经制之文，非经生所能道。汉臣后起者，得其一枝一节，皆足以建议朝廷，擅名当世，然孰若其笼罩群有而精之哉！"①两千多年来，贾谊研究虽连绵不断，学者众多，成果颇丰，但与贾谊的深远影响相比，仍然是不够的，尤其是缺乏对贾谊文化品格的整体研究。研究、确定贾谊的文化品格，有助于扩宽贾谊研究领域，创新研究视角，充实贾谊形象，启迪知识分子尤其是青年知识分子的智慧、责任与良知。因之，研究贾谊的文化品格，实为贾谊研究的一个新的视域。

---

① 刘熙载. 艺概［M］. 上海：上海古籍出版社，1978：10.

第一章
深刻的历史反思和现实担当精神

如果说存在一个使贾谊能够在两千多年的历史图景中出类拔萃的文化品格的话，那么首先是他的引人注目的对历史的深刻反思和现实担当精神。贾谊根据当时的社会政治实际，对秦代历史和汉初三十年的现实社会，从政治、经济、国防、礼制等诸多方面进行了深刻的反思和剖析。

第一节　对秦代历史的反思

《新书》开卷便是《过秦》篇，对秦代历史进行深入反思。也可以说，整个《新书》的主旨便是反思。

一、"仁义不施，攻守之势异也"

客观地看，秦始皇在中国历史上是一个功业显赫、彪炳千秋的开国雄主。秦人原本僻居西土，自襄公开始建国，与东方诸侯通聘享之礼，至缪公，结秦晋之好，与东方交往日益频繁。从公元前361年秦孝公继位，到公元前247年秦庄襄王去世的一百多年间，秦国的六个君主秦孝公、秦惠文王、秦武王、秦昭襄王、孝文王、庄襄王，夙兴夜寐，为秦国的强大不懈努力。随着文化西渐，东方游士入秦，这些游士大多是功名之士，在东方诸国得不到重用，转而到秦国寻求功业，而秦国也非常重视这些士人。秦孝公任用卫人商鞅变法，国势开始走向强大。商鞅变法主要包括废贵族世袭制，行县制，禁止大家族聚居，行新田制，推行地方自治，制军爵，奖

农织，建新都，统一度量衡，规定法律平等，等等。商鞅变法大大发展了
生产，秦国国力迅速提高。秦孝公死后，商鞅被杀，但变法的成果被继承
下来。其后，魏人张仪、范雎，三晋士人甘茂、公孙衍、吕不韦、尉缭、
李斯等人相继入秦，各建功绩。嬴政13岁继位时，一个经济发展、社会进
步、军力强大的秦国崛起，雄据关中、巴蜀等富饶之区，向东越过黄河取
太原，南取南阳、南郡、黔中，推进至长江中游。嬴政继承祖先的梦想，
统率千军万马，以十年之功，扫平东方六国，第一次建立了统一的中国：
西涉流沙，南尽北户，东有东海，北过大夏。① "始皇自以为功过五帝，地
广三王"，他在李斯的辅佐下，与时俱进，废封建行郡县，实施寝兵政策，
建设新都以集天下视听；建筑驰道，巡行郡邑；统整制度文字风俗，开拓
边境，巩固边防，"定一尊于朝廷，综百家于博士，物质上之种种建设，亦
至伟大"。②

　　对秦六代帝王的功业，以及秦始皇嬴政"奋六世之余烈"的作为，贾
谊予以充分肯定和尽情叙述，《新书》开卷（即《过秦》）便写道：

　　　　秦孝公据崤函之固，拥雍州之地，君臣固守，以窥周室，有席卷
天下、包举宇内、囊括四海之意，并吞八荒之心。当是时也，商君佐
之，内立法度，务耕织，修守战之具；外连衡而斗诸侯。于是秦人拱
手而取西河之外。

　　　　孝公既没，惠文、武、昭襄蒙故业，因遗策，南取汉中，西举巴
蜀，东割膏腴之地，北收要害之郡。诸侯恐惧，会盟而谋弱秦，不爱
珍器重宝肥饶之地，以致天下之士，合从缔交，相与为一。当此之时，
齐有孟尝，赵有平原，楚有春申，魏有信陵。此四君者，皆明智而忠
信，宽厚而爱人，尊贤而重士，约从离衡，兼韩、魏、燕、赵、宋、
卫、中山之众。于是六国之士，有宁越、徐尚、苏秦、杜赫之属为之
谋，齐明、周最、陈轸、召滑、楼缓、翟景、苏厉、乐毅之徒通其意，
吴起、孙膑、带佗、倪良、王廖、田忌、廉颇、赵奢之属制其兵。尝

① 司马迁. 史记 [M]. 北京：中华书局，1959：245.
② 钱穆. 秦汉史 [M]. 北京：生活・读书・新知三联书店，2004：35.

以十倍之地，百万之众，仰关而攻秦。秦人开关延敌，九国之师逡巡而不敢进。秦无亡矢遗镞之费，而天下已困矣。于是从散约败，争割地而赂秦。秦有余力而制其弊，追亡逐北，伏尸百万，流血漂橹；因利乘便，宰割天下，分裂山河。强国请服，弱国入朝。……

及至始皇，奋六世之余烈，振长策而御宇内，吞二周而亡诸侯，履至尊而制六合，执敲朴以鞭笞天下，威振四海。南取北越之地，以为桂林、象郡，百越之君，俯首系颈，委命下吏。乃使蒙恬北筑长城而守藩篱，却匈奴七百余里；胡人不敢南下而牧马，士不敢弯弓而报怨。于是废先王之道，焚百家之言，以愚黔首；隳名城，杀豪杰，收天下之兵，聚之咸阳，销锋镝，铸以为金人十二，以弱天下之民。然后践华为城，因河为池，据亿丈之高，临不测之渊以为固。良将劲弩，守要害之处；信臣精卒，陈利兵而谁何！天下已定，始皇之心，自以为关中之固，金城千里，子孙帝王万世之业也。

司马迁在《史记·秦始皇本纪》中说："善哉乎贾生推言之也！"并不惜篇幅附录《过秦》全文以为自己的论赞，可见在当时《过秦》一文得到广泛传播和高度认同。文中包含了强烈的情感和议论，六国纵有更多的珍器重宝和贤才，也挡不住秦国东进滚滚的战车，甚至"胡人不敢南下而牧马"。关中之固，金城之广，秦国之强无以复加。文章语言错综变化，不可端倪，虚实相生，参差相杂，气势排山倒海，高屋建瓴，笔墨到处皆妙。

但是，秦始皇在促进历史进步与社会发展的同时，也给社会带来了深重的灾难，老百姓承受着巨大的牺牲。从修阿房宫、骊山墓到伐匈奴、筑长城、戍南岭、开灵渠、修驰道，沉重的赋役和酷烈的刑罚使百姓享受不到统一帝国的和平成果，又焚百家之言，以愚黔首，同时收天下之兵以弱天下之民。民力已竭，而秦法益峻。对六国之民以战胜奴虏视之，指挥鞭挞，无甚体恤。

秦始皇焚书坑儒，但不焚博士官书，仍能敞开国门延揽天下贤士，设博士七十人，坑咸阳诸生四百六十余人，意在使天下惩之而不敢妖言诽上，秦朝猛将如云，谋臣如雨，文臣有王绾、李斯、冯劫、冯去疾，武将有王翦、王贲、蒙骜、蒙恬、蒙毅、李信、王齮、麃公、桓齮，文韬武略，皆名世之才。但是，秦始皇本人沉浸在帝国的胜利之中，奢侈享乐，极度好色不说，还笃信鬼神，痴迷长生。公元前219年，秦使徐福率童男女数千人入海求仙；公元前215年，使韩终、侯公、石生求不死之药。燕人卢生等人找来"长生不死药"，并要求秦始皇与人臣隔绝，而与所谓的"真人"为伍。因而，秦始皇处于赵高、周青臣之流的佞臣包围之中，看不到人民的反抗与灾难，最终造成深重的劫难。由于过于相信自己，秦始皇根本没有顾及帝国接班人的培养和预立，沙丘政变，胡亥继位后，一方面变本加厉地推行虐民害物的政策，使阶级矛盾进一步激化，另一方面极力排除异己，杀扶苏，斩蒙恬兄弟和李斯父子。终于，陈涉吴广振臂一呼，天下响应，内外夹击，强大的秦王朝土崩瓦解。

历史图画波澜壮阔，但贾谊通过纷繁的历史，条分缕析，得出了自己独特的结论。在《过秦》中，他分析了强大的秦王朝与弱小的陈涉的差距。陈涉是个生活贫穷无立锥之地的人，靠为人耕田谋生，又被征调戍边，他没有过人的才能，没有孔子、墨翟那样的贤能和陶朱一般的富裕，苟全性命于戍卒行列内，带领几百名疲困戍卒，斩断树木作为武器，用竹竿做旗帜，振臂一呼，天下老百姓就像云一样聚拢而来，身背粮食，像影子一样跟随着他，崤山以东六国豪杰同时起而回应。这是什么原因呢？贾谊通过深入反思和分析，得出了自己的结论："仁义不施，攻守之势异也！"他说：

> 且夫天下非小弱也，雍州之地，崤函之固，自若也；陈涉之位，非尊于齐、楚、燕、赵、韩、魏、宋、卫、中山之君也；锄耰棘矜，非铦于钩戟长铩也；谪戍之众，非亢九国之师也；深谋远虑，行军用兵之道，非及乡时之士也。然而成败异变，功业相反，何也？试使山东之国，与陈涉度长絜大，比权量力，则不可同年而语矣。然秦以区区之地，致万乘之势，序八州而朝同列，百有余年矣。然后以六合为家，崤函为宫，一夫作难而七庙隳，身死人手，为天下笑者，何也？仁义不施，攻守之势异也！

《过秦》让后代叹为观止，林纾选评《古文辞类纂》云："说得极高兴处，却露出败兴样子，着眼在'仁义不施，攻守势异'语，为画龙之点睛，然初不说明，只说他前胜后败，一个闷葫芦中贮了无数机关，使人扪索不得。难在一层后，又是一层。只不说秦之所以失天下之故，但言关中形胜如此，兵力如此，诸侯败又至于此。宜在万不可败之列，何以竟至一败涂地？及至'山东豪俊，遂并起而亡秦族矣'一语，在文势拟成结穴；忽又振起'且夫天下非小弱也'句，似有百倍之神力，从积压在万钧之下，忽然以扛鼎之力，打挺而起，真非贾生力量不及此也！"① 这是极为周实的评价。

二、"闻之于政也，民无不为本也"

贾谊不仅反思了攻守之势，也反思了国家安危的根本。秦灭六国，吞并广大土地，兼并诸侯各国，面向南称帝，蓄养天下，士人纷纷归附。贾谊认为这是因为很久没有统一天下的君主了。周王室衰落，五霸也已灭亡，王命不能施行，所以诸侯之间互相征伐，以强凌弱，百姓疲惫困顿。秦国统一天下，百姓希望安宁生活，诚心敬仰皇帝。在这种情况下，朝廷应该从百姓利益出发，休养生息，树立威望，成就千秋大业。国家之所以安定和危亡，其根本原因正在于此。

贾谊在对秦代兴亡进行了反思的同时，对秦王的贪鄙进行了无情而深刻的反思，并在反思的过程中，得出了治国的道理。其在《过秦》中写道：

> 秦王怀贪鄙之心，行自奋之智，不信功臣，不亲士民，废王道而立私爱，焚文书而酷刑法，先诈力而后仁义，以暴虐为天下始。夫并兼者高诈力，安危者贵顺权。以此言之，取与攻守不同术也。秦虽战国而王天下，其道不易，其政不改，是以其所以取之也。孤独而有之，故其亡可立而待也。借使秦王论上世之事，并殷周之迹，以制御其政，后虽有淫骄之主，犹未有倾危之患也。故三王之建天下，名号显美，功业长久。

在深刻批评秦二世和子婴的同时，贾谊全面回答了陈涉振臂一呼而天下人回应的原因。秦二世即位之时，民怨沸腾，此时也正应是新君王改革

---

① 姚鼐. 古文辞类纂：卷一 ［M］. 杭州：浙江古籍出版社，1986：5.

行政、获取民心的大好机会，挨冻的人得到烂衣服御寒就很满意，挨饿的人用糟糠填饱肚子就会满足，天下翘首企盼新的君王给他们带来生活水准的提高和地位的改善。老百姓的要求其实并不高，如果秦二世能像一个普通君主一样，与忠贞贤明之臣齐心合力，纠正先帝的过错，裂土封臣，建侯国立诸王，推行礼义，大赦犯人，废除严刑酷法，摒弃收取犯人妻儿为奴和其他过滥的法令，让受株连而获罪的奴隶回家，开仓赈粮，为孤、寡、老人发放粮食钱物，减轻赋税徭役，救危济困，消除百姓的怨愤，布施盛德，这样天下就会逐渐安定。即使有个别害群之马，也不会有背叛君王的念头，不轨的臣下没有办法施展其计谋，图谋暴乱的人也会销声匿迹了。秦二世不仅没有这样做，反而更行无道，毁坏宗庙，重新修建阿房宫，不懂得体恤百姓，刑罚更严酷繁复，诛戮更加过分，官吏治狱也更苛刻，赏罚不当，滥加赋税，徭役更甚，官吏放任，百姓贫困无依。这种治国策略换来的奸佞诡诈之事接二连三地发生，上下互相欺瞒哄骗，人人自危，获罪的人很多，随处可见遭刑残被杀戮者，人民深处痛苦之中。这种情势下，国家就极易发生动乱。

贾谊认识到，前代圣明君王善于观察事物的变化，通晓国家存亡的根本原因，这就是使百姓安定，只有百姓安宁，国家才能稳定发展，百姓安宁了，即使大臣做出叛逆之事，也一定没有人回应。生活安定的人才能行正义之事，而处于困危中的人则非常容易为摆脱困境而孤注一掷，铤而走险，做出傻事错事。秦二世富有天下，但不懂得国家存亡的根本，找不到正确的策略治理国家，虽贵为天子也不能幸免于杀戮，秦二世之过错正在于此。

《过秦》三篇展现了一幅鲜活的历史画卷：秦朝吞灭六国、统一天下，可谓盛极一时；陈涉起事反秦，天下云集回应，秦朝迅疾灭亡，可谓是波澜壮阔，动人心魄。文章家们一致认为文章因叙而议，结构严谨，剪裁得当，笔笔设伏，层层照应，尤为过人之处在于善用衬托对比：极力渲染秦的强大，反衬秦的速亡；用六国合纵的声威，反衬秦人的善攻；陈涉的卑微弱小，与六国的烜赫强盛又形成鲜明对比。文章大量地运用了排比、对偶的句式，又多用短句，音节紧促，文笔酣畅，感情充沛，气势磅礴，突显战国纵横之风。

不仅《过秦》篇在进行深刻的历史反思，整部《新书》都贯穿着反思的主旨。他对历史的反思不仅深刻，而且系统、理性、实用，蕴含强烈的使命感、责任感和时代风尚。

贾谊认为，国家的存亡决定于百姓的安定与否，而君主的历史地位也不是决定于其自身的称号，而是由人民来评价的。其在《大政上》中云"纣自谓天王也，桀自谓天子也，已灭之后，民以相骂也。以此观之，则位不足以为尊，而号不足以为荣矣。故君子之贵也，士民贵之，故谓之贵也；故君子之富也，士民乐之，故谓之富也"。他指出德教是国家治理的重要理念，如果一个国家只有刑罚而没有道德浸润则必然灭亡。"道之以德教者，德教洽而民气乐，驱之以法令者，法令极而民风哀。哀乐之感，祸福之应也。"有很多历史事例可以佐证这一点，"秦王之欲尊宗庙而安子孙与汤武同，然而汤武广大其德行，六七百岁而弗失，秦王治天下，十余岁则大败"，原因就在于此，"汤武置天下于仁义礼乐，而德泽洽，禽兽草木广裕，德被蛮貊四夷，累子孙数十世"，而"秦王置天下于法令刑罚，德泽亡一有，而怨毒盈于世下"，结果"祸几及身，子孙诛绝"。《大政上》云："故受天之福音，天不功焉；被天之灾，则亦无怨天矣，行自为取之矣。"这不是空洞迂腐的议论，不是强作无病呻吟，而是反思古代君王的成败得出的兴衰治乱决定于人事而非天道的结论。《大政上》开篇就论述民是国之本，民是国之命，民为国之功，民为国之力。虽然老百姓在某些人的眼中是低贱愚钝，但是不可轻侮，"故夫民者，至贱而不可简也，至愚而不可欺也"。秦严酷暴虐，与民为敌，结果被老百姓所推翻，"自古至于今，与民为仇者，有迟有速，而民必胜之"，"民不可不畏也"。在此基础上，贾谊反复论述了国以民为本的闪光思想："闻之于政也，民无不为本也，国以为本，君以为本，吏以为本，故国以民为安危，君以民为威侮，吏以民为贵贱，此之谓民无不为本也。""闻之于政也，民无不为功也，故国以为功，君以为功，吏以为功。国以民为兴坏，君以民为强弱，吏以民为能不能，此之谓民无不为功也。"贾谊视民为国家之本，攻守存亡都与民相关。"故夫战之胜也，民欲胜也；攻之得也，民欲得也；守之存也，民欲存也。故率吏民而守，而民不欲存，则莫能以存矣；故率民而攻，民不欲得，则莫能以得矣；故率民而战，民不欲胜，则莫能以胜矣。"虽然他认为民属于君所有，"夫民者，唯君者有之，为人臣者助君理之"，但是，君主必须爱民，否则，

"夫民者弗爱则弗附，故欲求士必附，惟恭与敬，忠与信，古今毋易矣"。"圣王在上，则君积于仁，而吏积于爱，而民积于顺"，百姓甘愿接受和服从，国家才能安宁、发展、长久。

三、"前事不忘，后事之师也"

通过历史反思，贾谊认识到，治理天下必须行仁义，施仁政。秦国失理，天下大败。专家指出"失理"也就是"失礼"，即《时变》所谓"众掩寡，智欺愚，勇威怯，壮陵衰……功击奋者为贤贵人，善突盗者为忻诸侯"，失礼导致社会的混乱，"四维不张"。"四维"指礼、义、廉、丑。《俗激》指出："秦灭，四维不张，故君臣乖而相攘，上下乱贱而无差，父子六亲殃僇而失其宜，奸人并起，万民离畔，凡十三岁而社稷为墟。今而四维犹未备也，故奸人冀幸，而众下疑惑矣。"《修政语上》又指出："故黄帝职道义，经天地，纪人伦，序万物，以信与仁为天下先""还归中国，以平天下。天下太平，惟躬道而已。"黄帝躬身以仁义道德治平天下，黄帝以后，帝颛顼、帝喾、尧、舜、禹、汤等圣明帝王，"致道者以言，入道者以忠，积道者以信，树道者以人"，"推己及人，加仁恩于四海"，他们拥有忠信、礼节、道义，恭敬、和顺的品质，老百姓世世代代受其恩泽、颂其仁惠。

贾谊认识到"周王序得其道千余载不绝，秦本末并失，故不能长"，其在《过秦下》中云：

> 三主之惑，终身不悟，亡不亦宜乎？当此时也，世非无深谋远虑知化之士也，然所以不敢尽忠拂过者，秦俗多忌讳之禁也。忠言未卒于口，而身糜没矣。故使天下之士倾耳而听，重足而立，阖口而不言。是以三主失道而忠臣不谏，智士不谋也。天下已乱，奸不上闻，岂不悲哉！先王知壅蔽之伤国也，故置公卿大夫士，以饰法设刑而天下治。其强也，禁暴诛乱而天下服；其弱也，五霸征而诸侯从；其削也，内守外附而社稷存。故秦之盛也，繁法严刑而天下震；及其衰也，百姓怨而海内叛矣。故周王序得其道，千余载不绝，秦本末并失，故不能长。

通过这种反思，贾谊得出的结论是"前事之不忘，后事之师也。是以君子为国，观之上古，验之当世，参以人事，察盛衰之理，审权势之宜，去就有序，变化有时，故旷日长久而社稷安矣"。正是本着这样的目的，贾谊不畏人言，义无反顾地进行反思，为汉帝国的长治久安建言立策。

贾谊的历史反思，论述精辟，不仅符合时政，也富有哲理。他看到了时间的推衍和万物的无常变化，其《鹏鸟赋》中云："万物变化兮，固无休息。斡流而迁兮，或推而还。形气转续兮，变化而嬗。沕穆无穷兮……造化为工；阴阳为炭兮，万物为铜。"这其实是在告诫统治者要顺应形势变化，确定合理的社会制度，贾谊认为纲常伦理也是随着社会自身发展而产生的，也是社会健康发展的需要。《俗激》中说："夫立君臣，等上下，使父子有礼，六亲有纪，此非天之所为，人之所设也。夫人之所立，弗为不立，不植则僵，不循则坏。"《等齐》又说："人之情不异，面目状貌同类。贵贱之别非天根著于形容也。所持以别贵贱、明尊卑者，等级、势力、衣服、号令也。"

"一个历史时代的思想活动，总会表现为诸多方面，但在许多方面之中，我们又往往发现某种或某些总的趋势或倾向，可以称之为潮流或主流……每一次可以说都有一股强有力的思潮或时代精神荡漾其间。"① 反思可以说是汉初的一股强有力的潮流，但其中最深刻的反思者当数贾谊。

第二节　对汉初社会问题的激切关注与担当

解决社会现实问题是贾谊反思的真实目的。换句话说，反思是手段，阐发自己的见解和主张以解决社会现实问题才是其归宿和目的。如果说反思是汉初奋发踔厉的思想家的共性的话，那么饱含激情与气势对现实问题的直接关切和担当，则是贾谊个性化的文化品格。贾谊站在汉初思想的最高点，不仅对秦朝历史进行反思，得出自己的结论，供最高统治者进行借

① 何兆武. 历史理性批判论集［M］. 北京：清华大学出版社，2001：25.

鉴和参考，他的可贵之处还在于，以非凡的勇气和胆识，激切关注当朝现实问题，提出了卓越的政治主张，并以此彰显了他深刻反思和勇于担当的个人文化品质。

秦末以来，烽火不歇。西汉初年，残破不堪，天下贫穷，经济凋敝。《汉书·食货志》云："汉兴，接秦之敝，诸侯并起，民失作业而大饥馑。凡米石五千，人相食，死者过半。高祖乃令民得卖子，就食蜀汉。天下既定，民亡盖藏，自天子不能具醇驷，而将相或乘牛车。上于是约法省禁，轻田租，什五而税一，量吏禄，度官用，以赋于民。而山川园池市肆租税之人，自天子以至封君汤邑，皆各为私奉养，不领于天子之经费。漕转关东粟以给中都官，岁不过数十万石。"由此可见汉初朝廷生计之艰难简俭。

百废待兴，当务之急是恢复生产，促进经济发展，稳定朝局。于是，初主天下的刘邦开始寻求和制定自己的统治方略。刘邦曾问诸侯将相："吾所以有天下者何？项氏之所以失天下者何？"众人的回答都不合刘邦的心意。刘邦自己深深懂得，"运筹帷幄之中，决胜千里之外，吾不如子房；镇国家，抚百姓，给饷馈不绝粮道，吾不如萧何；连百万之众，战必胜，攻必取，吾不如韩信。三者皆人杰，吾能用之。此吾所以取天下者也。项羽有一范增而不能用，此所以为我擒也"①。太中大夫陆贾为刘邦讲解《诗》《书》等儒家经典，以之为守成之术。刘邦说："乃公居马上得之，安事《诗》《书》！"陆贾说："马上得之，宁可以马上治乎？且汤、武逆取而以顺守之，文武并用，长久之术也。昔者吴王夫差、智伯极武而亡，秦任刑法不变，卒灭赵氏。向使秦以并天下，行仁义，法先圣，陛下安得而有之？"②陆贾告诫说，从马上可以取得天下，但不能依然在马上治天下，不能"极武"，不能"任刑法不变"。刘邦听到很不高兴，命令道："试为我著秦所以失天下，吾所以得之者何，及古成败之国。"《新语》就是陆贾按刘邦的皇命写成的一部书，共 12 篇，每奏一篇，高帝未尝不称善，左右呼万岁，称其书曰《新语》。其核心内容是"兼儒墨，合名法"的道家黄老之学，并指出，守成之术是无为，这种无为不是无所作为，而是另一种层面

---

①　班固. 汉书 [M]. 北京：中华书局，1962：56.

②　班固. 汉书 [M]. 北京：中华书局，1962：2113.

的"有为"，无为而无不为，"道莫于大于无为，行莫大于谨敬"。"昔虞舜治天下，弹五弦之琴，歌周南之诗，寂若无治国之意，漠若无忧民之心，然天下治。周公制礼作乐，郊天地，望山川，师旅不设，刑格法悬，而四海之内，奉供来臻，越上之君，重译来朝，故无为也乃无不为也。""故无为者，有为也。"这里的"无为"就是一种特殊的"有为"，是把儒、道思想融为一体的"无为"概念。这就是指导西汉前期政治的"黄老之学"。陆贾是汉初较早弘扬黄老学说的思想家。他目睹了秦代的灭亡，又是刘邦夺天下的辅佐之臣。他弘扬的黄老之学，于情于势都决定了能在汉初风行。黄老之学形成于战国，黄帝与老子并称，同尊为道家的创始人。"道家无为，又曰无不为"①，这种学说接受老子的无为观点，但不完全排斥有为，既强调无为，又谈论刑名。它以道为主，但包括了儒法思想，主张在法律制度与君臣名分既定的前提下，人们各安其业，从而达到清静无为，天地泰交，国家隆治。《史记·乐毅列传》曾谈到黄老之学的师传，指出"河上丈人教安期生，安期生教毛翕公，毛翕公教乐瑕公，乐瑕公教乐臣公，乐臣公教盖公。盖公教于齐高密、胶西，为曹相国师"。这种黄老思想，正顺应了汉初统治者缓和阶级矛盾，发展生产、稳定朝局的需要，因此得到了汉初统治者的青睐。史载孝惠、高后时期，百姓新免毒蠚，人欲长幼养老。萧、曹为相，填以无为，从民之欲，而不扰乱，因而衣食滋殖，刑罚很少使用。《史记·曹相国世家》说："孝惠帝元年，除诸侯相国法，更以参为齐丞相。参之相齐，齐七十城。天下初定，悼惠王富于春秋，参尽召长老诸生，问所以安集百姓，如齐故俗诸儒以百数，言人人殊，参未知所定。闻胶西有盖公，善治黄老言，使人厚币请之。既见盖公，盖公为言治道贵清静而民自定，推此类具言之。参于是避正堂，舍盖公焉。其治要用黄老术，故相齐九年，齐国安集，大称贤相。"此外，《史记·魏其武安侯列传》和《汉书·外戚传》载："窦太后好黄老之言，而魏其、武安、赵绾、王臧等务隆推儒术，贬道家言，是以窦太后滋不说魏其等。""窦太后好黄帝、老子言，景帝及诸窦不得不读《老子》尊其术。"

黄老之学对政治的实际影响到西汉初年才真正显现。如前所言，汉初

① 司马迁. 史记［M］. 北京：中华书局，1959：3292.

统治者从帝王将相到皇亲国戚，多数信奉黄老无为思想。汉高祖刘邦是好道不好儒的，《史记·高祖本纪》载高祖"祠黄帝，祭蚩尤于沛庭"，《史记·郦生陆贾列传》也指出，"沛公不好儒，诸客冠儒来者，沛公辄解其冠，溲溺其中。与人言，常大骂。未可以儒生说也"。至汉文、景二帝及窦太后，据班固《汉书·扬雄传》载："昔老聃著虚无之言两篇，薄仁义，非礼学，然后世好之者尚以为过于《五经》，自汉文、景之君及司马迁皆有是言。"《风俗通义·正失》载："文帝本修黄老之言，不甚好儒术，其沉尚清静无为，以故乐庠序未修，民俗未能大化，苟温饱完给，所谓治安之国也"。

　　汉兴之初，与民休息，凡事简易，禁网疏阔。萧何"以宽厚清静为天下帅"，之后，曹参继之，曹参治齐时就采用道家黄老之术，使齐国形势稳定，百姓安居乐业，他继萧何为相国之后，萧规曹随。《史记》载：（曹）"举事无所变更，壹遵何之约束。择郡国吏，讷于文辞，谨厚长者，即召除为丞相史。吏之言文刻深，欲务声名者，辄斥去之。日夜饮酒。卿大夫以下吏及宾客见参不事事，来者皆欲有言。至者，参辄饮以醇酒，间之，欲有言，复饮之，醉而后去，终莫得开说，以为常"。惠帝怪相国不治事，问曹参为什么这样做，曹回答说：陛下的圣明不如高帝，我的才能也不及萧何，"高皇帝与萧何定天下，法令既明具，陛下垂拱，参等守职，遵而勿失，不亦可乎"。曹参为相三年，他死后，"百姓歌之曰：'萧何为法，讲若画一，曹参代之，守而勿失。载其清靖，民以宁一'"。而文帝"好道家之学，以为繁礼饰貌，无益于治"。他施行德政，宽待大臣，改革旧法，减少徭役，奖励耕织，提倡节俭。窦太后也好黄老之学，不喜欢儒术，认为"儒者文多而质少"，她甚至借故把"务隆推儒术，贬道家言"的御史大夫赵绾和郎中令王臧关进监狱，赵绾和王臧两个儒生不久死于狱中。当然，这种清静无为、宽简之治的政治思想的形成，钱穆认为是因为"汉廷君臣，崛起于草野，粗朴之风未脱，谨厚之气尚在，又当久乱后厌倦之人心，而济之以学者间冷静之意志，三者相合"而成，在于"心情意志之有异"和"统一之机运既开，黎民得离战国之苦，君臣俱欲休息于无为"。从当时的君、臣、民的实际状况来看，这种分析甚为允当。①

---

　　① 钱穆. 秦汉史［M］. 北京：生活·读书·新知三联书店，2004：54.

政治思想上虽然崇尚清静无为，但是汉初统治集团并不是碌碌无为，而是采取了一系列恢复生产、巩固政权的措施。一是规定兵士回乡，愿意留在关中为民的免除十二年徭役，回到关东的免除六年徭役，军吏卒按功劳得到爵位和田宅。二是号召还乡，要求因战乱而逃亡的人返乡，恢复他们原有的田地、房屋与爵位，"吏以文法教训辨告，勿笞辱"。三是解放奴婢，因饥饿而自卖为奴婢者一律"免为庶人"，编入户籍。四是禁止商人穿丝织品，不准乘车骑马、持有武器，也不准商人做官，对他们加倍征收赋税。五是减轻田租，十五税一，提高农民生产的积极性。刘邦、惠帝、吕后、文帝都一再减轻赋税。公元前178年，"赐天下民今年田租之半"，十年之后，又"赐农民今年租税之半"，由十五税一改为三十税一。公元前167年，"除田之租税"。由于朝廷实行奖励生产、轻徭薄赋、注意节俭、驰禁山泽、入粟拜爵等措施，"刑法大省"。这些措施，对于缓和当时社会矛盾，稳定国家秩序，恢复和发展经济起到了实效。《史记·律书》记载，经过汉初统治者的励精图治，"百姓无内外之徭，得息肩于田亩，天下殷富，粟至十余钱，鸣鸡吠狗，烟火万里，可谓和乐者乎！"汉兴三十年，社会活力逐渐增强。

不过，与汉初经济发展相随的是，产生了一系列新的社会问题。

一是田租问题。减免田租虽然有利于农民，但获利最大的还是地主。封建统治者是政策的制定者，他们首先考虑的是权力集团的利益。《汉书·王莽传》载："古者，设庐井入家，一夫一妇田百亩，什一而税……汉氏减轻田租，三十而税一，常有更赋，罢癃咸出，而豪民侵陵，分田劫假，厥名三十税一，实十税五也。"这不可避免地引发社会矛盾。

二是商业的发展激化了原有的社会矛盾。"孝惠、高后时，为天下初定，复弛商贾之律。"商业快速发展之后，发生囤积居奇的现象，土地更加集中，贫富分化更大，剥削更严重。文帝即位，地主富商势力逐渐强大，日趋严重的土地兼并，使农民纷纷逃亡，社会矛盾日益尖锐。新商人阶层崛起，资产的集中，又造成社会奢侈之风习，地主商人和王公贵族骄奢淫逸。《汉书·文帝纪》载："诏曰：朕既不德，上帝神明未歆飨也。"文帝元年下诏说"天下人民未有惬志"，十二年又下诏说"吾诏书数下，岁劝民种树，而功未兴，是吏奉吾诏不勤，而劝民不明也，且吾农民甚苦，而吏莫之省，将何以劝焉？其赐农民今年租税之半"①。农民的不满和困苦意味着官府"急政暴赋，赋敛不时"，尖锐的社会矛盾不是皇帝的几次诏书就能解决的，农商之间贫富的分化，也不是皇帝要各级官吏劝导农民种一些树木就能弥补得了的。

三是西汉中央政权与异姓诸侯王、西汉王朝与北方匈奴贵族的矛盾交织。史载西汉初年，刘邦论功行赏，七个功臣受封为王。一是立韩信为齐王，后徙为楚王。二是英布，原被项羽封为九江王，归汉后被立为淮南王。三是封彭越为梁王。四是韩王信，汉五年立为韩王。五是立张耳为赵王，汉五年张耳死后，张敖嗣位。六是臧荼，他原是楚将，降汉后被封为燕王。七是吴芮，他曾被项羽封为衡山王，后佐汉有功，被刘邦封为长沙王。分封之初，这些异姓诸侯王在各自的封地里尚能安享尊荣富贵，为保一方平安稳定也做了一些有益的事，但过了不久，随着各自势力的发展和天下大势的变化，大多拥兵自重，尾大不掉，称雄一方，对国家统一政权造成严重威胁。

诸王之中，强者先反。臧荼反叛最早，刘邦亲自领兵平叛。据《史记·淮阴侯列传》记载，韩信曾感叹"果若人言：'狡兔死，良狗烹；高鸟尽，良弓藏；敌国破，谋臣亡。'天下已定，我固当烹"。不料果真这样，他被人告密，说他想反叛，吕后采用萧何之计，擒杀韩信。韩王信不敌匈奴大军，与匈奴达成妥协，刘邦率兵征讨他时，他投靠匈奴。彭越同样被密告谋反，继而被杀。英布见韩信、彭越之死，物伤其类，不得不反，后以失败告终。张敖因事被罢废，改封为宣平侯。自此之后，异姓诸侯王的威胁消除了，西汉王朝的统治暂时安稳下来。

但是，国事蜩螗，如沸如羹。吕后执政时，大封诸吕为王，"诸吕用事，天下示私"（司马贞语，见《史记索隐》），"禄、产专政，擅断万机，决事省禁，下陵上替，海内寒心"（陈琳语，见《后汉书》卷74），吕姓诸王执掌实权，刘姓政权势单力薄，岌岌可危。吕后死后，吕姓诸王不仅不知收敛，反而更加专权用事，并试图兴风作浪，一时人心震动。朱虚侯刘章得知诸吕作乱的消息，通知齐王刘襄带兵攻打长安，朝中的相国吕产于

① 班固.汉书［M］.北京：中华书局，1962：124.

是派灌婴领兵讨伐齐王。而灌婴一到荥阳，就按兵不动，还暗地与齐王约定，等待诸吕叛乱时联兵讨伐。当时，吕禄、吕产独掌兵权，情况危急，太尉周勃和丞相陈平商量，派人挟持郦商，让他的儿子郦寄去劝说好友吕禄放弃北军，交出兵权，吕禄听从郦寄的建议，将北军军权交归周勃。吕产不知道吕禄已离开北军，想进入未央宫发动南军叛乱。但殿门紧闭，吕产在殿门外无法入内，周勃派刘章领兵千余人，冲向吕产，此刻狂风大作，吕产慌忙逃走，在郎中府的厕所中被诛杀，随后吕氏集团被彻底铲除。《资治通鉴》对这场惊心动魄的战斗进行了细致的描绘。以周勃、陈平为首的大臣和刘姓势力一起粉碎了吕氏专权与作乱，迎立刘恒为帝，重新稳定了刘氏政权。这是西汉第二次铲除异姓诸侯王，它对于巩固汉廷中央政权、维护国家统一具有重要的意义。

不仅如此，同姓诸侯王与中央政权的矛盾也逐渐尖锐。原来刘邦消灭异姓诸侯王的同时，分封同姓子弟为王，以巩固刘家天下，如荆王刘贾、楚王刘交、齐王刘肥、吴王刘濞、赵王刘意、淮南王刘长、梁王刘恢、淮阳王刘友和代王刘恒等。同姓诸侯王的封地很大，而中央政权的直辖区仅有十五郡。这些同姓诸侯王自主自治权很大，他们在各自封地内自行其政，自铸货币，自征租赋。他们虽然受封于汉廷，但日子一久，实际上与汉廷中央政权分庭抗礼，甚至还包藏反叛之心。

公元前 177 年，济北王刘兴居乘机反叛。之后，淮南王刘长也仿效，他南联闽越，北结匈奴，试图对中央政权实行南北夹击。虽然这些反叛先后被平定了，但是，地方割据与中央集权的矛盾并没有得到根本解决，一些同姓诸侯王实力雄厚，傲慢无礼，对中央政权虎视眈眈。

北方匈奴同西汉王朝的矛盾也是一直存在的。匈奴是古代强大、著名的北方游牧民族，他们披发左衽，长期生活在北方草原上。公元前 3 世纪，匈奴父权制开始确立。到西汉初年，匈奴的奴隶制已有相当程度的发展。为了军事目的，许多匈奴部落逐渐组成统一的部落联盟，联盟的头目称作"于"（王）或"单于"（"单"字在匈奴语中是"大"的意思）。秦朝时，蒙恬率 30 万秦军，"却匈奴七百余里，胡人不敢南下而牧马"（《过秦论》）。楚汉相争时期，中原烽火连天，冒顿单于继位，匈奴开始崛起，冒顿单于拥有战士 30 多万，均为骑马的射手，这是草原上最强大的一支军事力量①。他整顿内部组织，强化军政制度，东灭强大的东胡，西击大月氏，北胜丁零等部落，扩张领土至贝加尔湖，并在西汉初年时常南下侵扰。白登之围后，刘邦采用和亲政策。文景期间，西汉继续与匈奴和亲以休养生息，汉匈双方的关系有所缓和。可是，匈奴还是常常侵扰边界，甚至威胁到长安。

可见，西汉虽然国家统一，中央政权历经动乱的考验也日趋巩固，但是，由于商人阶层兴起，日渐奢靡，农民生计贫困，豪杰任侠，诸侯王骄纵，以及外患凌逼，西汉社会还存在不少内部和外部的不安定因素，仍然有许多现实问题亟须认真对待加以解决。

"比较有远见的思想家比现实执政的政治家看得更远一些"②，对当时的政治形势，贾谊洞若观火。胡价的《〈贾子〉跋》提到，贾谊以独到的匠心，"数上疏论政事，危言谠议，卓诡切至……谊之谋谟论建，诚有大过人者"。他用激情澎湃之笔表达出过人的胆识和满腔忠贞。

在淮南王自称"东帝"图谋不轨后，贾谊向汉文帝呈交了一份奏疏《宗首》，文中通过分析当朝的实际，指出"天子春秋鼎盛，行义未过，德泽有加焉"，即使这样，尚有淮南王傲慢无礼，济北王刘兴居兵攻荥阳，如果再过几年，大国诸侯王"大抵皆冠，血气方刚"，他们将像淮南王、济北王一样尾大不掉。贾谊分析指出，诸侯国"大抵强者先反"。因此，建立诸侯国一定要"审相疑之势"，如果让诸侯王"厚其力，重其权，使有骄心而难服从"，则无异于把磨得锋利的莫邪剑交给邪恶之人，"自祸必矣"。"此时而乃欲为治安，虽尧舜不解"。因此要趁早采取措施，要"众建诸侯而少其力"，只有这样，才能"活大臣，全爱子""葆国无患，子孙世世，与汉相须"。

在《数宁》一篇中，贾谊全面阐述了对当时形势的基本看法，他认为国家形势"可为痛惜者一，可为流涕者二，可为长太息者六"，其他违背事理、有悖正道的事情，则难遍以疏举。他深刻地指出，阿谀奉承之徒不了解事情的本质和问题的关键，只从表面上看到天下安定，实际上并不是这

---

① 齐思和. 中国史探研 [M]. 北京：河北教育出版社，2003：413–418.
② 任继愈. 中国哲学史：卷一 [M]. 北京：人民文学出版社，1979：46.

样，而是"抱火措之积薪之下"的情势。他进一步剖析道："方今之势……本末舛逆，首尾横决，国制抢攘，非有纪也"。

在《大都》《益壤》《权重》《五美》《亲疏危乱》《解县》《淮难》等篇中，贾谊对诸侯都邑过大威胁朝廷感到痛哭流涕，并进行了剖析，他把当时局势形象地比喻成一个得了脚肿病的人，"一胫之大几如要，一指之大几如股"，"平居不可屈信，身固无聊"，不仅患脚肿病，而且"又苦跖戾"，连脚掌也弯曲变形了，由此可见贾谊对当时局势的忧虑程度。

贾谊反思的触角不仅在藩伤、藩强，他还对"邪俗日长，民相然席于无廉丑"，"俗流失，世坏败"，而"刀笔之吏，务在筐箱，而不知大体"的严重社会问题进行了批评。他认识到，"今世以侈靡相竞，而上无制度，弃礼义，捐廉丑，日甚，可谓月异而岁不同矣"。由于贾谊是从地方到汉廷中央任职，因此对四维不张的社会风习的了解比朝中其他大臣更为透彻，在文景盛世能有如此深刻的了解和剖析，这不能不说是贾谊出色的文化品格使然。

在《时变》中，贾谊极言当时社会秩序和家庭伦常关系遭到严重破坏的情况，"善书而为吏"，"家富而出官"，傲慢无廉耻却能获得祭酒一类的尊位，那些曾经被处以肉刑的人反而可以捋起衣袖露出手臂而执掌权柄，"行惟狗彘也，苟家富财足"，则隐藏起险恶用心暗中盯着天子的权力。那些出卖兄弟，欺瞒辱没长辈的人则"衣服循也，车马严也，走犬良也"。人与人之间的交往，包括娶妻嫁女看重的是彼此的权势，"今俗侈靡，以出伦逾等相骄，以富过其事相竞"，"贵空爵而贱良，俗靡而尊奸，富民不为奸而贫，为里骂，廉吏释官而归，为邑笑，居官敢行奸而富，为贤吏，家处者犯法为利，为材士"。

在《孽产子》《制不定》《审微》《阶级》《等齐》《服疑》《瑰玮》等篇中，贾谊还对统治阶级衣食方面的侈靡之风给国家造成的祸患，以及对此危机情形熟视无睹、无所作为进行了反思，对当时君臣相等无差、尊卑伦经不分的现实状况进行了批评；在《铜布》《一通》《属远》《忧民》《无蓄》《铸钱》等篇中，对重商轻农、私人铸钱、物流不畅等经济政策进行了无情的鞭挞；在《匈奴》《威不信》《解县》《势卑》中，对当时的国防政策提出了建议。

　　由上观之，可以说历史反思和现实担当贯穿于《新书》通篇，也贯穿于贾谊政治生涯的始终，联系前文所述西汉初期的社会现实状况，可知贾谊的反思、担当是以历史为参照，以事实为依据的，因而得出的结论既有历史理性，又有现实根基。"政治视角"构成了"一切阅读和一切阐释的绝对视域""历史只能以文本的形式接近我们"（詹姆逊《政治无意识》）。这提供了在社会与欲望、政治和美学之间往返的可能性。① 看来，通过政治实践和文学创作实践，反思和担当成为一种形而上的自觉意识，完美地依附在贾谊身上，并成为贾谊的精神构造成分，成为他最重要的文化品格之一。"反思使一种更加现实、更负责任的政治成为可能"②，贾谊的现实担当，由于经历了一个反思—分析—判断—结论（主张）的过程，因而这种反思和担当具有了一种理性的力量。

---

　　① 孙春田. 政治与诗学：南社的唐宋诗之争［J］. 诚书，2013（9）.

　　② 布迪厄，华康德. 实践与反思——反思社会学导引［M］. 李猛，李康，译. 北京：中央编译出版社，2004：255.

第二章
强烈的经世变革意识

经世是儒者共同的人生理想，"经世思想是中国儒家知识分子所特有的一种以积极入世的价值观、政治本位的人生观和佐君教民的事业观为核心内容的意识形态"①。"经世致用不仅是学术思想的方法和学风，它含有非常丰富的精神内涵：它是一种情操，一种境界，一种博大的胸怀。"② 经世致用、敢为人先的变革意识是贾谊又一个重要文化品格。

第一节　经世和变革意识的产生与发展

一、经世意识形成的主要因素

西周至春秋中叶，官学官师合一，私学则以学而优则仕为教学方针，据有关学者研究，当时没有出现避世情况③，也未见经世避世之说。"经世"一词，最早见于《庄子·齐物论》："春秋经世先王之志，圣人议而不辩。"这里的经世，指"典谟"、规则之意。"经世"一词后见于《后汉书·西羌传》："计日用之权宜，忘经世之远略。""经世"就是不仅要有解决目前问题的"权宜"办法，也要有钩深图远的深远谋略。春秋战国时期，诸子百

---

① 胡维革. 中国近代社会思潮研究 [M]. 长春：东北师范大学出版社，1994：83.
② 张岂之. 中华人文精神 [M]. 西安：西北大学出版社，1997：124.
③ 张岂之. 中华人文精神 [M]. 西安：西北大学出版社，1997：120－124.

家也都主张经世。孔子最早提倡经世致用的思想，他周游列国，试图说服列国按《周礼》的模式去救世、经世。《孟子》云："昔者禹抑洪水而天下平，周公兼夷狄，驱猛兽，而百姓宁。孔子成《春秋》而乱臣贼子惧……我亦欲正人心，息邪说，距诐行，放淫辞，以承三圣者。"经世是儒者梦寐以求的理想。《墨子》亦云："夫尚贤者，政之本也"，"兼爱"为"天下之治道"，"天下兼相爱则治，交相恶则乱""今天下之君子，忠实欲天下之富，而恶其贫；欲天下之治，而恶其乱，当兼相爱，交相利。此圣王之法，天下之治道也，不可不务为也"。道家主张"无为而无不为"，庄子看到"内圣外王之道，暗而不明，郁而不发"，试图"周行天下，上说下教……以禁攻寝兵为外，以情欲寡浅为内"，以此救民济世。因此梁启超说："所谓'经世致用'之一学派，其根本观念，传自孔孟，历代多宣道之。"①

　　贾谊是有着强烈经世意识的文学家、思想家。宋人陈亮有云："贾生于汉道初成之际，经营讲画，不遗余虑，推而达之于仁义礼乐，无所不可。申、韩之书，直发其经世之志耳。"汪中在《贾谊〈新书〉序》中亦云："（贾谊）所陈立诸侯王制度、教太子、敬大臣，皆先王之成法、周公旧典、仲尼之志。盖《春秋》经世之学在焉……汉世慕尚经术，史氏称其缘饰，故公卿或持禄保位，被阿谀之讥，博士讲授之师仅仅方幅自守，文吏又一切取胜，盖仲尼既没，六艺之学其卓然著于用世者，贾生也。"出入百家、师承荀学固然是贾谊强烈的入世意识的人文动机，但这种入世意识更多的是时势使然。换句话说，学术背景是他入世意识的基本条件，可他的入世实践更多地来自于时势的推动力量。如果吴公不到朝廷任职并向文帝推荐贾谊，那么，贾谊纵然有博闻强记的才子美名，也难以有展示才能的机会，写不出气势如虹、切中时弊的政论文，那么"文必秦汉"的说法也许就难以成立了。

　　入世的潜在精神变为一种自觉的意识和行动，不仅得益于吴公的举荐，而且也满足了朝廷对治国良才的急切需求。古代年少聪慧的人不计其数，除开那些少年皇帝，像贾谊一样仅22岁"迁至太中大夫"的，确实不多。贾谊在仕途上大踏步前进，不仅仅是因为他才学过人，也不仅仅是因为吴

---

① 梁启超. 饮冰室合集［M］. 上海：上海中华书局，1936：79.

公的赏识和保荐，他能脱颖而出，与朝廷急用人才和汉初开始的人才选拔制度也有密切的联系。

汉初，经过秦并六国及楚汉争霸的诸多战乱，不仅经济凋敝，而且人才散布各地，有的流亡、死去，与高祖一起南征北战、驰骋沙场的除少数丰沛故人及一批因军功受爵的新贵之外，没有几个治国安邦之士。所以大一统的中央集权统治亟待征举、吸收各层各类优秀人才参与国家的建设和管理。

《汉书·高帝纪》载，公元前 196 年，高祖刘邦下诏求贤：

> 盖闻王者莫高于周文，伯者莫高于齐桓，皆待贤人而成名。今天下贤者智能岂特古之人乎？患在人主不交故也，士奚由进？今吾以天之灵，贤士大夫定有天下，以为一家。欲其长久，世世奉宗庙亡绝也。贤人已与我共平之矣，而不与吾共安利之，可乎？贤士大夫有肯从我游者，吾能尊显之。

这道诏书尊显"贤士大夫"，表达了刘邦愿仿效周文、齐桓与贤士大夫共建长治久安之国家的热切期望。

据《汉书·文帝纪》载，汉文帝也有两次下诏求贤。

前 178 年 11 月诏曰："举贤良方正能直言极谏者，以匡朕之不逮。"

前 165 年 9 月又诏曰："诏诸侯王、公卿、郡守举贤良能直言极谏者，上亲策之，傅纳以言。"

第一次诏书颁布于吴公被召于廷尉的第二年，诏书明确地表达了招纳知识分子参与政治决策之目的。吴公对贾谊的举荐可谓正当其时，贾谊的出现，也可谓生逢其时。此后，西汉的察举制便因此建立起来了。

察举制是汉代创立的一种选官制度，一般包括以下程式：皇帝下诏，指定举荐科目；由中央至地方各级官员按科目规定举荐人才，科目有岁举和特举等；特举科目需由皇帝亲自策试，根据对策结果的好坏来授以不同官职。此外，由中央、地方各级主管官员将本人发现，或者民间乡闾公认的出众人才逐级推荐，经过一定形式的考察，按一定计划名额择优录用，授予官职。再者，还有公府与州郡辟除，即由高级官员任命属僚、皇帝直接征聘等其他多种途径，这些途径更加灵活，虽然标准无统一规定，难以掌握，计划也颇多随意性，但这是对察举选士的必要补充。不少礼制史研究者认为西汉举孝廉茂材的礼仪不甚明了，所以未将之列入礼制史研究之中，这不免让人惋惜。

贾谊不是通过正式的察举制选拔出来的，而是根据有关的朝令，由吴公推荐，文帝亲自面试通过后授予官职的。自此，我们可以理解贾谊的入世意识为何那么强烈，因为贾谊认为遇到了明主，所以他心底的入世精神激烈迸发。在家国同构的时代，汉文帝就代表国家，是贾谊未来的希望所在，而当时中兴的迹象已经显现，社会经济复苏，文帝奉身节俭，躬修玄默，劝农桑，减省租赋，这样一个君主统治下的国家其未来是值得期待，是值得去辅佐的。"前景越辉煌，不确定性就越高，而人追求这一前景的激情就越强烈。"① "冲动和热情不是别的，而是主体赖以达到目的的活力。"② 这样，我们不难理解贾谊上疏中为何出现一些不敬之词，这一方面基于贾谊与文帝深厚的政治交情，再则依赖于"直言极谏"的诏令，三则由于贾谊认为"词不切，志不激，则不能回君听，感君心，而发愤于至理也"③，四则由于英俊才气和战国策士遗风使然。贾谊"痛哭以悯世，太息而著论"④，以致最后深感为傅无状毒恨而死，他的整个精神、学养、希望甚至生命意识，均融入入世的政治实践中。他希望变革现有的社会政治制度，塑造蕴含他的政治理想的政治结构，使汉廷长治久安，以实现国身合一的毕生抱负，报答文帝的知遇之恩。

二、变革意识生成的历史环境

西汉初年的历史环境，前文已多处述及，方宗诚《柏堂集前编》提到"承秦敝，土宇虽定，而先王之礼乐、法制所以维社稷安人民者，悉苟且未当"，钱穆《秦汉史》指出"如萧何之定律令，叔孙之定仪法，张苍之定章程，韩信之定兵法，此亦古代所谓王官之学。凡汉所定，则皆一依秦旧，

---

① 富兰. 变革的力量：透视教育改革 [M]. 北京：教育科学出版社，2004：4.
② 张世英. 论黑格尔的精神哲学 [M]. 上海：上海人民出版社，1986：60.
③ 阎振益，锺夏. 新书校注 [M]. 北京：中华书局，2000.
④ 阎振益，锺夏. 新书校注 [M]. 北京：中华书局，2000：560.

无大更革也"①。贾谊以历史的眼光和独特的视角敏锐地认识到，道德不能代替政治，也不能抵抗政治，道德若崩溃，制度如磨损，必须通过变革才能得到完善。变革对于一个国家的强大和长治久安是何等重要。正如《柏堂集前编》所言，"天下和洽既久，若不为防微杜渐之策，则积习相沿，将至溃败而不可收拾，故欲法制度，兴礼乐"，因而显示出强烈的变革意识。

贾谊想人之未想，言人之未言，以济世之心，在政治、经济、教育等各方面提出变革主张，并试图构建以礼制为中心的政治结构。对贾谊的济世之心和变革意识，王耕心在《贾子次诂叙录》中概括甚详：

> 周、秦之际，先圣之微言几坠于地，惟荀子踵孟子之后攘斥异端，扶翼政教，赫然有以警百世，厥功伟矣！当是时，非荀子之出，且无以要圣学之终。……逮汉氏以椎鲁定天下，襄礼之士或以通变自矜，辅相之徒复误解无为之恉。几坠之绪且淹没无遗，时则贾子崛起洛阳，首以经世之学自勔，既秉伊傅之才，复蕴忠贞之志，其为说凄怆往复，若有不能已于言者。以是远绍孔门之四科，遂兼叔孙氏之三不朽，本所获以视荀子，有过之，无弗及焉。故论者谓三代以后，非贾子之出，亦无以原圣学之始；及董子继之以正义明道之说，建儒术不祧之宗；相得益彰，有非流俗运会所能掩者，岂偶然哉！夫经世之要，惟以兼济天下为荣瘁而已，苟不能知兼济之得失，天下亦奚以儒为？后世不达此义，记诵益工，门户益峻，道义之是非乃益以淆，一旦强出所学以应世变，且适为通识所诟病。然则贾子之学亦有志之士所宜尽心也。

王说将贾谊与周、秦之际的荀子相提并论，又以伊傅之才喻之，对贾谊的经世之学和"经世之要"做了较好的论述，应为不刊之论。

---

① 钱穆.秦汉史［M］.北京：生活·读书·新知三联书店，2004：84.

第二节　经世变革意识在作品中的表现

汉兴三十年，万方大理，四海太和。但贾谊拨开现象的迷雾，在纷繁复杂、繁荣兴旺的外表下看到了礼制上的重重矛盾，如经制不定，四维未备，奸人冀幸而众人疑惑，社会普遍的僭越与诸侯王的僭越，匈奴的傲慢无礼等。贾谊有着强烈的经世变革意识，在贾谊看来，礼制对于建立一个长治久安的国家极其重要，他在《新书·礼》中说：

> 礼者，所以固国家，定社稷，使君无失其民者也。主主臣臣，礼之正也；威德在君，礼之分也；尊卑大小，强弱有位，礼之数也。礼，天子爱天下，诸侯爱境内，大夫爱官属，士庶各爱其家，失爱不仁，过爱不义。故礼者，所以守尊卑之经、强弱之称者也。

从这里可以看出，作为一个政治家，贾谊认为礼的作用不仅仅是《礼记·曲礼上》中的所说的"定亲疏，决嫌疑，别同异，明是非"的伦理作用，而且具有"固国家，定社稷"的作用。从此出发，礼不仅具有了伦理范畴的意义，而且越来越具有了独立的政治意义。贾谊试图通过自己的努力，为汉廷量身定做一套以礼为中心的"立经陈纪"的政治制度。

贾谊不仅指出礼的重要性，而且对具体的礼提出了变革的措施，有些制度，如对太师、太傅、太保、大相、大拂、大辅等职责的论述，"既非周制，也非汉制，而是贾谊自己的制定"①。

贾谊有着清晰的礼制变革意识，他思路清晰，论述清楚完备，根据汉初的社会实际，发展丰富了儒家的礼治思想，尤其对荀子的礼治思想进行了继承、发展和创新。

早期的礼制思想重视礼治而反对法治，《论语·为政》云："道之以政，齐之以刑，民免而无耻，道之以德，齐之以礼，有耻且格。"儒家思想的集

---

① 曹道衡，刘跃进. 先秦两汉文学史料学 [M]. 北京：中华书局，2005：313.

大成者荀子在继续强调礼治的同时，部分吸收了法家关于法治的思想。《荀子·君道》认为："有乱君，无乱国；有治人，无治法……故法不能独立，类不能自行，得其人则存，失其人则亡。法者，治之端也；君子者，法之原也。"荀子强调法治的同时，仍把人治放在首位。荀子的学生李斯、韩非只继承了荀子的法治思想，否定了礼治思想，并一味强调严刑峻法，不施仁义，因而使秦皇昏暴，秦朝短祚。贾谊通过深刻的历史反思，重新又回到了荀子的结合论上，并对荀子的礼治思想进行了丰富和拓展。

像荀子一样，贾谊认为，所谓礼，固然有注重恭敬、谦让及思想教育的一方面，但同时有一系列的实施礼的具体制度和法则，在家国同构的封建社会，这些制度和法则具有律法的强制性。贾谊在《瑰玮》中明确提出，臣子冒犯君王，上级同下属没有分别，这都是缺乏严格的制度所导致的。要扫除奢靡无度的习俗，奉行节俭的规矩，就必须对不同地位之人的车马服饰及各种器械有相应的规定，只有规定明确清晰才会君臣尊卑有序，上下等级分明，应当做的事不作为就要予以责罚，不应做的如果超越职权去做就要予以惩处，这样，奢靡无度之事就不会再发生，也不会有用欺诈手段获取财利的情况，奸邪之行和偷盗、残害他人的事也会消失，百姓也就自然远离犯罪了。按制度办事就是守礼，破坏制度就是违法，制度是如此重要，因而必须与时俱进地创设各种制度，"夫立君臣，等上下，使纲纪有序，六亲和睦，此非天之所为，人之所设也。人之所设，不为不立，不修则坏……宜定制度，兴礼乐，然后诸侯轨道，百姓素朴，狱讼衰息"①。显而易见，在回到荀子的礼治思想轨道之后，贾谊对法治与人治的关系，对创设各种制度的重要性作了更进一步的论述。

"合理的政治，必须建立在健全的社会制度之上，所以，移风易俗，使社会进入合理的状态，也是政治的最高目的。"② 有了安定巩固的社会，才会有安定巩固的政治，而安定巩固的社会，必须使人与人之间建立合理的关系。通过反思，贾谊认识到，社会混乱，"众掩寡，智欺愚，勇威怯，壮陵衰"的互相窥伺压诈的社会关系，是秦二世败亡的重大原因。但是，汉

---

① 班固. 汉书 [M]. 北京：中华书局，1962：2221.

② 徐复观. 两汉思想史：第二卷 [M]. 上海：华东师范大学出版社，2002：86.

兴三十年，秦的遗风余俗依然存在，侈靡相竞，无制度、弃礼义、捐廉丑日甚。而清静无为的休养政策，也纵容了某些不良的风俗。

在《新书》中，较多的文章主张以礼为核心来巩固中央集权和转变颓变的社会风习，这些文章，论述了恢复和确立礼制的必要性，陈述了礼制的具体内容。

在《等齐》中，贾谊指出，在称谓、适用制度及所用服饰名号用度等方面，诸侯与皇帝等齐无差，这会造成下僭拟其上的变乱，他的文义是劝文帝制定区分尊贵卑贱的制度：

> 天子之与诸侯，臣之与下，宜撰然齐等若是乎？天子之相，号为丞相，黄金之印；诸侯之相，号为丞相，黄金之印，而尊无异等，秩加二千石之上。天子列卿秩二千石，诸侯列卿秩二千石，则臣已同矣。人主登臣而尊，今臣既同，则法恶得不齐？天子卫御，号为大仆，银印，秩二千石；诸侯之御，号曰大仆，银印，秩二千石，则御已齐矣。御既已齐，则车饰具恶得不齐？天子亲，号云太后。诸侯亲，号云太后。天子妃，号曰后；诸侯妃，号曰后。然则，诸侯何损而天子何加焉？妻既已同，则夫何以异？天子宫门曰司马，阑入者为城旦；诸侯宫门曰司马，阑入者为城旦。殿门俱为殿门，阑入之罪亦俱弃市。宫墙门卫同名，其严一等，罪已均矣。天子之言曰令，令甲令乙是也；诸侯之言曰令，令仪令言是也。天子卑号皆称陛下，诸侯卑号皆称陛下。天子车曰乘舆，诸侯车曰乘舆，乘舆等也。然则，所谓主者安居，臣者安在？

贾谊对"沐渎无界"，纷乱不成体统的情况叹息不已，他认为，人们的情状一般相似，人的面貌也大体一致，人的贵贱差别不是天然地表现在面容上，可以区别贵贱尊卑的，是等级、势力、衣服、号令。人际混乱而缺少规矩，社会就会动乱，天理如此，人事相同，所以君臣之间的区别也不能只靠人的相貌，而必须有一套辨识尊卑的礼制规则。

在《服疑》一篇中，贾谊从有关服饰制度入手，规范君臣、上下名号用度，让人们各守尊卑本分伦纪，不得僭越，以达到臣不拟主，贱不冒贵，社会安定的目的。他说：

奇服文章，以等上下而差贵贱。是以高下异，则名号异，则权力异，则事势异，则旗章异，则符瑞异，则礼宠异，则秩禄异，则冠履异，则衣带异，则环佩异，则车马异，则妻妾异，则泽厚异，则宫室异，则床席异，则器皿异，则食饮异，则祭祀异，则死丧异。故高则此品周高，下则此品周下。加人者品此临之，埤人者品此承之，迁则品此者进，绌则品此者损。贵周丰，贱周谦。贵贱有级，服位有等，等级既设，各处其检，人循其度。擅退则让，上僭则诛。建法以习之，设官以牧之。是以天下见其服而知贵贱，望其章而知其势，使人定其心，各著其目。

在《俗激》中，贾谊对当时社会风气的败坏做了描述：

今世以侈靡相竞，而上无制度；弃礼义，捐廉丑，日甚，可谓月异而岁不同矣。逐利乎否耳，虑非顾行也。今其甚者，到大父矣，贼大母矣，踝姬矣，刺兄矣。盗者虑探柱下之金，掇寝户之帘，攘两庙之器，白昼大都之中剽吏而夺之金。矫伪者出几拾万石粟，赋六百余万钱，乘传而行诸侯，此其无行义之尤至者已，其余猖獗而趋之者，乃豕羊驱而往。是类管子谓"四维不张"者与？

在《时变》一文中，贾谊极言秦以来至汉初社会秩序和家庭伦常关系遭到的严重破坏。在《审微》一篇中，贾谊描述了卫侯朝周、晋文复周襄之位、叔孙于奚败齐、宓子禁民割麦等历史故事，并以故事中各种人物的非分之请未获恩准为例子，劝说汉文帝要建立等级森严的封建政治制度，杜绝超越本分的现象，使人人守上下之分，遵度向道，并认为，"故明者之感奸由也蚤，其除乱谋也远，故邪不前达"。

在《阶级》一文中，贾谊引用儒家经典，给尊卑作了一个贴切的比喻。他指出，尊贵如同殿堂，如果堂下台阶多至九级，殿堂就高达六尺；如果堂下没有台阶，殿堂的高度就可想而知了。天子就好比殿堂，群臣就如同堂下台阶，百姓就是台阶下面的土地。殿堂高大就难攀登，若低矮就容易登临和跨越，因而古代圣君制定出明确的等级规章，内有公、卿、大夫、士，外有公、侯、伯、子、男，然后还有官师、小吏，一直到百姓，等级分明，天子的尊贵如日月高不可攀。君臣之间，君主要对群臣以礼相待，群臣则应自爱自重，"励以廉耻"，人人都要崇尚节操，行为符合礼义。他进一步论述了确立美好风俗的重要性：

> 故化成俗定，则为人臣者，主耳忘身，国耳忘家，公耳忘私，利不苟就，害不苟去，唯义所在，上之化也。故父兄之臣诚死宗庙，法度之臣诚死社稷，辅翼之臣诚死君上，守卫捍敌之臣诚死城郭封境。故曰："圣人有金城"者，此物此志也。彼且为我死，故吾得与之俱生；彼且为我亡，故吾得与之俱存；夫将为我危，故吾得与之皆安。顾行而忘利，守节而伏义，故可以托不御之权，可以寄六尺之孤。此厉廉耻、行礼义之所致也。

"像贾谊这样对礼的作用做出如此全面的论述，在中国思想史上还是第一次。"① 不仅如此，贾谊还就如何实现礼、变革礼提出了自己的主张。

一个人的高贵低贱不能从外在原有的形貌上体现出来，那么就必须在等级、势力、衣服、号令上加以区别。其中"等级"是指上下有等，尊卑有序，这是礼的核心内容。贾谊认为天子是至高无上的一等。"势力"是指给各个等级规定相应的权势和实力。在《权重》中，贾谊指出，诸侯权势实力过大就会给国家带来灾难，"诸侯势足以专制，力足以行逆，虽令冠处女，勿谓无敢；势不足以专制，力不足以行逆，虽生夏育，有仇雠之怨，犹之无伤也，然天下当今恬然者，遇诸侯之俱少也。后不至数岁，诸侯偕冠，陛下且见之矣"。在这里，贾谊注意到了"势"将会随着时空的变化而变化，因此劝告君主要尽早谋划。所谓"衣服"，就是在等级、权势分明之后，衣物服饰要有鲜明的标志加以区别，"奇服文章，以等上下而差贵贱"。凡属旗章、符瑞、礼宠、秩禄、冠履、衣带、环佩、车马、妻妾、泽厚、宫室、麻席、器皿、饮食、祭祀、死丧等各方面都要体现出相应的等级差

---

① 王兴国. 贾谊评传 [M]. 南京：南京大学出版社，1992：91.

别，正如孔子所说"为上可望而知也，为下可述而志也""则君不疑于其臣，而臣不惑于其君"。"号令"是权力的外化，如果天子、诸侯所言都叫作"令"，那还有什么尊卑可言呢？在执行各种礼的过程中，贾谊认为要"投鼠忌器"和防微杜渐。"投鼠忌器"也就是"礼不及庶人，刑不至君子"。他认为，大臣获罪受辱，有损天子的威望。为了保证礼的执行，贾谊认为对违背礼的行为要防微杜渐，其在《审微》中说，"善不可谓小而无益，不善不可谓小而无伤，非以小善为一足以利天下，小不善为一足以乱国家也。当夫轻始而傲微，则其流必至于大乱也，是故子民者谨焉"，越礼是不允许的，必须防微杜渐，不可轻视傲微。

贾谊关于礼的变革意识不是孤立的，而是与现实政治、经济、国防、外交、教育等方面的政策相联系的。在拟构建以礼为中心的政治结构中，包含了经济、国防外交方面的因素，同时经过审时度势，在这些方面提出了具体的变革主张。在经济政策方面的变革意识，主要体现在要求抑制工商、增加积贮、反对私人铸钱等政策上。

汉初贫困的经济，至文帝时虽有所复苏，特别是商业经济得到很大发展，但是商人兼并农人，许多农民遭到破产，转而从事工商，致使农业荒废，形成了新的社会危机。贾谊要求变革经济政策，崇本抑末，以增加生产，稳定社会，巩固中央政权。

在《无蓄》中，贾谊指出种田的人少，吃饭的人多，粮食没有积贮，社会得不到安宁，他大声疾呼"夫蓄积者，天下之大命也"：

> 今背本而以末，食者甚众，是天下之大残。从生之害者甚盛，是天下之大贼也。汰流、淫佚、侈靡之俗日以长，是天下之大祟也。残贼公行，莫之或止；大命泛败，莫之振救。……生之者甚少，而靡之者甚众，天下之势，何以不危？汉之为汉几四十岁矣，公私之积犹可哀痛也！故失时不雨，民且狼顾矣；岁恶不入，请卖爵鬻子。既或闻耳矣，安有为天下阽危若此而上不惊者？

在《孽产子》一文中，贾谊论述了衣食方面的侈靡之风给国家造成的祸患，在批评了对此危机情形熟视无睹、无所作为的观点后提出："夫百人作之，不能衣一人也，欲天下之无寒，胡可得也？一人耕之，十人聚而食之，欲天下之无饥，胡可得也？"在《瑰玮》一文中，贾谊说："夫雕文刻镂周用之物繁多，纤微苦窳之器日变而起，民弃完坚而务雕镂纤巧以相竞高。作之宜一日，今十日不轻能成；用一岁，今半年而弊。作之费日挟功，用之易弊。不耕而多食农人之食，是天下之所以困贫而不足也。故以末予民，民大贫；以本予民，民大富。"

该篇用正反对比的手法，论述了"瑰政"（指奇特的政策和方法）使民贫、寒、苦、违法犯上、行奸邪的社会状况，而玮术却能使民众丰衣足食、安居乐业、遵征守法。

汉高帝时，民无盖藏，天子不具醇驷，将相或乘牛车。惠帝、吕后十多年才衣食滋殖，至文帝即位，民皆背本趋末。《史记·货殖列传》中亦有过描述："汉兴，海内为一，开关梁，弛山泽之禁，是以富商大贾周流天下，交易之物莫不通，得其所欲，而徙豪杰诸侯疆族于京师。""关中……膏壤沃野千里……民犹有先王之遗风，好稼穑，殖五谷。""长安诸陵，四方辐辏并至而会，地小人众，故其民益玩巧而事末也。""关中之地，于天下三分之一，而人众不过什三，然量其富，什居其六"。河东地区则"民俗懁急，仰机利而食。丈夫相聚游戏，悲歌慷慨，起则相随椎剽，休则掘冢作巧奸冶，多美物为倡优。女子则鼓鸣瑟，跕屣，游媚贵富，入后宫遍诸侯"。而邹鲁以及衡山、九江、江南、豫章、长沙等楚之地"多宽""趋利""天下物所鲜所多"，由此可见汉代前期工商业的发展，而一些富商巨贾也必然随之涌现出来。例如，蜀卓氏，"致之临邛，大喜，即铁山鼓铸，运筹策，倾滇蜀之民，富至僮千人。田池射猎之乐，拟于人君""程郑，山东迁虏也，亦冶铸，贾椎髻之民，富埒卓氏，俱居临邛"。鲁人曹邴氏，"以铁冶起，富至巨万"。

当时，铸铁、煮盐等手工业比较发达，渔猎，商业随之兴旺，除了以工商业手段致富外，当时还有博戏、贩脂、卖浆、制胃脯、作马医等，都能使人致富，不少通过这些"末"业致富的人，又转而买田买地从事农业经营，所谓"以末致财，用本守之"，这势必影响当时的社会心理。《史记·货殖列传》云："礼生于有而废于无。故君子富，好行其德；小人富，以适其力。渊深而鱼生之，山深而兽往之，人富而仁义附焉。富者得势益彰，失势则客无所之，以而不乐。夷狄益甚。谚曰：'千金之子，不死于市。'此非空言也。故曰：'天下熙熙，皆为利来；天下攘攘，皆为利往'。夫千乘之王，万家之侯，百室之君，尚犹患贫，而况匹夫编户之民乎！"壮士不避汤火为的是重赏，闾巷少年任侠并兼，不避法禁，皆为财用，赵女郑姬设形容，揳鸣琴，揄长袂，不择老少，只为富厚。游闲公子，饰冠剑，弋射渔猎，博戏驰逐，斗鸡走狗，作色相矜，为的是得味，争强好胜；吏士舞文弄法，刻章伪书，不避刀锯。用贫求富，农不如工，工不如商。货殖之利，工商是营。《史记》的记载生动形象、准确全面，与贾谊的认识高度契合。

贾谊不仅充分认识到了"末"业发展所造成的严重危害，而且对以工商末业致富者寻求政治权势也有深刻认识，其在《时变》中说：

> 家富而出官耳。骄耻偏而为祭尊，黥劓者攘臂而为祭政。行为狗彘也，苟家富财足，隐机盱视而为天子耳。唯告罪昆弟，欺突伯父，逆于父母乎，然钱财多也，衣服修也……车马严也，走犬良也。矫诬而家美，盗贼而财多，何伤？欲交，吾择贵宠者而交之，欲势，择吏权者而使之。取妇嫁子，非有权势，吾不与婚姻；非有贵戚，不与兄弟；非富大家，不与出入。因何也？今俗侈靡，以出伦踰等相骄，以富过其事相竞。今世贵空爵而贱良，俗靡而尊奸；富民不为奸而贫为里侮也，廉吏释官而归为邑笑；居官敢行奸而富为贤吏，家处者犯法为利为材士。故兄劝其弟，父劝其子，则俗之邪至于此矣。

这段话，说明了当时社会趋利思想的普遍性和严重性，这不仅影响了社会心理，而且深深地介入了政治。贾谊所说的"家富而出官耳。骄耻偏而为祭尊，黥劓者攘臂而为祭政。行为狗彘也，苟家富财足，隐机盱视而为天子耳"，便充分说明这一点。而贾谊所说的"欲交，吾择贵宠者而交之；欲势，择吏权者而使之"，与《史记·货殖列传》所载大体相似，与《汉书·食货志》中富商们"因其富厚，交通王侯，力过吏势，以利相倾，千里游敖，冠盖相望，乘坚策肥，履丝曳缟"的社会现实是相映照、相一致的。

因此，贾谊极力主张变革，消除这种社会风习，提出发展农业，贬低甚至取消"末业"，他在《瑰玮》中写道：

> 夫奇巧末技、商贩游食之民，形佚乐而心县愆，志苟得而行淫侈，则用不足而蓄积少矣；即遇凶旱，必先困穷迫身，则苦饥甚焉。今驱民而归之农，皆著于本，则天下各食于力。末技、游食之民转而缘南亩，则民安性劝业而无县愆之心，无苟得之志，行恭俭蓄积而人乐其所矣。

贾谊把这种驱民归农、皆著于本，从而各食于力的方略称为"玮术"，并把它与"瑰政"相对立。什么是瑰政呢？他说："天下有瑰政于此：予民而民愈贫，衣民而民愈寒，使民乐而民愈苦，使民知而民愈不知避县网，甚可瑰也！"瑰，从玉鬼声，有奇珍奇异的意思。贾谊所说的"瑰政"，是指放任工商业发展因而导致农民贫困的做法，亦即所谓背本趋末。贾谊认为，忽视农业、重视末业的做法是一种奇怪的非正常政策，而当朝治国安邦之计，是应该实行"玮术"。"今有玮术于此：夺民而民益富也，不衣民而民益暖，苦民而民益乐，使民愚而民愈不罹县网。"王兴国先生认为，这里的"夺民"实际上是夺工商等"末"业之民，而"民益富"之民则主要是指农民。虽然，贾谊把工商业与农业完全对立起来，片面强调和维护小农经济的地位，试图巩固当时的社会基础，这种主张影响十分长远，一定程度上抑制了中国社会资本主义的发展，① 但是贾谊的强烈变革意识却是值得回味和肯定的。

贾谊不仅提出了崇本抑末的变革主张，而且提出了增加积贮的措施，那就是"驱民而归之农，皆著于本，使天下各食其力"。

在《壹通》中，贾谊主张撤除一切关隘，让天下相通达，因为汉廷的疆土不再只是小小的关中之地。从天子的都城长安，到淮东南两地相距达数千里，朝廷所设的一些郡必须越过一些诸侯国，有的甚至远到诸侯国不易管辖的土地，不仅货物很难运送，而且还要到这些地方征收赋税，难度很

---

① 王兴国. 贾谊评传［M］. 南京：南京大学出版社，1992：188.

大。大诸侯国包含了小的侯国,小国大国错杂交叉。天子给诸侯的封疆裂土没有一定准则。更有甚者,一些反叛的诸侯容易从周围藩国得到资助,一些小的诸侯容易成为反叛者的"板上肉""盘中餐",任意糟践。

在《属远》一篇中,贾谊指出:"古者天子地方千里,中之而为都,输将徭使,其远者不在五百里而至;公侯地百里,中之而为都,输将徭使,远者不在五十里而至。输将者不苦其劳,徭使者不伤其费。故远方人安其居,士民皆有欢乐其上,此天下之所以长久也。……今汉越两诸侯之中分,而乃以庐江之为奉地,虽秦之远边,过此不远矣。令此不输将、不奉主,非奉地义也,尚安用此而久县其心哉!若令此如奉地之义,是复秦之迹也,窃以为不便。夫淮南窳民贫乡也,徭使长安者,自悉以补,行中道而衣,行胜已羸弊矣,强提荷弊衣而至。虑非假贷自诣,非有以所闻也。履蹻不数易不足以至,钱用之费称此,苦甚。"

贾谊指出,输将徭使太远,给农民带来痛苦,有时,给中央政府的"甚少",而一旦造成危害却甚大,因而他建议把这些封地划归邻近郡国。

对于如何增产增收,贾谊也提出了自己的变革主张,他反复强调要使民"有时"。他在《修政语下》中说:"圣王在上,则使民有时,而用之有节,则民无厉疾。"又在《大政上》中说:"天有常灾,必与夺民时。"为了保证农业生产,统治者在征调民力时必须注意把握好时间,而人们在猎取和收获时,也必须注意大自然的季节和特点。《礼》中写道:"不合围,不掩群,不射宿,不涸泽。……草木不零落,斧斤不入山林;昆虫不蛰,不以火田;不麛,不卵,不刳胎,不殀,鱼肉不入庙门,鸟兽不成毫毛不登庖厨。取之有时,用之有节,则物蓄多"。

贾谊认识到"生之有时而用之无节,则物力必屈"。因此,他主张"居莫若俭","夫宫室不崇,器无虫镂,俭也"。贾谊还援引古代王者节俭的美德,直陈君王:"楚王欲淫邹君,乃遗之技乐美女四人。穆公朝观,而夕毕以妻死事之孤,故妇人年弗称者弗蓄,节于身而弗众也。王舆不衣皮帛,御马不食禾菽,无淫僻之事,无骄燕之行,食不众味,衣不杂采,自刻以广民,亲贤以定国,亲民如子。邹国之治,路不拾遗,臣下顺从,若手之投心。是故以邹子之细,鲁、卫不敢轻,齐、楚不能胁。"节俭是具体的,是多方面的,也是时刻都必须注意的。

洪范八政，一曰食，二曰货。前文已述，汉代官府有三大手工业，即制盐、冶铁、铸钱，西汉桓宽《盐铁论·复古第六》云："山海之利，广泽之畜，天下之藏也，皆宜属少府……铁器兵刃，天下之大用也，非众庶所宜事也，往者，豪强大家，得管山海之利，采铁石鼓铸煮盐。一家聚众，或至千余人，大抵尽收放流人民也。""当时矿场、铁场和盐场，大者一家聚众或至千余人，小者亦有工人数百。"① 这种情况说明工商等"末业"的发展，特别是盗铸金钱现象的普遍存在。

贾谊在主张"抑末"时，特别反对任民私铸金钱。因为私铸金钱的危害超过煮盐、冶铁等"末业"。汉兴，由于秦钱重，难用，汉高帝废除秦朝半两钱，前202年，高祖令民铸荚钱，重三铢（一两为二十四铢），令民自铸；前186年，吕后行八铢半两；前182年，吕后行"五分钱"；前175年，文帝行四铢半两，依旧实行自由铸钱政策。西汉初期，据《盐铁论》载，朝廷主管铸钱的机构，最初属少府，继归右扶风，最后归大司农。汉高帝时铸币并未实行官府垄断，"自前193至前113年间，钱法变了九次，也就是在铸钱问题上，朝廷和豪强作了九次斗争"②，到第九次朝廷才取得胜利。《汉书·食货志下》云："孝文五年，为钱益多而轻，乃更铸四铢钱，其文为半两。除盗铸钱令，使民放铸。"汉代一两二十四铢，一铢约合今二分。榆荚钱只有三铢，所谓"钱益多而轻"，导致了货币贬值。《汉书·食货志下》说，秦时一切权力集中统一，山东富豪被迁徙入关，冶铁、煮盐与铸钱三大利润高的行业都由专门的官吏经营，汉高帝开始向豪强妥协让步，三大行业都允许民间私营，特别是自高帝实行榆荚钱后，"不轨逐利之民，蓄积余赢，以稽市物，痛腾跃，米至石万钱，马至匹百金"，可见货币贬值造成物价上涨。文帝以四铢钱取代榆荚钱，显然是为了提高中央货币的信度，稳定物价。但是，取消货币铸造的国家垄断，令民得自铸，仍然存在"钱益多而轻"的可能。王兴国先生分析，文帝的这种货币政策可能与文帝企图缓和中央政府与地方诸侯王及豪强之间的矛盾有关。③ 汉初，各诸侯王

---

① 翦伯赞. 秦汉史［M］. 北京：北京大学出版社，1983：192.
② 范文澜. 中国通史简编：第二编［M］. 北京：人民出版社，1965：45.
③ 王兴国. 贾谊评传［M］. 南京：南京大学出版社，1992：199.

国都可以铸钱，据班固《汉书·食货志》载，"吴以诸侯即山铸钱，富埒天子，后卒叛逆"；一些佞幸大臣也铸钱，"邓通，大夫也，以铸钱财过王者，故吴、邓钱布天下"。这实际上是向诸侯豪绅进行妥协。① 只是这种妥协不仅未换来诸王的顺从与拥戴，反而给国家埋下叛乱动荡隐患。

在《铜布》一篇中，贾谊论述了铜流布到民间的危害以及由国家垄断收铜的好处。汉文帝五年的"除盗铸钱令"允许私人采铜铸钱，结果不但使农业荒废，所铸的钱币又杂以铅铁，信用降低，同时也使犯罪的人日益增多，《汉书·食货志》完整地描述了这一过程，也对贾谊的这篇奏疏照录不误。贾谊主张"上收铜勿令布下"，认为铜由政府垄断可以收到七个方面的功效，如国家可以掌握铸钱大权，可以控制金融，可以调节货物的多寡等，体现了深刻的经济变革意识。

> 何谓七福？上收铜勿令布，则民不铸钱，黥罪不积，一。铜不布下，则伪钱不繁，民不相疑，二。铜不布下，不得采铜，不得铸钱，则民反耕田矣，三。铜不布下，毕归于上，上挟铜积，以御轻重，钱轻则以术敛之，钱重则以术散之，则钱必治，货物必平矣，四。挟铜之积以铸兵器，以假贵臣，小大多少，各有制度，以别贵贱，以差上下，则等级明矣，五。挟铜之积，以临万货，以调盈虚，以收奇羡，则官必富而末民困矣，六。挟铜之积，制吾弃财，以与匈奴逐争其民，则敌必坏矣，此谓之七福。

在与《铜布》意义相关的《铸钱》一文中，贾谊分析了令民私铸的多种弊端，如杂以铅铁制造假币，谋取厚利，币大小不一，引起混乱，不便于流通，采铜冶镕耽误农事，民私铸钱，犯罪增多，使法令无效等。在贾谊看来，法律允许雇佣民众铸钱，但不把铅、铁、锡等混淆在铜币中，就无利可图，如果掺入杂物的手法巧妙，获利就丰厚。所以说雇人铸钱合法，可是如果有在铸钱时掺杂铅、铁或使用其他方式偷工减料者，就会判他黥罪。法令本身有缺陷就会被人利用来做奸邪之事，如果让百姓掌握铸造钱

---

① 王兴国. 贾谊评传 [M]. 南京：南京大学出版社，1992：200.

币的权力，人们都隐藏在家中私自铸造，为获得厚利而做奸邪之事，即使每天都有人被处以墨刑，造假的情势也不能遏制，这实际上就好像是给老百姓设置陷阱。此外，如果不同郡县间钱币各不相同，有的地方使用轻薄的钱币，有的地方使用厚重的钱币，郡县和市场各不相同，小钱大钱又同时使用，天下钱币将会混乱不堪。

　　贾谊的变革意识与当时的社会现实是十分吻合的，如果联系王夫之对汉文帝"除铸钱令"的指摘，我们会更加认识到这种变革意识的难能可贵。王夫之说："文帝除盗铸令，使民得自铸，固自以为利民也。夫能铸者之非贫民，贫民之不能铸，明矣。奸富者益以富，朴贫者益以贫，多其钱以敛布帛、菽粟、纻漆、鱼盐、果蔬，居赢以持贫民之缓急，而贫者何弗日以贫邪！耕而食，桑苎而衣，洿池而鱼鳖，圈牢而牛豕，伐木艺竹而材，贫者力以致之，而获无几；富者虽多其隶佣，而什取其六七焉。然以视铸钱之利，相千万而无算。即或贷力于贫民，而雇植之资亦仅耳，抑且抑求而后可分其濡润焉。是驱人听豪右之役也。故先王以虞衡司山泽之产而节之，使不敢溢于取盈，非齐天地之产，限人巧而使为上私利也。利者，公之在下而制之在上，非制之于豪强而可云公也。推此义也，盐之听民自煮，茶之听民自采，而上勿问焉，亦名美而实大为蟊稗于天下。……而况钱之利，坐收逸获，以长豪黠而奔走贫民，为国奸蠹者乎！"①

　　王夫之认为"除铸钱令"使富者更富，贫者更贫，看起来很好，出发点也是好的，但实为"国奸蠹者"，亦如贾谊所云"行博祸"。贾谊在货币方面的变革意识和主张，奠定了他在经济思想史上的地位，正如萧清所指出、王兴国先生也赞同的这样，贾谊承认货币流通的客观规律，而不认为单凭君王权力就可以解决货币问题，他不主张简单地凭借封建法权，而提出通过实行铜禁，即通过垄断币材的途径，以解决私铸问题。贾谊指出了货币材料的垄断问题十分关键，认识到货币实际价值与铸造成本间的关系，提出了所谓"法钱""正钱"的概念。法钱、正钱概念的规定以及"立法钱"的要求，客观上已为后来汉武帝实现统一的五铢钱制度开辟了道路。②

---

①　王夫之. 读通鉴论：卷二 [M]. 北京：中华书局，1975：30.
②　萧清. 中国古代货币思想史 [M]. 北京：人民出版社，1987：63-64.

贾谊的有关主张虽然未被汉文帝所接受，但武帝元鼎二年，悉禁郡国铸钱，专令上林三官铸，天下非三官钱不准发行。原来各个郡国所铸钱皆废之，输其铜入三官，而民之铸钱益少。三官钱亦即相当于贾谊所说的"法钱"；而天下将铜输入三官，也正如贾谊所说，铜由朝廷专之。汉初数十年币制的紊乱现象从此得到解决，其解决问题的途径正是贾谊当初为汉文帝提出的策略，让人不得不服膺贾谊的远见卓识。

贾谊的变革意识，不仅在以礼为主的政治、经济领域，在国防、外交、教育领域也同样得到充分体现，他提出了一系列的变革措施。在后文的论述中，将论及处理匈奴问题以及教育太子方面的变革主张和措施。

第三章
坚贞的忠君爱国理想

　　贾谊之所以能成为两千多年来文人士子和政治家们歌咏评述的对象，甚至成为他们行为的风范，就在于贾谊有着超越众人、不同凡响的文化品格。在贾谊文化品格的构成中，最突出的是他"信道居正，而以天下为公"的忠君爱国理想。

　　贾谊的忠君爱国理想，包括贾谊对汉帝国的至诚之心，对汉帝国长治久安的一种政治理想和精神期待，以及贾谊明于经国大体的器识与胸襟。有了这种理想，有了这种为国远虑的大公之心，贾谊就可以不顾身家性命，以强烈的时代责任感与进取心，睥睨世人的非议与诽谤，尽情迸发自己的才情和锐气，以一种既悲壮又浪漫的文学风貌，经营讲画，不遗余力，发经世之志，奏治安之策，报隆恩于廊庙，振芳尘于身后。

第一节　忠君爱国理想的学术来源

　　贾谊既是当朝的学术精英，又是政治明星，建立一个长治久安的汉帝国是他毕生追求的目标。他的忠君爱国理想主要来源于他的学养，来自中华民族的传统，也来自于他在汉初政治氛围下的社会实践。

一、忠君爱国理想的思想来源

　　前文已述，历代对贾谊思想的派别属性，有不同看法。班固《汉书·贾谊传》说贾谊年少好学，"年十八，以能诵诗属书闻于郡中"，"颇通诸家之书"，因而诸家学说不可避免影响贾谊思想形成。司马迁、王夫之，当代萧萐父等把贾谊作为法家，刘歆、班固等认为是儒家，黄震、顾实认为贾谊更接近道家，朱熹、何孟春等认为是纵横家。但综合各家所说，结合贾谊的言行分析，正如王兴国先生所言，"历代正史的艺文志和目录学的著作将贾谊归入儒家类是比较合理的"①。不过，贾谊的儒家思想已不是先秦儒家（或称原始儒家）思想，而是以儒家理论、法家实践为主张，即由儒家掌教化，法家掌吏治，也就是儒家的理想、法家的政治制度，是"内法外儒""阳儒阴法"。

儒字本包含柔软之意。许慎《说文》云："儒，柔也，术士之称。"胡适认为"儒是殷民族的教士"，从西周到春秋，儒者由主要从事宗教活动的教士，变成了既从事宗教活动又从事文化教育活动的人士，而且后者的职能越发重要和突出。《周礼·大宰》曰："儒，以道教民。"

儒家学说是一个包括哲学、伦理、政治、教育、经济、文学、艺术、美学的大文化体系，仁学思想是其一切学说、思想的基础和出发点。"仁"既指一种美好的品德，又是人生追求的最高道德境界和调整人际关系的最佳原则，并以此成为王道思想的基础，儒者的人生价值就在于修、齐、治、平。《礼记·中庸》云："知所以修身，则知所以治人；知所以治人，则知所以治天下国家矣。"《孟子·离娄上》云："三代之得天下也以仁，其失下天下也以不仁，国之所以废兴存亡者亦然。"可以看出，儒家要求人们修炼自身的道德，终极目的是通过仁政使国家长治久安。

孔门后学在先秦儒学总结性理论著作《大学》中，以精确的文字阐扬了内圣外王之道，在《礼记·礼运》中论述了"大同理想"。《大学》认为，"大学之道在明明德，在亲民，在止于至善"，"古之欲明明德于天下者，先治其国，欲治其国者，先齐其家，欲先齐其家者，先修其身，欲先修其身者，先正其心，欲正其心者，先诚其意，欲诚其意者，先致其知，致知在格物"。《礼记·礼运》则认为，大同理想和天下为公是最高社会理想和最后归宿：

① 王兴国. 贾谊评传［M］. 南京：南京大学出版社，1992：333.

大道之行也，天下为公，选贤与能，讲信修睦。故人不独亲其亲，不独子其子。使老有所终，壮有所用，幼有所长，矜寡孤独废疾者，皆有所养，男有分，女有归。货恶其弃于地也，不必藏于己，力恶其不出于身也，不必为己。是故谋闭而不兴，盗窃乱贼而不作，故外户而不闭，是谓大同。

贾谊的忠君爱国理想主要来自儒家的王政思想，来自天下大同的国家理念。但贾谊通诸家之说，他继承了先秦诸子学说中的文化精髓而自成一体，尤其因为师承关系，他继承了兼综道法、调和儒法的荀子思想。

荀子是战国末期与时俱进、总汇百家的思想家。在自然观上，荀子与传统儒家不同，主要继承了"道法自然"的思想，其在《天论》中指出，"受世与治世同，而殃祸与治世异，不可以怨天，其道然也。故明于天人之分，则可谓至人矣"，像庄子一样把天看成是独立于人的自然界，但又像儒、法家一样强调"人"能改造"天"，因此荀学显得富有生气，充满活力。在"礼"学上，荀子继承了孔子思想传统，但荀子的"礼"有其独特性，因为它包含了法的思想，如"人生而有欲，欲而不得，则不能无求，求而无度量分界，则不能不争，争则乱，乱则穷。先王恶其乱也，故制礼义以分之，以养人之欲，给人之求，使欲必不穷乎物，物必不屈于欲，两者相持而长，是礼之所起也"。《劝学》中说"礼者法之大分，类之纲纪也，故学至乎礼而止矣，夫是之谓道德之极"。荀子在《君道》中提出"隆礼至法则国有常，尚贤使能则民知方，篡论公察则民不疑，赏克罚偷则民不怠"的治国纲领，在《王霸》中指出，"义立而王，信立而霸"，"道王者之法，与王者之人为之，则亦王；道霸者之法，与霸者之人为之，则亦霸"。与孔子的"述而不作，信而好古"不同，与孟子的"言必称尧舜"也不同，荀子主张"王者之制，道不过三代，法不二后王。道过三代谓之荡，法二后王谓之不雅"。

荀子综合百家，出入道法，从宇宙本体、天人关系到人性善恶、义利、礼法、王霸之道，都与"因阴阳之大顺，采儒墨之善，撮名法之要，与时迁移，应物变化"① 的黄老之学相类似。同时，考虑到荀子曾游历齐国，

---

① 司马迁. 史记［M］. 北京：中华书局，1959：3292.

"最为老师""三为祭酒"①，也有不少学者认为荀子是稷下黄老之学的后期代表人物。不能否认，荀子是春秋战国时期百家争鸣的集大成者，正如郭沫若的评价："荀子是先秦诸子中最后一位大师，他不仅集了儒家的大成，而且可以说集了百家的大成，他是把百家的学说差不多都融会贯通了。"②

如果说荀子思想中仅有法家思想成分的话，他的学生韩非子则抛开儒家学说，创造出一套完整的法家学说。韩非子虽然口头上不善言辞，但他文笔极佳，文章"峻峭"。据《史记》载，相传秦嬴政读了他的《孤愤》《五蠹》等篇，禁不住拍案称赞："嗟呼，寡人得见此人，与之游，死不恨矣。"韩非子相信历史是不断发展进步的，他在《五蠹》中认为，"上古之世，人民少而禽兽众，人民不胜禽兽虫蛇"，所以"有圣人作，钻燧取火，以化腥臊……中古之世，天下大水，而鲧禹决渎。近古之世，桀纣暴乱，而汤武征伐"，但是，历史已经发展了，"今有美尧舜汤武禹之道于当今之世者，必为新圣笑矣"，因而要"不期修古，不法常可""世异则事异""事异则备变"，不能守株待兔。韩非子主张实行君主专制中央集权，《扬权》中云："事在四方，要在中央；圣人执要，四方来效。"国家的大权要集中在君主一人手里，君主必须有权有势执掌要害，才能治理天下，正如《人主》中说的，"人主之所以身危国亡者，大臣太贵，左右太威也"，所以"万乘之主，千乘之君，所以制天下而征诸侯者，以其威势也，威势者，人主之筋力也"。明君应该"推功而爵禄，称能而官事，所举者必有贤，所用者必有能，贤能之士进，则私门之请止矣"。对那些奸臣贼子要"散其党，收其余，闭其门，夺其辅"；同时，注重从基层选拔一批官吏，"宰相必起于州部，猛将必发于卒伍""有功者必赏……爵禄大而官职治，王之道也"。韩非将人类社会历史分为"上古""中古""近古"和"当今"四个阶段，"上古竞于道德，中世逐于智谋"，而"今人有五子不为多，子又五子，大父未死而有二十五孙，是以人民众而财货寡，事力劳而供养薄，故民争，虽信赏累罚而不免于乱"。韩非子对老子的清静无为、道法自然的思想十分推崇，并创造性地认为法治也符合道的无为的原则，他还认为，"人主之

① 司马迁. 史记 [M]. 北京：中华书局，1959：2348.
② 郭沫若. 十批判书 [M]. 北京：人民文学出版社，1961：218.

道，静退以为宝。不自操事而知拙与巧，不自计虑而知福与咎"，治理国家不能靠个人的智巧，而要靠明明白白"布之于百姓""境内卑贱莫不闻之"的法律。他在《饰邪》中说："道法万全，智能多失，夫悬衡而知平，设规而知圆，完全之道，明主使民饰于道之故，故佚而有功。释规而任巧，释法而任智，惑乱之道也。"韩非子认为著书立说的儒者、招摇撞骗的纵横家、聚集党徒的带剑者、逃避兵役的人、囤积居奇的工商业者是五蠹，应"明王治国之政，使其商工游食之民少而名卑"，靠劝科农桑以增强国家的物质力量，靠法治使人们利出一空。《显学》中云："磐石千里，不可谓富，象人百万，不可谓强。石非不大，数非不众也，不可谓富强者，磐不生粟，象人不可使拒敌也。"但是，如果"利出一空者，其国无敌，利出二空者，其兵半用，利出十空者，民不守"。他说："国无常强，无常弱，奉法者强则国强，奉法者弱则国弱""法不阿贵，绳不挠曲，法之所加，智者弗能辞，勇者弗敢争，刑过不避大臣，赏善不遗匹夫"。韩非子还认为，君主要成就宏图伟业，必须使法与势、术很好地结合，"势者，胜负之资也""术者藏之于胸中，以偶众端，而潜御群臣者也"。权势"在君则制君，在臣则胜君"，君主必须"抱法处势"，君持柄以处势，故令行禁止。同时君主必须将法和术结合起来，"君无术则弊于上，臣无法则乱于下，此不可一无也，皆帝王之具也"。韩非子认为术与势是互相依存的，"故国者君主之车也，势者君之马也，无术以御之，身虽劳，犹不免乱；有术以御之，身处佚乐之地，又致帝王之功也"。从贾谊的思想中尤可看到韩非子思想的精华，如中央集权观，视工商之民为五蠹之一，等等。

"大一统"一词是由战国中期的《春秋·公羊传》最先提出的，大一统即以一统为大，是国家一统，王权一统。从"普天之下，莫非王土，率土之滨，莫非王臣"[①] 到孔子、孟子、荀子、韩非子，从《礼运》的"天下为公"到贾谊的"通道居正，而以天下为公"，大多士人崇尚大一统与王权至上，把建立大一统的国家和当帝王师作为毕生的追求。老子把王、天、地、道并列，又说"以道临天下"。孔子说"郁郁乎文哉，吾从周""其或继周者，虽百世可知也""君子疾没世而名不称焉"。孟子断言天下可"定

---

① 程俊英. 诗经译注 ［M］. 上海：上海古籍出版社，1985：416.

于一"。《礼记·礼运》云："大道之行也，天下为公。"《吕氏春秋·贵公》说："天下，非一人之天下，天下之天下也。"慎到说："立天子以为天下，非立天下以为天子也。立国君以为国，非立国以为君也。"墨子主张天子一统天下，法家更是"一统"政治的鼓吹者。"国家一统的含义是没有主权区域和民族的界限，是君主权力在平面上的无限扩张，王权一统是说权力不能分割，君主权力是一种无限的集中。因此大一统的核心是王权的统一。"①

贾谊作为荀子的三传弟子，作为李斯学生的学生一辈，不仅继承了先秦儒家对大一统国家的期待和追求，而且延续了法家为建立大一统国家所贡献出的治国主张和智慧。当然，墨家、阴阳家、纵横家的政治理想也或多或少地参与构筑了贾谊的忠君爱国理想，在此不一一陈述。

二、忠君爱国理想的现实基础

贾谊生活的时期，是我国封建社会发生巨大变化的时期。西周、春秋、战国时期，天子、诸侯、公卿、大夫共同统治着广大劳动人民。随着生产力的发展和生产关系的变化，新兴地主阶级希望建立自己的政权来维护和扩大自己的利益，而老百姓也希望摆脱各国之间频繁的征战和动荡，过一种安定的生活。诸多方面的因素促使强大的秦国完成了"六王毕，四海一"的统一大业。但是在统一国家、发展生产的同时，在法家思想家李斯的辅佐下，秦王朝施行严刑酷法，阶级矛盾迅速激化，在农民起义的暴风骤雨中，秦王朝土崩瓦解。

秦朝拉开了封建统一国家的序幕，但是六国的残余势力并没有完全镇压下去，西汉的新生政权内外矛盾交织。长城以北的匈奴趁中原连年征战逐渐强大起来，冒顿单于占领了河套以南的地区，一直到燕、代（今河北、山西北部），控制了汉王朝东北部、北部和西北部的广大地区，脆弱的汉初王朝为了减缓匈奴的侵扰，采取了和亲政策，并赠送大批财物，换得苟安。

前文已述，由于复苏经济和休养生息的需要，汉初稷下齐学和南楚道家进一步合流，黄老思想占主导地位。汉初朝廷一直坚持清静无为，轻徭薄赋，与民休息，约法省禁，去奢省费。班固《汉书·食货志》有言："孝

---

① 刘泽华. 先秦士人与社会 [M]. 天津：天津人民出版社，2004：251.

惠、高后之间，衣食滋殖。文帝继位，躬修俭节，思安百姓""孝景二年令民半出田租，三十而税一也……民遂乐业。至孝武之初七十年间，国家无事，非遇之旱，则民人给家足，都鄙廪庾（粮仓）民满，而府库余财。京师之钱累百巨万，贯朽而不可校。太仓之粟陈陈相因，充溢露积于外，腐败不可食。众庶街巷有马，阡陌之间成群……人人自爱而重犯法，先行谊而黜丑辱焉。"

但是，在经济繁荣和政治无为背后，汉初局势也是波诡云谲，暗流汹涌。一个新生的政权集中了各方的势力，这些势力互相冲撞和发展变化，既推动着国家的发展，也酝酿着新的危机。休养生息政策虽然减轻了农民的负担，但最大利益的获得者主要还是地主阶级，随着地主阶级财富的剧增，土地兼并现象日益严重，小农生产者大量破产，阶级矛盾加剧。在无为治国理念下，中央集权政治为了朝廷安危，要与各种势力集团进行坚决斗争。汉初的统治阶级主要包括中央政权、六国贵族、诸侯王、功臣、外戚、富商大贾、强宗豪族、普通地主等各种势力。他们既有着共同的利益和追求，彼此之间又各怀鬼胎矛盾重重。汉廷中央政权以刘氏皇室嫡系为核心。六国贵族在秦末农民起义以后，开始恢复活动，汉高祖曾利用过他们当中有力量的一些人如韩王信等，而对其余的则严密监视。西汉初年分封了一批异姓王，如楚王韩信、梁王英布等，他们拥兵自重，尾大不掉，甚至觊觎中央政权，后来"负强而动"，大都先后反叛并被平息。汉高祖在消灭异姓王的同时，又先后分封同姓的子弟为王，如子刘长为淮南王、侄刘濞为吴王等，这些人后来也多步异姓诸王的后尘。汉初曾按军功封萧何、曹参、周勃、灌婴等一百多人为侯，这些开国功臣们"北面为臣，心常鞅鞅"。至于外戚有吕后时的吕禄、吕产，文帝时的薄昭等，也都有特殊的政治地位。富商大贾多半是战国以来的一些旧势力，包括豪强地主。强宗豪族就是乡村的地主。普通地主主要包括一般中小地主，上述各种势力分别形成了社会上的特权阶层，他们也相互倾轧和排挤，特权集团对中央政权造成严重威胁。

汉王朝通过"马上"取得了天下，建立起了大一统的国家架构，但是，"其君既起自布衣，其臣亦自多亡命无赖之徒，立功以取将相"①。国家需要

---

① 赵翼．廿二史劄记校证［M］．北京：中华书局，1984：48.

有能力的管理者。从汉高祖起，君主经常与臣子讨论治国方略，文帝时更是下诏求贤。贾谊正是在此时脱颖而出的。学源荀、韩，深受诸子之说浸润的学术精英贾谊，由此成为当时最耀眼的政治明星，他怀抱大国理想，为汉王朝的长治久安寻求良策。回顾先秦士人，孔子周游列国而不得，荀子最多仅为"祭酒"，韩非子最惨，死于同门李斯之手，似乎很少有人得到类似贾谊的人生际遇：弱冠登朝，位极人臣，衣食优渥。大一统的汉廷，成为贾谊施展抱负与才华的最佳平台。

第二节　忠君爱国理想在作品中的表现

《新书》是汉初的一幅全景图，汉初的政治、经济、文化、教育、外交、国防以及各种风俗、各种社会矛盾均在该书中有所反映。《新书》字里行间发散着贾谊的忠君爱国理想，每篇每章都是贾谊为实现这一理想而开出的政治处方。

在《威不信》《匈奴》《势卑》等篇中，贾谊陈述了他的理想。

《诗》曰："普天之下，莫非王土，率土之滨，莫非王臣"。王者，天子也，苟舟车之所至，人迹之所及，虽蛮夷戎狄，孰非天子之所哉？而懵渠颇率天子之民，以不听天子，则懵渠大罪也。今天子自为怀其民，天子之理也，岂下临人之民哉？

古之正义，东西南北，苟舟车之所达，人迹之所至，莫不率服，而后云天子；德厚焉，泽湛焉，而后称帝；又加美焉，而后称皇。今称号甚美而实不出长城，彼非特不服也，又大不敬。边长不宁，中长不静，譬如伏虎，见便必动，将何时已？昔高帝起布衣而服九州，今陛下杖九州而不行于匈奴。

臣窃料匈奴之众，不过汉一千石大县，以天下之大而困于一县之小，甚窃为执事羞之。陛下有意，胡不使臣一试理此？夫胡人于古小诸侯之所钰权而服也，奚宜敢悍若此？以臣为属国之官，以主匈奴，因幸行臣之计，半岁之内，休屠饭失其口矣。少假之间，休屠系颈以草，膝行顿颡，请归陛下之义。唯上财幸，而后复罢属国之官，臣赐归伏田庐，不复洿末廷，则忠臣之志快矣。今不猎猛兽而猎田彘，不搏反寇而搏蓄菟，所猎，得毋小，所搏得毋不急乎？玩细娱，不图大患，非所以为安。

在国家的问题上，贾谊表现出了高度的民族自尊、自重、自醒，"舟车之所达，人迹之所至，莫不率服，而后云天子"，这是"古之正义"，匈奴只不过汉朝的一个县大小，而汉朝被这么个弹丸之地所困扰，确实让人感到羞耻。如果"陛下肯听其事计，令中国日治，匈奴日危，大国大富，匈奴适亡"。即使在他失意被贬长沙时，也没有忘记对国家的一片深情，他把自己的全身交给了国家，即使"纵躯委命"，也"不私与己"。

在贾谊的理想蓝图中，对君主、官吏、人民、风习都做了理想的描绘。他认为，一个大国的君主是"恺悌君子，民之父母"，应该"反修之于己""反求之己"，如果能这样，"鸣鹤在阴，其子和之"，人民就会自觉地报答君主。贾谊对辅佐君王的六类官吏，即师、友、大臣、左右、侍御、厮役都进行了职能概括，并认为：同师一起治理国家的可以称帝，同友一起治理国家的可以称王，同大臣一起治理国家的可以为诸侯霸主，同左右一起治理国家的，国家强盛，同侍御一起治理国家的，或存或亡，同厮役一起治理国家的，国家灭亡指日可待。为了让理想大国长治久安，贾谊在短暂的政治实践中，以其深切的感情、磅礴的气势和通畅的语言，提出了五大政治主张：一是中央集权，二是规范礼制，三是抵御匈奴，四是重本抑末，五是尊师重教。

正如前文所述，汉初，诸侯割据，强者先反："淮阴王楚最强，则最先反，韩王信倚胡，则又反……卢绾国比最弱，则最后反。长沙乃才二万五千户耳，力不足以行逆，则功少而最完，势疏而最忠"，这些"非独性异人也，其形势然矣"。这表明，诸侯王是否忠于汉廷，不是取决于诸侯王个人的善恶，而是取决于国家与诸侯王之间形成的势力对比。出于这种认识，贾谊提出了一个名垂千古，使大汉绵延四百余年的著名政治主张：众建诸侯而少其力。他在《藩伤》中提出，"制令：其有子以国其子，未有子者建分以须之，子生而立。其身以子，夫将何失？"在《五美》中提出，"其分地众而子孙少者，建以为国，空而置之，须其子孙生者，举使君之"。这样，突出了皇帝与诸侯王的等级差别，有利于巩固中央集权，限制、削弱诸侯王的权势，使其权力不足以徼幸，威势不足以行逆，无骄心，无邪行，诸侯王皆忠附朝廷，这样，就可以"建久安之势，成长治之业……以宰天下，以治群生，神民咸忆，社稷久飨……立经陈纪，轻重周得，后可以为万世法"。

贾谊继承了荀子"贵贱有等，长幼有差，贫富轻重皆有称"的礼学思想，并以此作为解决汉初社会问题的理论框架。"礼者所以固国家，定社稷，使君无失其民也。主主臣臣，礼之正也，威德在君，礼之分也；尊卑大小，强弱有位，礼之数也……故礼者，所以守尊卑之经，强弱之称也。"礼是用来"立君臣，等上下，使父子有礼，六亲有纪"的。

汉初，礼仪疏阔，侈靡相竞。所有官爵名号、车驾、宫室、衣服、饰品、号令，诸侯王与皇帝皆已无任何区别，上下尊卑的等级秩序荡然无存。一方面，下疑其上，"近习乎形貌然后能识，则疏远无所放"；另一方面，"君臣同伦，异等同服，则上恶能不眩其下"。所以，只有"改正朔，易服色制度，定官名，兴礼乐"，通过礼的规范，"等上下而差贵贱，是以高下异，则名号异，则权力异，则事势异，则旗章异，则符瑞异，则礼宠异，则秩禄异，则冠履异，则衣带异，则环佩异，则车马异，则妻妾异，则泽厚异，则宫室异，则床席异，则器皿异，则饮食异，则祭祀异，则死丧异"。只有实现这20个"异"，才能"君仁则不厉，臣忠则不二，父慈则教，子孝则协，兄爱则友，弟敬则顺，夫和则义，妻柔则正，姑慈则从，妇听则婉，礼之质也"，从而"天下安而万里得"。作为荀子再传弟子和受法家影响的政治家，贾谊同时认为，礼、法都是统治阶级的工具，区别犹如解牛时刀和斧。法的作用乃是实现"上位尊""主位安"。刑、法和仁德礼义不可或缺，"仁义，恩厚，此人主之芒刃也；权势法制，此人主之斤斧也"。二者对于国家治理都是极为重要的，既不可互相替代，又不可本末倒置。"法制权势"是政治统治的基础，"仁义恩厚"虽然是根本，但必须是在"势定""权足"的政治环境中才有可能实现，否则也会"所爱化而为仇，所信反而为寇"，"势已定，权已足矣，乃以仁义恩厚而泽之，故德布而天下有慕志"。

贾谊认为，高悬于北方的匈奴是汉朝的重大威胁，因此提出"建三表，设五饵"的国防政策。"三表"是要求国君"爱人之状，好人之技"（一表），"信为大操"（二表），"爱好有实，已诺可期"（三表）。① 五饵是指以锦绣华饰坏其目，以美食坏其口，以音乐妇人坏其耳，以高堂府库奴婢坏其腹，以厚待匈奴贵族坏其心，贾谊主动请缨主管附属国，主管与匈奴有关的政务，并发誓在半年之内一定会让匈奴王寝食难安，如果假以时日，则可以让匈奴王"系颈以草，膝行顿颡，请归陛下之义"。

前文已述，文帝初年，社会生产力有所恢复，但各种矛盾和问题还是存在。富商大贾侈靡相竞，农夫平民劳苦贫贱，一人耕作，十人食用，所以，许多人放弃农业，转而从事工商。雕文刻镂之人和纤微苦窳之器越来越多，贾谊清醒地看到：残贼公行，莫之或止；大命泛败，莫之振救。生之者甚少，而靡之者甚众，天下之势，何以不危？

贾谊并不是危言耸听，从陆贾的《论贵粟疏》及《汉书》中均可见到类似的描述。班固的《汉书·食货志》中说到，商人"千里游敖，冠盖相望，乘坚策肥，履丝曳缟"，农夫"春耕而夏耘，秋获冬藏"，"四时之间，亡日休息""急征暴赋，赋敛不时"。根据客观实际，贾谊提出了"驱民而归之农"的主张，同时建议"积贮"粮食。《新书·瑰玮》写道："今驱民而归之农，皆著于本，则天下各食于力。末技、游食之民转而缘南亩，则民安性劝业而无县愿之心，无苟得之志，行恭俭蓄积而人乐其所矣。"

贾谊把"驱民归农"的做法称为"玮术"，把放任工商业发展而导致农民有"县愿之心"的做法叫作"瑰政"。文帝听取贾谊的意见，一再下诏，强调以农为本，实行轻徭薄赋。文帝二年（前178年）下诏说："农，天下之本，其开籍田，朕亲率耕，以给宗庙粢盛。"意思是说：农业是国家的基础，他要开垦籍田，亲自率领耕种，以供给祭祀宗庙时所用的谷物。文帝十三年（前167年）又下诏说农业是天下的根本，各种事情没有比它更加重要的了，"其除田之租税"。文帝不仅多次下诏明确以农立国的思想，重申以农为本，鼓励农民发展生产，还减轻租税和赋役。文帝时，租率从十五税一减为三十税一，算赋从每人一年一百二十钱减为四十钱，徭役从每

---

① 贾谊. 贾谊集［M］. 上海：上海人民出版社，1976：70.

年一次减为三年一次。这些措施有利于发展农业，促进了社会的稳定与生产力的进一步恢复和发展。

在贾谊的政治实践中，担任太傅一职时间较长，因此，他不仅有着丰富的教育经验，而且对教育的作用、教师的职能、教育的内容与时机，有着深入的思考和翔实的论述。

贾谊极力推崇教师的社会作用，认为老师是知识最多的人，是智慧的源泉，是道德高尚的人，其行为人表率。贾谊在《官人》一文中，把王者之"官人"分为六等，即师、友、大臣、左右、待御、厮役，把教师放在首位，排在第一等。而成为一个老师是非常不容易的，尤其是太子的老师，有着更高的要求："知足以为源泉，行足以为表率，问焉则应，求焉则得，入人之家足以重人之家，入人之国足以重人之国者，谓之师。"贾谊认为，国家的前途命运，取决于太子，如果要让太子向善，必须及早给他进行良好的教育，使其明善知恶，选择好的辅佐者，养成高尚的情操，"昔者周成王幼在襁褓之中，召公为太保，周公为太傅，太公为太师。保，保其身体；傅，傅之德义；师，道之教训：三公之职也""故太子初生而见正事，闻正言，行正道""教得而左右正，则太子正矣，太子正而天下安矣"。贾谊对太子教师——"三公""三少"的职责做了具体分工："天子不谕于先圣人之德，不知君国蓄民之道，不见礼义之正，不察应事之理，不博古之典传；不娴于威仪之数，《诗》《书》《礼》《乐》无经，天子学业之不法，凡此其属，太师之任也。"太师的职责，就是要教谕太子懂得圣人之德，礼义之道，治国保民，威仪天下；太傅以"大行、大礼、大义、大道"教导太子；太保则辅道太子的行为规范，克服处位不端、受业不敬、言语不序、音声不律以及不经、不法、不古等缺陷。他还对"少师之任""少傅之任""少保之任"即"三少"的职责以及诏工、太史的职责做了详细的论述。

贾谊对教育的内容也进行了思考和陈述，他认为，在内容上：习春秋而耸善抑恶；习礼仪使知上下之规范；习诗以广道显德，驯明其志；习乐疏其秽，填其浮气；习语法以明了古今圣王之明德。此外，还要教授历史、任术、训典，以知国之历史与大体。各种教育都要围绕道德教育这个中心："或明惠施以道之忠，明长复以道之信，明度量以道之义，明等级以道之礼，明恭俭以道之孝，明敬戒以道之事，明慈爱以道之仁，明娴雅以道之文，明除害以道之武，明精直以道之罚，明正德以道之赏，明斋肃以道之敬。此所谓教太子也。"贾谊认为太子的学习最重要的就是要懂得为人之道、为君之道。在《保傅》一文中，贾谊认为，太子必须在东、南、西、北、太学"五学"中，从不同方面的要求来学习礼教的内容，他还指出："道德仁义，非礼不成；教训正俗，非礼不备；分争辩讼，非礼不决；君臣、上下、父子、兄弟，非礼不定；宦学事师，非礼不亲；班朝，治军，莅官行法，非礼威严不行；祷祠祭祀，供给鬼神，非礼不诚不庄，……礼者，所以固国家，定社稷，使君无失其民者也。"贾谊认为学习要以礼为中心内容，对礼义教化在大一统国家政治生活中的重要作用，做了充分说明和有力论证。

贾谊十分重视太子教育的时机。在胎教、早期（学前）教育、学校教育、成人教育几个阶段，都有各自不同的教育重点和各自的教学方式。贾谊虽然是从自身的职业出发，主要论述太子教育，但各个阶段教学尤其是对胎教的论述已超过太子教育本身，从而符合一般的教育学原理和现代教育理论，"贾谊是中国教育史上最早提出胎教的人"①，在《新书》中有一篇作品的标题即为"胎教"。

总之，身负忠君爱国理想是贾谊区别于并深刻影响其他文人士子和政治家的显著的文化品格。它上承先秦诸子，又立足于西汉当朝实际，也来自于贾谊作为学术精英、政治明星独特的官宦实践。贾谊其他四个方面的文化品格均围绕着忠君爱国理想而生成。

---

① 王兴国. 贾谊评传［M］. 南京：南京大学出版社，1992：263 - 270.

第四章
以民为本的爱民情怀

翻开《新书》，无时不感到贾谊深沉的爱民情怀，而深沉的爱民情怀，也成为贾谊文化品格的重要组成部分。这种爱民情怀，来源于他的民本思想。贾谊的民本思想，是在周秦以来民本思想发展的基础上形成的，他在《新书·大政上》对民本思想做了系统论述。①

第一节　民本思想的历史渊源

"民本"一词，不少人认为出自《尚书·五子之歌》中的"民惟邦本，本固邦宁"。但《五子之歌》或是伪古文书，不足为据。《管子·霸言》中有"夫霸王之所始也，以人为本，本治则国固，本乱则国危"。《晏子春秋》有"卑而不失尊，曲而不失正者，以民为本也"。可见民本之说产生甚早。不过，到了贾谊《新书·大政上》才对民本思想做系统论述。

人民群众是创造历史的真正动力和最终力量。正如恩格斯所言，"与其说是个别人物，即使是非常杰出的人物的动机，不如说是使广大群众、使整个民族，以及在每一民族中间又使整个阶级行动起来的动机，而且也不是短暂的爆发和转瞬即逝的火光，而是持久的、引起伟大历史变迁的行动"②。历代

---

① 刘家和.《左传》中的人本思想与民本思想 [J]. 历史研究，1995 (6)：3.
② 中共中央马恩列斯著作编译局. 马克思恩格斯选集：第四卷 [M]. 北京：人民出版社，1972：245.

明君贤臣都对民众给予了充分的关注，并且不乏对民众的抚恤和仁爱之情。原始时期，传说中神农尝百草，尧茅茨不剪而自居，舜躬耕畎亩，大禹三过家门而不入等故事，都反映了部落首领关爱民生、与民同苦乐的良好品质和君主风范。《淮南子·修务篇》记载："神农乃始教民播种五谷，相土地，宜燥湿肥硗高下，尝百草之滋味，水泉之甘苦，令民知所辟就。当此之时，一日而遇七十毒。"而《周易·系辞》记载了黄帝、尧、舜、禹的功勋："黄帝、尧、舜垂衣裳而天下治……刳木为舟，剡木为楫，舟楫之利，以济不通……服牛乘马，引重致远，以利天下……断木为杵，掘地为臼，杵臼之利，万民以济。"①《吕氏春秋·适音》云："禹立，勤劳天下，日夜不懈，通大川，决壅塞，凿龙门，降通漻水以道河。疏三江五湖，注之东海，以利黔首。"这里有丰富的"人道"和"民主"的内容，而这种"人道"和"民主"是重民保民思想的阐发之机。大约在母系氏族公社晚期，家庭关系向一夫一妻制转化，父权制开始确立，出现了财产私有的趋势。公元前2070年左右，启建立了中国历史上第一个奴隶制王朝——夏朝。王权初造的夏朝统治者一刻也未敢忘记民众，通过各种措施满足民众的生存需要，争取更多的民众支持。《礼记·表记》中提到："事鬼神而远之，近人而忠焉，先禄而后威，先赏而后罚，亲而不尊，其民之敝，蠢而愚，乔而野，朴而不文。"商汤时期，重民保民思想开始出现，并成为"一个阶级统治另一个阶级的手段"②，成为西周民本思想的直接来源。商代统治者明德慎罚，保生商民，以民为监，"人视水见形，视民知治不"③。不仅如此，商汤采取了一系列保民富民的措施，以至于汤有七年之旱，"民之望之，若大旱望雨也"④。盘庚要求贵族们"克黜乃心，施实德于民"⑤，他"行汤之政，然后百姓由宁，殷道复兴，诸侯来朝，以其遵成汤之德也"⑥。武丁时期，"天下咸欢"⑦，提出了"敬民"的观点，德治成为统治者经常思考的

① 周易·系辞下 [M] //阮元. 十三经注疏. 北京：中华书局，1980：87.
② 王保国. 两周民本思想研究 [M]. 北京：学苑出版社，2004：36.
③ 司马迁. 史记 [M]. 北京：中华书局，1959：93.
④ 孟子·滕文公下 [M] //阮元. 十三经注疏. 北京：中华书局，1980：2712.
⑤ 尚书·盘庚 [M] //阮元. 十三经注疏. 北京：中华书局，1980：169.
⑥ 司马迁. 史记 [M]. 北京：中华书局，1959：102.
⑦ 司马迁. 史记 [M]. 北京：中华书局，1959：103.

治国方略。商末，"小民方兴"，天神受到怀疑，上帝受到蔑视，民众自我意识觉醒，民众地位不断提高。

"小邦周"取代"大邑商"之后，周初统治者认真总结夏商两朝的历史，把保民看成是基本国策，"欲至于万年惟王，子子孙孙永保民"①，保民的基本政策是"明德慎罚"，明德是指要向先王学习保民重民的作风，不欺辱慢待鳏寡孤独的人，要尽心民事，不贪图享乐，重视民怨，不论其大小，要像治疗有病的人一样帮助民众，像保护稚嫩的孩子一样维护民众的安康；慎罚主要是指尊重帝典，避免不合理不合法的手段处理案件，量刑处罚，"敬明乃罚。人有小罪，非眚，乃惟终，自作不典，式尔，有厥罪小，乃不可不杀"②。必须严格按照法规办事，刑当刑者，杀当杀者，千万不可按个人的意志，随心所欲，"乃有大罪，非终，乃惟眚灾，适尔，既道极厥辜，时乃不可杀"③。一个人犯了大罪，只要不是出于故意，又有悔过之意，就可以宽恕不死。在这样的明德保民的政治思想下，"成康之际，天下安宁，刑措四十余年不用"④。

随着上古社会空前繁荣，经济的发展和政治的稳定，统治者害怕民众地位的上升威胁到王权的生存，因而对民众的关心与敬畏逐渐消失，代之而起的是对民众的随意性：是否以民为本，统治者有了决定权，从周穆王开始，肆意违背民意的事时有发生，穆王穷兵黩武，厉王弭谤，宣王不籍千亩，幽王暴虐，"令之不行，正之不立，行而不顺，民将弃上"⑤ "诲尔谆谆，听我藐藐，匪用为教，覆用为虐"⑥。这反映了最高统治者在王权极化的道路上越走越远。周初的民本政治也逐渐被淡化⑦。

春秋时期，霸权迭兴。从平王东迁洛邑开始，王室衰微，权力下移，政治上、经济上均受制于诸侯，各诸侯再也不理会"比年一小聘，三年一

① 尚书·梓材 [M] //阮元.十三经注疏.北京：中华书局，1980：209.
② 尚书·康诰 [M] //阮元.十三经注疏.北京：中华书局，1980：203.
③ 尚书·康诰 [M] //阮元.十三经注疏.北京：中华书局，1980：203.
④ 司马迁.史记 [M].北京：中华书局，1959：134.
⑤ 左丘明.国语 [M].上海：上海古籍出版社，1987：22.
⑥ 程俊英.诗经译注 [M].上海：上海古籍出版社，1985：568.
⑦ 王保国.两周民本思想研究 [M].北京：学苑出版社，2004：80.

大聘，五年一朝"① 的周礼。郑庄公、齐桓公、晋文公、楚庄王、吴王夫差
和越王勾践，这些霸主的不断争夺，使得礼乐征伐自天子出变成了"自诸
侯出"，井田制、分封制、宗法制和礼乐制度纷纷动摇。太史公曾说，春秋
时期弑君三十六，亡国五十二，诸侯奔走不得保其社稷者不可胜数。有专
家统计，春秋期间共发生大小战争 483 次②，惨烈的战争让这一时期的政治
家和思想家认识到，"非神败令尹，令尹其不勤民，实自败也"③，"民弃其
上，不亡，何待？"④ 晋国将领郤至将晋楚之战获胜的原因归纳为五条，第
二条即为"得民"，"国之兴也，视民如伤，是其福也。其亡也，以民为土
芥，是其祸也"⑤。视民如伤、视民如子是战争胜利的根本原因，民心的向
背决定了霸权的更迭和邦国的兴衰，"国之将兴，其君齐明、衷正、精洁、
惠和，其德足以昭其馨香，其惠足以同其民人……国之将亡，其君贪冒、
辟邪、淫佚、荒怠、粗秽、暴虐，其政腥臊，馨香不登，其刑矫诬，百姓
携贰"⑥。"夫民之大事在农"⑦，"今王废轻而作重，民失其资，能无匮乎？
若匮，王用将有所乏，乏则将厚取于民。民不给，将有远志，是离民
也……且绝民用以实王府，犹塞川原而为潢汙也，其竭也无日矣"⑧，"若民
不怨而财不匮，令不偷而动不携，其何事不济"⑨，因此，"命在养民"⑩。
至此，君民关系有了新的阐述。

　　君主的生灭，取决于他的政治作为，如果为非作歹，君主也会沦为平
民，能使百姓安康的平民同样也能成为君主。"夫名，神之主也，是以圣王
先成民而后致力于神……于是乎民和而神降之福，故动则有成。"⑪ "国将
兴，听于民，将亡，听于神。"⑫ 天行天道，人行人道，"天道远，人道迩，

① 礼记·王制 [M] //阮元. 十三经注疏. 北京：中华书局，1980：1327.
② 朱绍侯. 中国古代史 [M]. 福州：福建人民出版社，1982：137.
③ 春秋左传·僖公二十八年 [M] //阮元. 十三经注疏. 北京：中华书局，1980：1.
④ 春秋左传·昭公二十三年 [M] //阮元. 十三经注疏. 北京：中华书局，1980：2099.
⑤ 春秋左传·哀西元年 [M] //阮元. 十三经注疏. 北京：中华书局，1980：2157.
⑥ 左丘明. 国语 [M]. 上海：上海古籍出版社，1987：30.
⑦ 左丘明. 国语 [M]. 上海：上海古籍出版社，1987：15.
⑧ 左丘明. 国语 [M]. 上海：上海古籍出版社，1987：120-122.
⑨ 左丘明. 国语 [M]. 上海：上海古籍出版社，1987：41.
⑩ 春秋左传·文公十三年 [M] //阮元. 十三经注疏. 北京：中华书局，1980：1855.
⑪ 春秋左传·僖公十九年 [M] //阮元. 十三经注疏. 北京：中华书局，1980：1749.
⑫ 春秋左传·庄公三十二年 [M] //阮元. 十三经注疏. 北京：中华书局，1980：2126.

非所及也，何以知之?"①

春秋时期，"义高于君""民重于君"的道德观开始形成，"诗书，义之府也，礼乐，德之则也，德义，利之本也"。关注民生成为统治阶级道德品质的一部分，"恤民为德"②。在对待民众的态度上，出现了"仁"的思想，"仁所以保民也"③，"爱人能仁，利能制义"④，"视民如子。见不仁者，诛之，如鹰鹯之逐鸟雀也"⑤，爱民已成为治国的最基本要求。德治与重民保民思想融合，形成敬德保民的思想。

春秋末期，孔子建立了一整套民本思想体系，孔子的思想核心是"仁"。"仁"的核心就是"爱人"。《论语·颜渊》载："樊迟问仁。子曰：爱人。"子曰："克己复礼为仁。"将仁实施到政治领域，就是仁政，要实现仁政，必须通过德治。《论语·为政》云："为政以德，譬若北辰，居其所而众星拱之。"《论语·颜渊》又云："政者，正也。子帅以正，孰敢不正?"《论语·子路》也有云："其身正，不令而行，其身不正，虽令不从。"《论语·颜渊》有语曰："子欲善而民善也。君子之德风，小人之德草。草上之风，必偃。"孔子"爱人"包括爱所有的人。《论语·学而》中载："泛爱众，而亲仁""道千乘之国，敬事而信，节用而爱人，使民以时"。孔子的德治思想中，包含了爱民、惠民的观念和强民的主张，他赞扬"其养民也惠，其使民也义"⑥。他还认为"因民之利而利之，斯不亦惠而不费乎……不教而杀谓之虐，不戒视成谓之暴"⑦。他同情民生疾苦，发出了"苛政猛于虎"的感叹。"孔子是中国历史上最早提出富民国策的思想家之一。孔子有教无类的教育思想打破了官学的教育壁垒，他已将教育对象扩展到平民阶层。"⑧ 孔子还主张"学而优则仕"。

---

① 春秋左传·昭公十八年［M］//阮元.十三经注疏.北京：中华书局，1980：2084.
② 春秋左传·襄公七年［M］//阮元.十三经注疏.北京：中华书局，1980：1934.
③ 左丘明.国语［M］.上海：上海古籍出版社，1987：45.
④ 左丘明.国语［M］.上海：上海古籍出版社，1987：96.
⑤ 春秋左传·襄公二十五年［M］//阮元.十三经注疏.北京：中华书局，1980：1984.
⑥ 论语·公冶长［M］//阮元.十三经注疏.北京：中华书局，1980：2473.
⑦ 论语·尧曰［M］//阮元.十三经注疏.北京：中华书局，1980：2535.
⑧ 王保国.两周民本思想研究［M］.北京：学苑出版社，2004：156.

孔子创立的儒家民本思想由孟子发展到一个新的高度。《韩非子·显学》云："孔子之后，儒分为八。"《史记·孟荀列传》云："孟子'受业于子思门人'。"他在孔子百年之后，面对"圣王不做，诸侯放恣，处士横议，杨朱、墨翟之言盈天下……仁义充塞，则率兽食人，人将相食"① 的社会现实，再次呼吁仁政，提出了"民为贵，社稷次之，君为轻"的思想，"当今之时，万乘之国行仁政，民之悦之，犹解倒悬也""不以仁政，不能平治天下""得天下有道：得其民，斯得天下矣；得其天下有道：得其心，斯得民也；得其心有道：所欲与之聚之，所恶勿施尔也"②。民心向背决定战争胜负，决定政权得失和国家兴亡。《孟子·公孙丑下》有云："天时不如地利，地利不如人和……得道者多助，失道者寡助。"孟子对黎民的饥寒和生产也十分关心，告诫统治者"乐民之乐者，民亦乐其乐，忧民之忧者，民亦忧其忧，乐以天下，忧以天下，然而不王者，未之有也""不违农时，谷不可胜食……养生丧死无憾，王道之始也"③。孟子反复强调"政从民心"的重要和"得民心者得天下"的道理，极力提倡以德服人，反对暴政。《孟子·公孙丑上》提出，"以力服人者，非心服也，力不赡也；以德服人者，中心悦而诚服也，如七十子之服孔子也"。《孟子·尽心上》又说，"仁言不如仁声之入人深也，善政不如善教之得民也。善政，民畏之，善教，民爱之。善政得民财，善教得民心"。孟子辩证地看待战争问题，吊民伐罪的战争是爱民保民的必要条件，"春秋无义战"，而商汤"诛其君而吊其民，若时雨降，民大悦"④，但只有"仁者无敌"。孟子主张面向广大民众选贤任能，"舜发于畎亩之中，傅说举于版筑之间，胶鬲举于鱼盐之中，管夷吾举于士，孙叔敖举于海，百里奚举于市。故天将降大任于是人也，先必苦其心志，劳其筋骨，饿其体肤，空乏其身，行拂乱其所为，所以动心忍性，增益其所不能"⑤，"人皆可以为尧舜"。《孟子·滕文公下》提到，贤能者"居天下之广居，立天下之正位，行天下之大道，得志，与民由之；不得

---

① 孟子·滕文公下［M］//阮元. 十三经注疏. 北京：中华书局，1980：2715.
② 孟子·离娄上［M］//阮元. 十三经注疏. 北京：中华书局，1980：2727.
③ 孟子·梁惠王上［M］//阮元. 十三经注疏. 北京：中华书局，1980：2666.
④ 孟子·梁惠王下［M］//阮元. 十三经注疏. 北京：中华书局，1980：2675.
⑤ 孟子·告子下［M］//阮元. 十三经注疏. 北京：中华书局，1980：2755.

志，独行其道。富贵不能淫，贫贱不能移，威武不能屈，此之谓大丈夫"。《孟子·尽心下》有云："说大人则藐之，勿视其巍巍然"。《孟子·离娄下》亦云："君之视臣如手足，则臣视君如腹心……君之视臣如土芥，则臣视君如寇仇。"

荀子是儒家思想的集大成者。荀子的理想境界，是一个大一统的封建帝国，从君主政治、官吏设置到经济政策，荀子都提供了完备而切实可行的方案。① 荀子通过对混乱的现实审视评估，得出的结论是"人之性恶明矣，其善者伪也"，因而必须"起礼义，制法度，以矫饰人之情性而正之，以扰化人之情性而道之"②。所以要通过"圣人君师"来制定礼制，教化人民："人无师法，则隆性矣；有师法，则隆积矣"③。人如果不遵师法，没有理性，不守礼仪，就会放纵本性、胡作乱为。《荀子·王制》有云："无君子，则天地不理，礼义无统，上无君师，下无父子，夫是之谓至乱，君臣父子兄弟夫妇，始则终，终则始，与天地同理，与万世同久，夫是谓之大本。"同时荀子认为，"天地生君子，君子理天地。君子者，天地之参也，万物之总也，民之父母也"④，"君子者，民之原。源清则流清，源浊则流浊"⑤。"上者，下之本也，上宣明，则下治辨矣""上者，下之仪也"⑥，"君者仪也，仪正则影正"⑦，"君者，治辨之主也，文理之原也，情貌之尽也"⑧。如果要成王得天下，则需"隆礼尊贤而王，重法爱民而霸"⑨，这是与孔、孟的民本思想不同的地方，儒家的民本论到荀子这里变成了君本论，已与现实封建政治逐渐并轨。⑩

在君与民的关系上，荀子把民众比作马，把王政比作车舆，要使王政这辆车平稳地前进，必须懂得驾驭的本领，"马骇舆，则莫若静之，庶人骇

---

① 冯天瑜. 试论儒学的经世传统 [J]. 孔子研究, 1986 (3)：33.
② 荀子·性恶 [M] // 王先谦. 诸子集成（二）. 北京：中华书局, 1954：290.
③ 荀子·儒效 [M] // 王先谦. 诸子集成（二）. 北京：中华书局, 1954：91.
④ 荀子·王制 [M] // 王先谦. 诸子集成（二）. 北京：中华书局, 1954：104.
⑤ 荀子·君道 [M] // 王先谦. 诸子集成（二）. 北京：中华书局, 1954：154.
⑥ 荀子·正论 [M] // 王先谦. 诸子集成（二）. 北京：中华书局, 1954：214.
⑦ 荀子·君道 [M] // 王先谦. 诸子集成（二）. 北京：中华书局, 1954：154.
⑧ 荀子·礼论 [M] // 王先谦. 诸子集成（二）. 北京：中华书局, 1954：248.
⑨ 荀子·强国 [M] // 王先谦. 诸子集成（二）. 北京：中华书局, 1954：194.
⑩ 王保国. 两周民本思想研究 [M]. 北京：学苑出版社, 2004：267 - 276.

政，则莫若惠之，……庶人安政，然后君子安位。传曰：君者，舟也；庶人者，水也。水则载舟，水则覆舟"①。荀子充分看到了民众对君主、国家和战争的重要性："君人者，欲安，则莫若平政爱民矣；欲荣，则莫若隆礼敬士矣；欲立功名，则莫若尚贤使能矣"②。平政爱民、隆礼敬士、尚贤使能是君主管理国家和统治民众的基本方法，如果"上之于下，如保赤子"，则"下之亲上，欢如父母"③。他还认为，民富国才富，"下贫则上贫，下富则上富""足国之道，节用裕民，而善藏其余；节用以礼，裕民以政……裕民则民富"④，这是符合中国古代社会老百姓的普遍人性和公共心理诉求的。荀子反对对老百姓横征暴敛，如果伐其本，竭其源，则"臣或弑其君，下或杀其上，鬻其城，倍其节"⑤；"上溢而下漏，入不可以守，出不可以战，则倾覆灭亡可立而待也……故明君不蹈也"⑥。荀子要求国君修礼义之政，不与民争利，实施清明政治，"川渊深而鱼鳖归之，山林茂而禽兽归之，刑政平而百姓归之，礼义备而君子归之，故礼及身而行修，义及国而政明……令行禁止，王者之事毕矣……国家者，士民之居也……国家失政，则士民去之"⑦。要争取更多的民心，教化、引导民众舍利趋义，"上好礼义，尚贤使能，无贪利之心，则下亦将綦辞让，致忠信，而谨于臣子矣……四海之民不待令而一，夫是之谓至平"⑧。如果"挈国以呼功利，不务张其义，齐其信，唯利之求，内则不惮诈其民，而求小利焉，外则不惮诈其与，而求大利焉。……上诈其下，下诈其上，则是上下析也。如是则敌国轻之，与国疑之，权谋日行，而国不免危削，綦之而亡"⑨。

从孔子的"仁"到孟子的"仁政"，教化民众，以德服人，再到荀子的重民、保民、富民，可以看到儒家民本思想产生、发展的轨迹。

① 荀子·王制［M］//王先谦.诸子集成（二）.北京：中华书局，1954：97.
② 荀子·王制［M］//王先谦.诸子集成（二）.北京：中华书局，1954：231.
③ 荀子·王霸［M］//王先谦.诸子集成（二）.北京：中华书局，1954：143－144.
④ 荀子·富国［M］//王先谦.诸子集成（二）.北京：中华书局，1954：114，126.
⑤ 荀子·富国［M］//王先谦.诸子集成（二）.北京：中华书局，1954：118
⑥ 荀子·王制［M］//王先谦.诸子集成（二）.北京：中华书局，1954：98.
⑦ 荀子·致士［M］//王先谦.诸子集成（二）.北京：中华书局，1954：172.
⑧ 荀子·君道［M］//王先谦.诸子集成（二）.北京：中华书局，1954：152.
⑨ 荀子·王霸［M］//王先谦.诸子集成（二）.北京：中华书局，1954：133.

　　当然，民本思想也并不是只有儒家独有，墨子、老庄中有民本思想，以韩非、李斯为代表的法家学说中也大量存在利民思想。

　　墨家建立了兼爱学说，认为统治者和被统治者应当兼相爱、交相利。《淮南子·要略训》载："墨子学儒者之业，受孔子之术，以为其礼烦扰而不说。"墨家认为"周成王之治天下也，不若武王，武王之治天下也，不若成汤，成汤之治天下也，不若尧舜"①，从而大声呼吁，要让"饥者得食，寒者得衣，劳者得息"②。"仁人之所以为事者，必兴天下之利，除天下之害。"③ 不仅如此，还要做到"交相利"，"利人乎，即为；不利人乎，即止"④。《墨子·尚同中》提到，墨子创设的社会蓝图是这样的："选择天下贤良圣知辩慧之人，立以为天子，使从事乎一同天下之义……选择天下赞阅贤良圣知辩慧之人，置以为三公，与从事乎一同天下之义……凡国之万民，上同乎天子，而不敢下比，天子之所是，必亦是之，天子之所非，必亦非之。去而不善言，学天子之善言；去而不善行，学天子之善行。天子者，固天下之仁人也。举天下之万民，以法天子，夫天下何说而不治哉？"墨子把战争比作"巨害"，应该"尚欲中圣王之道，下欲中国家百姓之利"⑤，并要求统治者节用、非乐、节葬，反对生活侈靡，反对"厚作敛于百姓，以饰舟车，饰车以文采，饰舟以刻镂"⑥。墨子有着强烈的尚贤观念，《墨子·尚贤上》云："上欲祖述尧舜禹汤之道，将不可以不尚贤。夫尚贤者，政之本也……古者圣王之为政，列德而尚贤。"《墨子·法仪》云："人无幼长贵贱，皆天之臣也。"《墨子·尚贤中》认为，应该"不辨贫富贵贱远迩亲疏，贤者举而尚之，不肖者抑而废之"，举贤应该像古代圣王一样，"甚尊尚贤而任使能，不党父兄，不偏富贵，不嬖颜色，贤者举而上之，富而贵之"。

　　老子、庄子同样有着浓厚的民本意识。老子《道德经》中提出了"小

---

① 墨子·三辩［M］//孙诒让. 诸子集成（四）. 北京：中华书局，1954：24.

② 墨子·非命下［M］//孙诒让. 诸子集成（四）. 北京：中华书局，1954：173.

③ 墨子·兼爱中［M］//孙诒让. 诸子集成（四）. 北京：中华书局，1954：64.

④ 墨子·非乐上［M］//孙诒让. 诸子集成（四）. 北京：中华书局，1954：155.

⑤ 墨子·非攻下［M］//孙诒让. 诸子集成（四）. 北京：中华书局，1954：98.

⑥ 墨子·辞过［M］//孙诒让. 诸子集成（四）. 北京：中华书局，1954：21.

国寡民"的构想："小国寡民，使有什伯之器而不用，使民重死而不远徙。虽有舟舆无所乘之，虽有甲兵无所陈之，使人复结绳而用之，甘其食，美其服，安其居，乐其俗。邻国相望，鸡犬之声相闻，民至老死不相往来"，"万物群生，连属其乡，禽兽成群，草木逐长"。《庄子·马蹄》也提到，"彼民有常性，织而衣，耕而食，是谓同德，一而不党，命曰天放。故至德之世，其行填填，其视颠颠……夫至德之世，同与禽兽居，族与万物并。恶乎知君子小人哉！同乎无知，其德不离，同乎无欲，是谓素朴。素朴而民性得矣"。老子主张"无为"："我无为而民自化，我好静而民自正。我无事而民自富，我无欲而民自朴。"① 老子认为，治理天下，"若烹小鲜"②，他反对野蛮的战争，认为"师之所处荆棘生焉，大军之后必有凶年""兵者不祥之器，非君子之器，不得已而用之，恬淡为上……夫乐杀人者，则不可以得志于天下矣"③。老子提出要轻赋薄敛，去奢、去泰，绝圣弃智，绝巧弃利，绝学无忧。他反对繁杂的刑罚，认为"法令滋彰，盗贼多有""其政闷闷，其民淳淳，其政察察，其民缺缺""民不畏死，奈何以死惧之"。④ 庄子把盗贼之行归责于统治者："民知力竭，则以伪继之。日出多伪，士民安取不伪？夫力不足则伪，知不足则欺，财不足则盗。盗窃之行，于谁责而可乎？"⑤

法家也把民众当作取得战争胜利和生存的保证，提出了不少利民的主张。《史记·商君列传》载，商鞅认为，"苟可以利民，不循其礼""国之所以兴者，农战也"。《商君子·农战》中也有商鞅的相关观点："国待农战而安，主待农战而尊"。法家的集大成者韩非虽然重视法、术、势，但是他也认识到："虽有尧之智，而无众人之助，大功不立。"⑥"圣君之治人也，必得其心，故能用力。力生强，强生威，威生德。德生于力，圣君独有之，

① 道德经［M］//王弼.诸子集成（三）.北京：中华书局，1954：35.
② 道德经［M］//王弼.诸子集成（三）.北京：中华书局，1954：36.
③ 道德经［M］//王弼.诸子集成（三）.北京：中华书局，1954：18.
④ 道德经［M］//王弼.诸子集成（三）.北京：中华书局，1954：44.
⑤ 庄子·则阳［M］//王先谦.诸子集成（三）.北京：中华书局，1954：172.
⑥ 韩非子·观行［M］//王先慎.诸子集成（五）.北京：中华书局，1954：146.

故能述仁义于天下。"① "民勇者战胜，民不勇者战败。"② 因此，民众是胜利之本、生存之基，"君人者，以群臣百姓为威强者也。群臣百姓之所善，则君善之，非群臣百姓之所善，则君不善之"③。郭沫若曾对韩非的"利民"主张给予了中肯的评价："他是不惮患祸，不避死亡而专为人民底利益的。或许也怕不是欺心之论吧？因为无论是怎样的明君术士，没有人民你也'术'不起来。……牛马也要有吃草才能耕作的，主人丰衣足食，牛马的草秣也才可以有充分的分量。极端君权论者的韩非，他脑里所怀抱的'救群生''利民萌'，是应该作如是观的。"④

第二节　以民为本的仁爱情怀在作品中的表现

秦始皇建立封建集权制国家后，选择了法家学说作为政治思想。《史记·秦始皇本纪》载，他"以为周得火德，秦代周德，从所不胜。方今水德之始……数以六为纪……以为水德之始"。在五行学说中，"水主阴，阴刑杀"，于是"事皆决于法"，在各地的刻石文字中，也反映了秦始皇渴望依靠法家图治万世封建王朝的理想。为了表示"人迹所至，无不臣者"，他到处刻石铭勒，"皇帝躬圣，既平天下，不懈于治。夙兴夜寐，建设长利"，他要"除疑定法，咸知所辟"，"举错必当，莫不如画"，以实现"普施明法，经纬天下，永为仪则"的统治。他采用李斯的建议，"史官非秦记皆烧之。非博士官所职，天下敢有藏诗、书、百家语者，悉诣守、尉杂烧之"。虽然韩非也曾告诫"用刑过者民不畏""刑不足以禁"⑤，但是国家机器一旦启动，几句温和的劝告根本是无济于事的，被胜利冲昏头脑的秦统治者穷侈极欲，穷兵黩武，民众不仅没有在统一王朝中得到片刻休息，而且"富者田连阡陌，贫者无立锥之地……故贫民常衣牛马之衣，而食犬彘之

---

① 商君书·靳令 [M] //诸子集成（五）. 北京：中华书局，1954：24.
② 商君书·画策 [M] //诸子集成（五）. 北京：中华书局，1954：31.
③ 韩非子·八奸 [M] //王先慎. 诸子集成（五）. 北京：中华书局，1954：37.
④ 郭沫若. 十批判书 [M]. 北京：人民出版社，1954：338.
⑤ 韩非子·饰邪 [M] //王先慎. 诸子集成（五）. 北京：中华书局，1954：90.

食。重以贪暴之吏，刑戮妄加，民愁亡聊，亡逃山林，转为盗贼，赭衣半道，断狱岁以千万数"①。不顺乎民情民心，而只一味驱民扰民夺民，这样的政权是不可能"二世三世至千万世，传之无穷"的。

汉初统治者吸取秦朝短祚的深刻教训，深知"黎民得离战国之苦，君臣俱欲休息无为……刑罚罕用，罪人是希。民务稼穑，衣食滋殖"②，"扫除烦苛，与民休息……至于移风易俗，黎民醇厚"③，实现"都鄙廪庾尽满，而府库余财，京师之钱累百巨万，贯朽而不可校……众庶街巷有马，仟伯之间成群……人人自爱而重犯法，先行谊而黜愧辱焉"④。在生产恢复、经济发展的情况下，贾谊认真分析了当时的社会发展状况，及时并强烈地向当朝统治者提出一系列以民为本的政治策略，表现出了深沉的以民为本的仁爱情怀。

在《忧民》一篇中，贾谊真切地表达了对农民的高度关切与同情：

> 今汉兴三十年矣，而天下愈屈，食至寡也。陛下不省耶？未获年，富人不贷，贫民且饥；天时不收，请卖爵鬻子，既或闻耳。曩顷不雨，令人寒心；一雨尔，虑若更生。天下无蓄，若此甚疾也。其在王法谓之何？必须困至乃虑，穷至乃图，不亦晚乎！……自人人相食，至于今若干年矣。即不幸有方二三千里之旱，天下何以相救？

贾谊认识到，按上古先王的治国经验，百姓耕种三年可自留够一年吃的粮食，耕作九年就要留剩能吃三年的粮食，耕作三十年，百姓就要储备能吃十年的粮食。所以，夏禹连续九年遭遇的水涝，商汤遭逢连续七年的旱灾，虽然寸草不生，可当时老百姓面无饥黄之色，路上没有行乞之人。上古君王治理国家确实深谋远虑：在这些圣君看来，国家没有储备九年的粮食叫作不足，没有储备六年的粮食叫作危急，没有够吃三年的粮食储备，那就根本不能称其为国家了。贾谊痛切地告诉君王，五年发生一次小饥荒，

---

① 班固. 汉书［M］. 北京：中华书局，1962：1126.
② 司马迁. 史记［M］. 北京：中华书局，1959：412.
③ 班固. 汉书［M］. 北京：中华书局，1962：153.
④ 班固. 汉书［M］. 北京：中华书局，1962：1135.

十年一歉收，三十年一大饥荒，这是常有之事。如果不幸发生纵横几千里的大旱，国家用什么来抚恤百姓？如果战争突然爆发，国家要征调几十万军队，又拿什么供应他们吃用？兵祸、旱灾接踵而至，如果没有足够储备，就会饿殍遍野，抢劫、偷窃、暴力犯罪就会接连发生，如果国家对这些情况无法制止，外敌就会趁机入侵，不幸很快会一齐袭来。掌权的各级官员不明白这些道理，作为皇帝也不殚精竭虑，国家一旦突发危难，将会摧枯拉朽而无法挽救，谁来挽狂澜于既倒，扶大厦之将倾呢？

贾谊还将"民为邦本"的思想向当朝统治者做了充分详尽的阐释，并指出最大的政事，即以民为本。《大政上》载：

> 闻之于政也，民无不为本也。国以为本，君以为本，吏以为本，故国以民为安危，君以民为威侮，吏以民为贵贱，此之谓民无不为本也。
>
> 闻之于政也，民无不为命也。国以为命，君以为命，吏以为命。故国以民为存亡，君以民为盲明，吏以民为贤不肖，此之谓民无不为命也。
>
> 闻之于政也，民无不为功也。故国以为功，君以为功，吏以为功。国以民为兴坏，君以民为强弱，吏以民为能不能，此之谓民无不为功也。
>
> 闻之于政也，民无不为力也，故国以为力，君以为力，吏以为力。故夫战之胜也，民欲胜也；攻之得也，民欲得也：守之存也，民欲存也，故率民而守，而民不欲存，则莫能以存矣，故率民而攻，民不欲得，则莫能以得矣。故率民而战，民不欲胜，则莫能以胜矣。故其民之为其上也，接敌而喜，进而不能止，敌人必骇，战由此胜也。夫民之于其上也，接而惧，必走去，战由此败也。故夫灾与福也，非粹在天也，必在士民也。呜呼，戒之戒之！夫士民之志，不可不要也。呜呼！戒之戒之！

贾谊在这里提出重民爱民的思想，并论述了重民爱民对封建统治的重要作用以及封建统治者的所作所为对民众的影响。结合前文分析，显而易见，这种民为邦本的思想是先秦儒家民本思想的延续。在《修政语》上下两篇中，贾谊又通过记述古帝王实行美政的言论，阐明自己的政治主张，警示君王，只有遵道爱民，行仁政，讲信义，臣民才会尊君忠信，天下才得以太平，达到"治、安、显、荣"四美。

在贾谊看来，民众是如此重要。《大政上》云："故夫民者，至贱而不可简也，至愚而不可欺也，故自古至今，与民为仇者，有迟有速，而民必胜之。"贾谊在此文中先后四次反复呼喊，要"戒之，戒之""呜呼！戒之哉，戒之哉"，拳拳之心，溢满全篇。他试图唤醒君主，"夫民者，万世之本也，不可欺"。其在《礼》中又说："夫忧民之忧者，民必忧其忧，乐民之乐者，民亦乐其乐。"在《春秋》中也有云："爱出者爱反，福往者福来……天子有道，守在四夷，诸侯有道，守在四邻。"

与前贤诸子一样，贾谊提出了一系列利民富民的措施。一是"驱民而归之农，皆著于本，则天下各食其力，末技游食之民，转而缘南亩，则民安性劝业，而无县愿之心，无苟得之志，行恭俭蓄积，而人乐其所矣"。二是正确处理德与刑的关系。他在《过秦》中提出，"约法省刑，以持其后，使天下人皆得自新"，在刑与德之间，以德为先，因为"刑罚不足以慈民"①。贾谊认为，惩罚和奖赏都要慎重，必须宽严相济，与其严厉酷政枉杀无罪之人，还不如从宽漏掉有罪者。给人定罪时，疑罪从无，若有疑问就要以无罪免除处罚，对于有功者的奖赏，即使有疑问也要敢于予以奖赏。尽量减少没有罪而被惩处，确有功劳而得不到奖赏的情况。对罪行有疑问者免予惩处，这也是仁德；对功劳有疑问时予以奖赏，这便是诚信。谨慎真诚地对待臣子，惩罚时就不会招致怨恨，论功行赏不徇私情，治罪慎重，不反复处罚百姓，不埋没民众的功绩。贾谊引孔子的话说："听讼，吾犹人也，必也使毋讼乎！"就是说，审案的根本目的，是要使诉讼案子不再发生，物有本末，事有始终。凡事要抓住事物的根本。教化是本，治理是末，消除犯罪是本，审案是末，不能本末倒置。先秦法家主张"以刑止刑"，韩非认为"有道之主，远仁义，去智能，服之以法"，不过韩非也认为"赏无

①　贾谊. 贾谊集［M］. 上海：上海人民出版社，1976：154.

功之人，罚不辜之民，非谓明也"。而儒家则主张以礼止刑，"道之以政，齐之以刑，民免而无耻；道之以德，齐之以礼，有耻且格"。贾谊认为"以刑罚治之者，积刑罚"，只有"以礼义治之者，积礼义"。"若夫庆赏以劝善，刑罚以惩恶，先王执此之政，坚如金石，行此之令，信如四时，据此之公，无私如天地耳，岂顾不用哉？然而曰礼云礼者，贵绝恶于未萌，而起教于微眇，使民日迁善远罪而不自知也。"贾谊出入儒法，他不否认刑罚的必要性，但他认为，礼比刑罚更重要，因为只有通过礼教，才能使老百姓得到教化，使他们自觉向善，趋利避害，"绝恶于未萌"。贾谊这种儒家教育与法治手段并重的思想是十分合理的，也是历代君王乐见之、践履之的。

贾谊以民为本的仁爱情怀在赋作中也有充分体现。在《旱云赋》中，贾谊饱含真情地描写了农民受旱灾的痛苦："隆盛暑而无聊兮，煎砂石而烂渭；汤风至而含热兮，群生闷满而愁愦。畎亩枯槁而失泽兮，壤石相聚而为害；农夫垂拱而无聊兮，释其锄耨而下泪。"他痛恨老天不给人间施恩，"忧疆畔之遇害兮，惜稚稼之旱夭"，他愁肠郁结，盼云降雨，"终怨不雨，甚不仁兮，布而不下，甚不信兮"。哀民爱民之心，一览无余。

贾谊明确地使用了民本这个概念，"从历史发展来看，民本概念的正式提出，可能最早还要算贾谊。《贾谊集》中'民本'概念使用十分普遍，内涵也十分明确"①。周秦以来关于民本最直接的描述见于《大政》②篇。与先秦民本思想者相比，贾谊不仅扩大了民本思想的应用范围，指出"民无不为本也，国以为本，君以为本，吏以为本"，他还把民本思想扩展为整个封建社会政治统治的基础，紧密联系当朝实际，提出了一系列可贵的富民、利民措施。有些利民措施也直接来源于先秦诸子，如不违农时的政治主张就直接来源于孟子，来自荀子的主张就更多，只不过贾谊的民本主张更具有现实指导意义。贾谊的民本思想的进步性表现在要求统治者要正确处理各个社会阶层利益的关系，尤其要十分重视民心向背，要爱民、富民、利民。当然，贾谊民本思想的根本出发点是维护君主的权威统

---

① 王兴国. 贾谊评传［M］. 南京：南京大学出版社，1992：136.
② 王保国. 两周民本思想研究［M］. 北京：学苑出版社，2004：310.

治，以实现长治久安的大国理想。但从客观上来看，民本思想能够改善民众的生存条件，使民众能从统一而兴盛的新兴王朝中享受更多实实在在的成果，"专制制度的唯一原则就是轻视人类，使人不成其为人，而这个原则比其他原则好的地方，就在于它不单是一个原则，而且还是事实，专制君主总把人看得很下贱"①。贾谊生活在典型的以宗法等级制度为基础的社会，因此有时也有"愚民"之语，如"夫民之为言也，暝也；萌之为言也，盲也。故惟上之所扶而以之，民无不化也，故曰：民萌。民萌哉，直言其意而为之名也。夫民者，贤、不肖之材也，贤、不肖皆具焉。故贤人得焉，不肖者伏焉……故民者，积愚也"。由于封建教化不是很普及，"民愚"应该符合当时的民众的教育状况，普通百姓的学识应该不如知识分子。如此看来，"愚"字的贬义性不是很强。贾谊提到，"凡居于上位者，简士苦民者，是谓愚""故夫民者虽愚也，明上选吏焉，必使民与焉"。十人喜欢的人，就是十个人的官长，百人、千人、万人喜欢的人，就是百人、千人、万人的官长。贾谊已认识到"夫民者，万世之本也，不可欺""民无不为本也，国以为本，君以为本，吏以为本"，国、君、吏都应该把是否有利于民众当作行为的标准。在贾谊的心中，国、君、民众是互相依存的，所谓"国无人者何谓也"。对国、君的关心也就是对民众的维护，对民众的同情和安抚也就是对国、君的忠心体护。"即不幸有方二三千里之旱，天下何以相救？"他认识到国家、君主一定要抚恤百姓。贾谊在《数宁》一文中的"可为痛惜者一，可为流涕者二，可为长太息者六"，及至《大政上》一文中反复十次的"呜呼！戒之，戒之""戒之哉，戒之哉"，与其说这是对当朝统治者的苦心告诫，不如说是贾谊以民为本的仁爱情怀的语言外现。直白的表达，深沉的喟叹，使以民为本的仁爱情怀成为贾谊典型的文化品格之一。

---

① 马克思，恩格斯．马克思恩格斯全集：第一卷［M］．北京：人民出版社，1962：411．

第五章
才海纵横、不断超越的求索风范

　　贾谊的一生虽然短暂，但曲折而丰富，他的一生，是直道而行、不断追寻和不断自我超越的一生。

　　前面几章，以纯文本为主，探寻了贾谊作品中表现出的文化品格。本章拟观照贾谊的心态历程，探讨他不断追寻和自我超越的文化品格。

第一节　年少好学，求索学问之精

　　贾谊 18 岁以前是在家乡洛阳度过的，但对贾谊在洛阳的生活情况，《史记》《汉书》中的记载均十分简略，以至于历代无人准确地描述他早年的生活经历和心态特点，而只能依靠推理，大体确定他 18 岁前主要是接受文化教育，因为他"年十八，以能诵《诗》《书》属文称于郡中""廷尉乃言谊年少，颇通诸家之书""诸老先生未能言，谊尽为之对"。从这些记载可以看出，贾谊不仅熟谙《诗》《书》等儒家经典，而且对墨、道、法等诸家学说均有较高的造诣，从一般的教学规律来看，能从诸家经典中有所心得，需有多年的潜心钻研。至于有没有参加政治活动，实在难以确定。张斌荣先生认为"可能没参加什么政治活动"①，这固然言之有理，但以贾谊的家世来看，也未必就是这样。关于贾谊的家世，《史记》《汉书》中均无

――――――――――

　　① 张斌荣. 贾谊的心态历程及其特点［J］. 青海师专学报，1998（2）.

记载。今人吴松庚先生整理的有关资料表明，贾谊始祖，出自今山西襄汾西南①。贾氏为中华最古老的姓氏之一，本出自姬姓。《新唐书·宰相世系》云："贾氏出自姬姓。唐叔虞少子公明，康王封之于贾，为贾伯，河东临汾有贾乡，即其地也，为晋所灭，以国为氏。晋公族狐偃之子射姑为晋太师，食邑于贾，字季他，亦号贾季。"从公元前 678 年贾国灭亡，贾伯后裔遂至今河南、山东等地，至公元前 200 年贾谊诞生，贾氏繁衍已有四百余年。关于贾谊家世和成长背景，《史记》《汉书》为何也只字不提，这是不正常的，也实在让人难以理解。《汉书》为贾谊单独列传，可惜只从他十八岁写起，家庭背景无任何交代；而《史记》将屈原、贾谊合为一传，从"屈原沉汨罗后百有余年，汉有贾生，为长沙王太傅，过湘水，投书以吊屈原"转而开始写贾谊，也从"年十八"开始写。如不是周勃、灌婴等权臣痛贬贾谊有"洛阳之人，年少初学"之语，无人知之为洛阳人氏。据吴先生考究，《孟津文史资料》云："贾谊墓位于今洛阳市区中心东北向 21.7 公里的邙山高崖之巅。"贾谊墓的位置所在亦是汉贾氏家族墓地所在。贾谊故里与贾谊墓同址，古代叫上古村，相传历代名流官员经过贾谊墓，均下马下轿，以示尊敬。

纵观《史记》《汉书》的人物传，对是否录入人物的家世与成长背景，并没有一致的标准，有的写了，有的没写，有的写得详细，有的写得简略，每个人物有每个人物的着紧用笔之处，不似当今一些史家着重按功德、职位、学问高低来决定笔墨多少。对于贾谊的部分，二书重点放在其从政之后的政务和谋略之上。尤为珍贵、幸运的是二书的人物传记和食货志等篇中，直接录入了贾谊的若干奏疏和赋作。也许二书的作者一致认为，这些"立言"才是贾谊留给后世的最宝贵的财富，至于家世背景一些资料，族谱和地方志定会记载的。二书的作者无须刻意去美化，也无须有意讳言。专家研究指出，贾谊家族当为洛阳望族。西汉时期，书籍流布不多，知识的传播主要为师徒授受。诗书均为私学，诗有齐、鲁、韩，《春秋》有左、公、谷，即使一家之言也会形成不同流派，贾谊"颇通诸子百家之书"，他应该有良好的教师，接受过良好的教育。史载河南守吴公名庄，祖上也是

---

① 吴松庚. 贾谊谱系考略［J］. 船山学刊，2004（3）.

河南望族，先祖世代侍从周王室，祖父吴镐汉初曾任长沙太守，要攀上如此高门，受到吴公的垂青，推断仅能诵诗属文是不够的，至少也应有与之相去不远的家世背景。① 如果没有这样一个相当的家世背景，就难以参加一些相应的政治性活动，也就难以脱颖而出。

贾谊"颇通诸子百家之书"，还得益于汉初学风的滋殖。"贾谊年少而学高，固与其天智有关，他也反映出民间学风的兴盛，没有民间学风的浸染，少年贾谊势必难以积学而秀出于世"②，这是相当中肯的看法。在差不多相同的时代，伏生沉潜广授《尚书》，贾谊年少善属诗文，两种文化现象有着密不可分的因果关系。正是在这种教学相长、教学两旺的民间学风的浸染下，才积孕出了贾谊这一文化硕果。③

18 岁前，贾谊通过学术求索，获得了广博的理论修养和相当开放的学术作风，这些学养成为贾谊思想、人格结构的重要组成部分。

贾谊"能诵诗书属文"，但今天已无法看到或无法判断他 18 岁之前的文章。不过可知的是，他对儒家经典的传扬是有相当的功劳的。除诵《诗》《书》外，贾谊对《春秋》一书尤有研究。《汉书》有记载：

> 汉兴，北平侯张苍及梁太傅贾谊、京兆尹张敞、太中大夫刘公子皆修《春秋左氏传》。谊为《左氏传》训故，授赵人贯公，为河间献王博士；子长卿为荡阴令，授清河张禹长子。禹与萧望之同时为御史，数为望之言《左氏》，望之善之，上书数以称说。后望之为太子太傅，荐禹于宣帝，征禹待诏，未及问，会疾死。授尹更始，更始传子咸及翟方进、胡常。常授黎阳贾护季君，哀帝时待诏为郎，授苍梧陈钦子佚，以《左氏》授王莽，至将军。而刘歆从尹咸及翟方进受。由是言《左氏》者本之贾护、刘歆。

从这段文字可以知道，贾谊研究《春秋左氏传》，上齐张苍，下启贯

---

① 吴松庚. 贾谊谱系考略［J］. 船山学刊，2004（3）.
② 程世和. 汉初士风与汉初文学［M］. 北京：中国社会科学出版社，2004：111.
③ 程世和. 汉初士风与汉初文学［M］. 北京：中国社会科学出版社，2004：113.

公、贯长卿、张禹、萧望之、尹更始、尹咸、翟方进、刘歆等人。而刘歆在《移书让太常博士》中指出了贾谊对儒学传播所起的重要作用及在西汉前期儒林中的地位。

　　汉兴，去圣帝明王遐远，仲尼之道又绝，法度无所因袭，时独有一叔孙通，略定礼仪，天下唯有《易》卜，未有他书。至于孝惠之世，乃除挟书之律，然公卿大臣绛、灌之属，咸介胄武夫，莫以为意。至孝文皇帝，始使掌故晁错，从伏生受《尚书》……《诗》始萌芽。天下众书往往颇出，皆诸子传说，犹广立于学官，为置博士。在朝之儒，唯贾生而已。

　　贾谊的学术渊源主要是荀子，这在前文论述中有所涉及。公元前183年，贾谊被河南守吴公召至门下，吴公"与李斯同邑而常学事焉"①。据《史记·李斯列传》，李斯曾师从荀卿学帝王之术。吴公尝学于李斯，可说是荀子的再传弟子；贾谊从学于吴公，可说是李斯的再传弟子，荀子的三传弟子。司马迁认为："贾生、晁错明申商。"他对贾谊学术源流的判断是合乎情理的。

　　前文说过贾谊治《左传》来自张苍，贾谊受荀子的影响也经过张苍。唐人陆德明所撰《经典释文序录》在谈到《左氏传》的源流时指出："左丘明作《传》以授曾申。申传卫人吴起，起传其子期。期传楚人铎椒。椒传赵人虞卿，卿传同郡荀卿名况。况传武威张苍，苍传洛阳贾谊。"② 所以张苍在贾谊的学术品格生成中起了重要作用。张苍于高后八年由淮南丞相入为御史大夫，后任丞相。《史记·张丞相列传》称张苍：

　　秦时为御史，主柱下方书。有罪，亡归。及沛公略地过阳武，苍以客从攻南阳。苍坐法当斩，解衣伏质，身长大，肥白如瓠，时王陵见而怪其美士，乃言沛公，赦勿斩。遂从西入武关，至咸阳。沛公立

---

① 司马迁. 史记 [M]. 北京：中华书局，1959：2491.
② 陆德明. 经典释文序录：卷一 [M]. 北京：中华书局，1983：13.

为汉王，入汉中，还定三秦。陈余击走常山王张耳，耳归汉，汉乃以张苍为常山守。从淮阳侯击赵，苍得陈余。赵地已平，汉王以苍为代相，备边寇。已而徙为赵相，相赵王耳。耳卒，相赵王敖。复徙相代王。燕王臧荼反，高祖往击之，苍以代相从攻臧荼有功，以六年中封为北平侯，食邑千二百户。迁为计相，一月，更以列侯为主计四岁。是时萧何为相国，而张苍乃自秦时为柱下史，明习天下图书计籍。苍又善用算律历，故令苍以列侯居相府，领主郡国上计者。黥布反亡，汉立皇子长为淮南王，而张苍相之。十四年，迁为御史大夫。……苍与绛侯等尊立代王为孝文皇帝。四年，丞相灌婴卒，张苍为丞相。

除《左传》外，《荀子》对贾谊的影响是最深刻的。学术传承和思想感情的密切联系也是显而易见的。与孟子学说相比，荀子学说更具有实用主义色彩。荀子认为："《诗》，言是其志也；《书》，言是其事也；《礼》，言是其行也；《乐》，言是其和也；《春秋》，言是其微也。故《风》之所以为不逐者，取是以节之也；《小雅》之所以为小雅者，取是而文之也；《大雅》之所以为大雅者，取是而光之也；《颂》之所以为至者，取是而通之也。"

荀子对儒家学说的尊崇和阐释，使贾谊对儒家经典有着独到认识，他既接受了荀子的学说，又对荀子思想有所发展，融合儒道，形成了自己的学说。

　　《书》者，著德之理于竹帛而陈之令人观焉，以著所从事，故曰："《书》者，此之著者也。"《诗》者，志德之理而明其指，令人缘之以自成也，故曰"《诗》者，此之志者也。"《易》者，察人之循德之理与弗循而占其吉凶，故曰"《易》者，此之占者也。"《春秋》者，守往事之合德之理与不合而纪其成败，以为来事师法，故曰"《春秋》者，此之纪者也。"《礼》者，体德理而为之节文，成人事，故曰"《礼》者，此之体者也。"《乐》者，《书》《诗》《易》《春秋》《礼》五者之道备，则合于德矣，合则欢然大乐矣，故曰"《乐》者，此之乐者也。"

不过贾谊对荀子的学术绍承，首要的方面在礼学，贾谊的礼学思想，显而易见受荀子的直接影响。从理论上看，贾谊的礼学思想大致是荀子礼学思想的延展与发挥。如荀子认为，"人之命在天，国之命在礼""故制礼义以分之，以养人之欲，给人之求""在天者莫明于日月，在地者莫明于水火，在物者莫明于珠玉，在人者莫明于礼义……君人者，隆礼尊贤而王，重法爱民而霸，好利多诈而危""国无礼则不正，礼之所以正国也，譬之犹衡之于轻重也，犹绳墨之于曲直也，犹规矩之于方圆也"。贾谊的《新书·礼》篇对"隆礼"的重要性、礼的功能做了重要阐述，指出"礼者，所以固国家，定社课，使君无失其民者也""礼者，臣下所以承其上也""仁人行其礼，则天下安"。在此文中，还直接引用《诗经》中的句子来进行论证和说明自己的礼学奥义，这是贾谊根据自己的学养和思考为西汉统治者量身定做的礼的规范，仁义道德，非礼不成，君臣上下，非礼不定。礼使阴阳协调，万物生畅，民众安乐。

　　昔周文王使太公望傅太子发。太子嗜鲍鱼，而太公弗与，曰："礼，鲍鱼不登于俎，岂有非礼而可以养太子哉？"寻常之室，无奥剽之位，则父子不别；六尺之舆，无左右之义，则君臣不明。寻常之室，六尺之舆，处无礼即上下蹯逆，父子悖乱，而况其大者乎！故道德仁义，非礼不成；教训正俗，非礼不备；分争辨讼，非礼不决；君臣上下父子兄弟，非礼不定；宦学事师，非礼不亲；班朝治军，莅官行法，非礼威严不行；祷祠祭祀，供给鬼神，非礼不诚不庄。是以君子恭敬撙节退让以明礼。

　　礼者，所以固国家，定社稷，使君无失其民者也。主主臣臣，礼之正也；威德在君，礼之分也；尊卑大小强弱有位，礼之数也。礼，天子爱天下，诸侯爱境内，大夫爱官属，士庶各爱其家。失爱不仁，过爱不义，故礼者所以守尊卑之经，强弱之称者也。礼，天子适诸侯之宫，诸侯不敢自阼阶，阼阶者，主之阶也。天子适诸侯，诸侯不敢有宫，不敢为主人礼也。君仁臣忠，父慈子孝，兄爱弟敬，夫和妻柔，姑慈妇听，礼之至也。君仁则不厉，臣忠则不贰，父慈则教，子孝则协，兄爱则友，弟敬则顺。夫和则义，妻柔则正，姑慈则从，妇听则婉，礼之质也。

礼者，臣下所以承其上也。故诗云："一发五豝，吁嗟乎驺虞。"
驺者，天子之圉也；虞者，圉之司兽者也。天子佐舆十乘，以明贵也；
二牲而食，以优饱也。虞人翼五豝以待一发，所以复中也。人臣于其
所尊敬，不敢以节待，敬之至也。甚尊其主，敬慎其所掌职，而志厚
尽矣。作此诗者，以其事深见良臣顺上之志也。良臣顺上之志者可谓
义矣。

与此同时，贾谊还接受了道家思想的观点和影响。汉初黄老之说盛行，
统治者以此作为治国安邦的指导思想，作为一名年轻的学者、思想家，一
位春风得意的文人、臣子，贾谊自然会关注、研究这种思想，并受其影响，
得出他自己的理解和判断。

张苍曾任秦朝御史大夫，银印青授，掌副丞相，位居九卿之上，被刘
邦救回一命后，张苍又任汉朝御史大夫，且对文帝有拥戴之功；吴公为李
斯的弟子，因治守有方，担任了汉王朝的廷尉，二人既是学业骄子，又是
政治精英，且学术上都源于一生游历求索的荀卿。贾谊在吴公门下研习多
日，又在 21 岁时习从张苍，虽然无法准确地知道吴、张两人在授课时是否
教授他们各自的人生理想，但二人的政治实践应该给年轻的贾谊在人格精
神上留下了烙印。

贾谊的《道德说》《道术》等文章就是这种理解和判断的具体表达，他
认为"道"是无形神灵的本体，德有六理和六美，"道者无形，平和而神"。
天地万物即由这种神秘的"道"所产生，"性者，道德造物""物所道始谓
之道，所得以生谓之德"。"道者德之本""德者，道之译""道虽神必载于
德""物有形而道德之神专而为一气""气皆集焉，故谓之性。性，神气之
所会也"。显然，这些阐释与老子"道生一，一生二，二生三，三生万物"
的观点一脉相承。

后文还要谈到，贾谊原原本本地接受了老子的辩证思想，老、庄是楚
人，荀学又称楚学，张仓、吴公也都可以说是楚人，所以产生于楚地的道
家思想对贾谊的影响是很大的，这也就不难理解贾谊到长沙之后为什么会
有那么多、那么深的思想契合和感触，仿佛他本就是属于长沙这个地方的
思想精灵。

　　探讨一下楚文化，也许可以帮助人们更好地理解贾谊的思想渊源、人生求索及其文学作品。专家普遍认为，楚文化是与中原大地的宗法文化并驾齐驱的巫史文化。《国语·楚语》云："民神杂糅，不可方物，夫人作享，家为巫史。"楚人自称为"主治火事"的火神祝融后裔，并且世代传袭这一职责，楚子以巫职供事周朝，楚国第一任国君熊绎身兼大巫。楚人生活在一个日月星辰、山川草木都有灵异的神仙灵鬼世界，在"以处草莽""以启山林"的宏大征程中，邦国大事、家长里短、生老病死都要探知神意①，而男觋、女巫就是高于常人、能通神明的人，能作训辞博通三坟五典、八索九丘。后来巫学分化为道学和骚学②。

　　《史记·楚世家》记载熊绎"辟在荆山"，与澧水流域接壤的湖北荆州地区春秋时期就成为楚人的中心③，是古代楚人地望的四个区域之一，也是屈原、宋玉活跃的地方，在湖南临澧县至今还保存着宋玉的许多遗存和传说，同时也保留了巫史文化的神话思维。这种巫史文化转变为屈原、宋玉文学作品时，自觉地具有了神话特色，用来反映美好的理想境界，或者创造理想来代替和弥补不够美好的现实。"在原始宗教情感的驱动下，人们视万物于一体，情感自由流注，时空可以置换，天地可以神游，上下四方，古往今来，了无滞碍。"④屈原的《九歌》就是代王室祭"东皇太一"等鬼神所作的祭歌，而《天问》所反映的九层天图，日中乌，月中蟾，九子母星座、嫦娥奔月、雨师屏翳、风神飞廉，还有历代君王等，天地人三界贯通⑤。难怪姜亮夫先生说："（屈子）上通于天，陈辞于舜，迎宓妃，求二姚，逐日月，使西皇，无处不怪，无处不乱，则其史必多鬼神之事，为缙绅所不言，必欲扬弃而后快，其违于民习者至多，《九歌》之肆情无隐，《天问》之放言无忌……皆非北学之所许……孔子'未知生，焉知死'，而屈子专与死人为伍，凡此种种，皆由民习决之。"⑥

---

① 萧放. 论荆楚文化的地域特性［J］. 湖北民族学院学报（哲学社会科学版），2001（2）.
② 晋宏忠. 略论楚文化的内涵及其现实意义［J］. 襄樊职业技术学院学报，2007（3）.
③ 王力之. 早期楚文化探索［J］. 江汉考古，2003（3）.
④ 王力之. 早期楚文化探索［J］. 江汉考古，2003（3）.
⑤ 萧放. 论荆楚文化的地域特性［J］. 湖北民族学院学报（哲学社会科学版），2001（2）.
⑥ 姜亮夫. 三楚所传古史与齐鲁三晋异同辨［J］. 历史学，1979（4）.

学术上的求索，使贾谊具有了深厚的学养和开阔的视野，这些为贾谊以后的政治实践准备了充分的理论条件，而且这种求索精神，从此成为其精神的一部分，成为其突出的文化品格。

第二节　议论风发，求索强国之策

文帝召贾谊以为博士，这是文帝元年（前179年）的事，其时贾谊22岁。按《汉书·百官公卿表》，"博士，秦官，掌通古今，秩比六百石，员多至数十人"。贾谊是最年轻的博士，他之所以能22岁一跃而成为博士，首先得益于吴公的推荐，但张苍的作用也不可忽视。推荐贾谊担任要职，符合吴、张两人的共同愿景。张苍原本好书律历，又从淮南相迁为御史大夫，从政经验丰富，还为贾谊授《春秋左氏传》，不难看出，他应该非常了解贾谊的学识和人品。后来，张苍与陈平、周勃一道平叛诸吕，对汉文帝有拥戴之功，同时初掌朝政的文帝诸多国事还仰仗吴、张二人，所以，当吴公与张苍同时推荐贾谊任博士时，正值用人之际的文帝当然会同意。

贾谊果然年少英才，见识高卓，不负众望，他积极进取，议论风发，《史记·屈原贾生列传》载，"每诏令议下，诸老先生不能言，贾生尽为之对，诸生于是乃以为能不及也。孝文帝说之，超迁，一岁中至太中大夫"，秩比千石。

约公元前180年，21岁的贾谊写了《劝学》篇。前179年，22岁的贾谊被召为博士并超迁至太中大夫后，积极上疏建言，仅在这一年，他写了《论定制度兴礼乐疏》，请改正朔，易服色，定官名，兴礼乐，而且草具仪法，色上黄、数用五，以立汉制，更秦法。可以说，贾谊的求索是从理论和制度上的探讨开始的。不久，贾谊又作《六术》《道德说》，在《六术》篇中，贾谊以古书中常被用为成数的六为准度，阐释天地、阴阳、人事万物，描绘道德的标准及其表现形式，实质上阐述了儒家的纲常伦理。贾谊认为，德有六理，即道、德、性、神、明、命。六理无处不在，阴阳、天地和人都把这六理作为自身内在的标准，六理的表现形式为六种法则，六种法则藏于德之内部，必然不断发生变化并表现出来，这外在的表现形式就是六术，即六种行为方式。人有仁、义、礼、智、信、乐，此之谓六行。所以要兴六法、合六行、修六艺、和六律、分六亲。对人的六种行为方式，只有先王能辨别，一般人难以自行了解，因此一定要得到圣王的教化。先王为天下人设置教化，依据人们各自道德水准的具体情况来加以不同的教导，导之以情，顺之其性。这样做以六法为根据，以六种行为为外在形式，以六艺作为内容大义，人们根据这些内容和法则加强自身修养，形成六种善行。而《道德说》论述了道同德、性、神、明、命的关系，与《六术》有相似相同之处，并认为道虽无形，却是万物之本源，而诸物生于德，又在德中得以体现。

这一年，贾谊还写了一篇奠定他文学史地位的作品《过秦》三篇，前几章已述，这是应时政之需，经过深刻历史反思得出的成果。其实，反思的过程，也是求索治国之道、寻求长治久安之策的过程。贾谊从政治哲学的高度，探讨"攻守之势"，通过条分缕析，提出自己的见解。他指出，秦王朝统一中国时，中央高度集权，文化高度统一，军事上实力强大，万象更新，国势本来是十分不错的，可是秦朝统治者却不善于利用这种有利形势：

> 周室卑微，五霸既灭，令不行于天下。是以诸侯力政，强凌弱，众暴寡，兵革不休，士民罢弊。今秦南面而王天下，是上有天子也。即元元之民冀得安其性命，莫不虚心而仰上。当此之时，专威定功，安危之本，在于此矣。秦王怀贪鄙之心，行自奋之智，不信功臣，不亲士民，废王道而立私爱，焚文书而酷刑法，先诈力而后仁义，以暴虐为天下始。

秦王朝二世而亡，让人唏嘘不已。由此贾谊得出独到的结论："夫并兼者高诈力，安危者贵顺权，推此言之，取与守不同术也。秦离战国而王天下，其道不易，其政不改，是其所以取之守之者异也。"贾谊明确向当朝统治者指出：要使自己的政权能长治久安，就要以史为鉴，善于总结历史的经验，善于观察和分析不断变化着的形势，并且根据变化了的形势及时调整自己的政策和统治方法。

鄙谚曰："前事之不忘，后事之师也。"是以君子为国，观之上古，验之当世，参之人事，察盛衰之理，审权势之宜，去就有序，变化因时，故旷日长久而社稷安矣。

这一段话，被后来研究者反复引用，它的确是贾谊提出的经典政治主张之一，也可以说是贾谊向文帝多次上疏，提出一系列改革政策的历史依据。历史是能为现实服务的，分析研究历史能为现实决策提供启示，"历史是研究现实的科学……历史包括现在"①。

汉文帝二年（前178），贾谊23岁，贾谊又上《无蓄》《忧民》等篇，大声疾呼"夫蓄积者，天下之大命也"，并上疏建议列侯就国。

但是，年轻的贾谊并未深谙，政治的中心是权力，"政治集中关注权力关系的状况，那么必须有一套能够为容纳这些关系作出结构安排的政治制度，权力的实施要求参与者之间的关系有一定程度的连续性……承认权力必定是相关性的，那么很明显，制度只有在它们被普遍认为是合法的情况下才能取得成功"②。汉廷就好像是一个制度化、程式化了的政治竞争大舞台，在这一舞台上，各种政治势力得到淋漓尽致的表演和体现。贾谊是位年轻的政治家，他直道而行，他的表演可谓精彩之至，才华横溢，锋芒毕露，所以《史记》说"每诏令议下，诸老先生不能言，贾生尽为之对"，《过秦》情感落差大，满腔忠诚，足以打动朝野上下，贾谊提出的各项主张也不乏真知灼见。贾谊曾批评秦二世由于没有"去收帑污秽之罪，使各反其乡里"，结果造成"蒙罪者众，刑戮相望于道，而天下苦之"的严重局面，文帝接受了贾谊的相关建议，于是文帝元年（前179），便发布了"除收帑诸相坐律令"。《史记·孝文本记》中载：

上曰："法者，治之正也，所以禁暴而率善人也。今犯法已论，而

① 博维. 权力中的知识分子 [M]. 萧莎，译. 南京：江苏人民出版社，2005：221.
② 杰克曼. 不需暴力的权力：民族国家的政治能力 [M]. 欧阳景根，译. 天津：天津人民出版社，2005：51-53.

使毋罪之父母妻子同产坐之，及为收帑，朕甚不取。其议之。"有司皆曰："民不能自治，故为法以禁之。相坐坐收，所以累其心，使重犯法，所从来远矣。如故便。"上曰："朕闻法正则民悫，罪当则民从。且夫牧民而导之善者，吏也。其既不能导，又以不正之法罪之，是反害于民为暴者也。何以禁之？朕未见其便，其孰计之。"有司皆曰："陛下加大惠，德甚盛，非臣等所及也。请奉诏书，除收帑诸相坐律令。"

　　贾谊还指出，秦王朝短命速亡还有一个重要原因就是对言论的钳制，"忌讳之禁"使臣民不敢讲真话。文帝于是听从贾谊的建议，在文帝二年（前178）发布了"除诽谤妖言之罪"的诏书："古之治天下，朝有进善之旌，诽谤之木，所以通治道而来谏者。今法有诽谤妖言之罪，是使众臣不敢尽情，而上无由闻过失也。将何以来远方之贤良？其除之。民或祝诅上以相约结而后相谩，吏以为大逆，其有他言，而吏又以为诽谤。此细民之愚无知抵死，朕甚不取。自今以来，有犯此者勿听治。"①

　　贾谊提出"今驱民而归之农，皆著于本，使天下各食其力。末技游食之民转而缘南亩，则蓄积足而人乐其所矣。可以为富安天下"，这也合于文帝之意，文帝采纳了这条建议并颁布相关的规定。《汉书·食货志》载："于是上感谊言，始开籍田躬耕，以劝百姓。"文帝还强调指出："农，天下之大本也，民所恃以生也；而民或不务本而事末，故生不遂。朕忧其然。故今兹亲率群臣，农以劝之，其赐天下民今年田租之半。"②《史记·孝文本纪》："帝十三年，又下诏书：'农，天下之本，务莫大焉，今勤身从事而有租税之赋，是为本末者毋以异，其于劝农之道未备。其除田之租税。'"

　　另外，贾谊上疏建议列侯就国也被文帝采纳。文帝二年冬十月丞相陈平过世。《汉书·文帝纪》载，文帝在列侯就国的诏书中说：

　　　　朕闻古者诸侯建国千余，各守其地，以时入贡，民不劳苦，上下

---

①　司马迁. 史记 [M]. 北京：中华书局，1959：423 – 424.
②　班固. 汉书 [M]. 北京：中华书局，1962：118.

欢欣，靡有违德。今列侯多居长安，邑远，吏卒给输费苦，而列侯亦无由教训其民。其令列侯之国，为吏及诏所止者，遣太子。

文帝与贾谊之间，看来风云际会，相识相知，是千古君臣的楷模。只是贾谊不知道，正如萨托利所说，政治分为可见的政治和不可见的政治，有些政治活动总是大众参与，人人可见，比如选举，而有些政治活动或事涉机密，相关人等就不那么希望有人看到。还有一种区别就是现实的政治和思想的政治。"如果政治议程的发起者没能度过政治风险并生存下去，那么任何政治活动都没有意义。在政治上生存下去是取得任何长远、意义深远的社会变化的前提条件。"① 按马基雅维利在《君主论》中的论述，"没有任何事情比造就一代雄主更为难于操纵，更为难于成功，也更为危机四伏"②。政治生态园岂有美丽的魏紫姚黄，即使有，那也可能是表象。果然，贾谊遇到了或明或暗的政治风险。

首先是拟任公卿时遭到丞相周勃、太尉灌婴、东阳侯张相如、御史大夫冯敬等人的坚决反对。他们的理由是贾谊年少初学，专欲擅权，纷乱诸事。这些人多为高帝旧臣，武夫出身，对贾谊这样以文才学识而见赏于君王的人，哪怕是君王的座上宾、红人，也有理由不喜欢，这是完全可以理解的。《史记·绛侯周勃世家》载，周勃原以织薄曲（养蚕的簸器）为生，常为人在丧事上帮忙吹箫和为"材官引疆"，他"为人木僵敦厚"，连高帝都认为"可嘱大事"，只是"不好文学，每召诸生说士，东向坐而责之：'趣为我语。'其椎少文如此"。加之，他们对文帝有拥戴之功，正如苏轼所说，"夫绛侯亲握天子玺而授之文帝，灌婴连兵数十万以决刘吕雌雄……此其君臣相得之分，岂特父子骨肉手足哉"③。一边是有父子骨肉手足之情的臣子们共同的棒喝，一边是年轻有为但资历尚浅的贾谊的真挚呐喊与苦心

---

① 杰克曼. 不需暴力的权力：民族国家的政治能力 [M]. 欧阳景根，译. 天津：天津人民出版社，2005：108-109.

② 杰克曼. 不需暴力的权力：民族国家的政治能力 [M]. 欧阳景根，译. 天津：天津人民出版社，2005：94.

③ 苏轼. 贾谊论 [M] // 影印文渊阁四库全书本：第1107册. 台北：台湾商务印书馆，1983：598.

告诫，文帝虽然也正是奋发有为的年龄（25 岁），但是，在朝廷几无根基的一国之君选择了屈服于前者，显示了文帝深谙黄老的守藏之术。这正如程世和先生所指出的，"文帝既有仁贤之相，又有黄老的阴鸷与法家的刻深"①，故能表面随顺大臣并由此贬谪了贾谊，暗中却又借贾谊"列侯就国"之策逐步削夺周勃等人的权位。正如王夫之所指出的，"黄、老之术，离诚而用伪久矣。取其'鸣谦'之辞，验其'侵伐'之事，心迹违，初终贸，抑将何以自解哉！故非君子，未有能终其谦者"②。由此看来，在这件事情上，贾谊不过是文帝暗里用来挤压朝廷旧臣的一个工具罢了。当年齐宣王好乐好勇好色，所以不重用孟子，汉文帝好清静，他起于民间，也知道当时要靠清静无为才是上策。文帝的阴鸷与贾谊的真纯，也就注定了贾谊进入汉廷的悲剧性命运。③

其次，贾谊没有得到老师张苍的支援，张苍虽然是贾谊的老师，但师徒之名大于教学之实。根据章太炎在《小学略说》中所说，张苍献《春秋左氏传》，当在高后、文帝之时，张以之传贾谊，贾作训诂，以授赵人贯公，贾谊由太中大夫出为太傅，在朝中的时间很短，这时张苍已为达官，传授只是略诏大意而已，不可能把那么厚一本书手指口授，字字课贾生。所以贾谊训诂《左传》，显示了他本人深奥的古文素养。但是，如果学生提出的礼制规定不符合自己的观点时，久入公门宦海沉浮的张苍未必有足够的肚量和勇气公开支持学生。学术上是师生关系，一到政治格局中则以顺逆定敌友。据王兴国先生推论，导致贾谊改制主张未能实行的关键人物，还是他的老师张苍。张苍当时为御史大夫，按《汉书·百官公卿表》，"掌副丞相"，相当于以后的大司空，位居"三公"之列，其职责是"在殿中兰台掌图籍秘书，外督部刺史，内领侍御史……受公卿奏事，举劾按章"，其权力是相当大的。张、贾虽有师生情分，但并不是有着完全一致的政治主张，例如，贾谊认为，应当"改正朔，易服色，法制度，定官名，兴礼乐……色尚黄，数用五"，而张苍未必以为然。何以见得呢？《汉书·文帝

---

① 程世和. 汉初士风与汉初文学［M］. 北京：中国社会科学出版社，2004：129.
② 王夫之. 读通鉴论：卷二［M］. 北京：中华书局，1975：25.
③ 程世和. 汉初士风与汉初文学［M］. 北京：中国社会科学出版社，2004：129.

纪》载，文帝十四年（前166年），鲁人公孙臣"上书陈始传五德事，言方今土德时，土德应黄龙见，当改正朔服色制度"。公孙臣继承了贾谊的观点，但"丞相张苍以为非，罢之"（何孟春《贾太傅〈新书〉序》），没有采纳。《汉书·郊祀志》已明确记载这事，张苍认为"公孙臣言非是，罢之"。后来，"文帝召公孙臣，拜为博士，与诸生申明土德，草改历、服色事"。张苍以善用算律历著称，《汉书·郊祀志》载，他"以为汉乃水德之时，河决金堤其符也，年始冬十月，色外黑内赤，与德相应"。这说明张苍在这重要的观点上与贾谊是相对立的，他不支持贾谊，贾谊改制度的主张当然无法实现。这足以证明王兴国先生所论不虚。

最后是与邓通的交恶。邓通可说是贾谊潜在的政敌。同为太中大夫的邓通是文帝的幸臣，《史记·佞幸列传》中第一个写的就是宠臣邓通，他无技能，原来"以濯船为黄头郎"，文帝有一天梦见了黄头郎，按梦中所记找到了邓通，文帝很高兴，给通重赏，又封他为上大夫，然而邓通无其他能耐，"独自谨其身以媚上而已"。文帝要善于相面的人给邓通看相，相面之人说：邓通会因为贫困而死。文帝说：我能给邓通富贵，他怎能贫穷呢？于是"赐邓通蜀严道铜山，得自铸钱，'邓氏钱'布天下，其富如此"。应劭《风俗通义·正失篇》详细记载了贾、邓交恶的过程：

> 太中大夫邓通以佞幸吮痈疡汁见爱，拟于至亲，赐以蜀郡铜山，令得铸钱。通私家之富侔于王者。封君又为微行，数幸通家。文帝代服衣帻，袭毡帽，骑骏马，从侍中近臣常待期门武骑，猎渐台下，驰射狐兔果雉刺麏。是时待诏贾山谏，以为不宜数从郡国贤良吏出游猎，重令此人负名不称其与。及太中大夫贾谊亦数陈止游猎。是时谊与邓通俱侍中同位，谊又恶通为人，数廷讥之，由是疏远，迁为长沙太傅。①

既然贾谊讨厌邓通并"数廷讥之"，以邓通"吮痈疡汁"的品性，也自然会怀恨在心，会时刻在文帝面前数落贾谊，久而久之，文帝自然在心里

---

① 应劭. 风俗通义校释［M］. 北京：中华书局，1981：96.

对贾谊多少有些疏远。

各种因素交织在一起，使文帝作出一个决定，让贾谊离开长安。贾谊虽为汉朝长治久安之政事殚精竭虑，但得到的政治待遇是"迁为长沙太傅"。

第三节　身处逆境，求索生命之道

据《汉书·地理志》载，汉初的长沙辖县 13 个，约有 43470 户人家，人口 235825 人，与当时的大多数郡国相比，长沙"力不足以行逆，则功少而最完，势疏而最忠"①。从天子身边的近臣，一下子远离庙堂之高而要到千里之遥的诸侯小国做一个太傅，贾谊心里的失落是巨大的，自然觉得大材小用，憋屈了自己，"又以适去"，加上"闻长沙卑湿"，北方人不适应这种气候，"自以为寿不得长"，心里十分失落懊恼，满腹愁结，"意不自得"。

客观地看，汉文帝让贾谊到长沙做太傅，确为明智之举，可以收到一石五鸟之功。一则平息了朝中旧臣的愤怨。登位不到三载，年仅 25 岁的文帝根本无法同旧臣们抗衡，汉廷与其说是文帝的，倒不如说是旧臣们支撑着的。二则因为朝中的怨愤不平息，朝政得不到安稳，这势必危及文帝自身，所以谪贾之举也为了稳定朝局，保全文帝自己。三则为了保护贾谊。文帝和贾谊两个年轻人之间，应该是惺惺相惜的，文帝格外垂青河洛英才，贾谊也极力想把文帝辅佐成为汉代的尧舜。当时，贾谊在朝中已经难以立足，旧臣们的痛斥，老师张苍的嗫声，佞臣邓通的聒噪，这些逼人的声浪和静寂，使贾谊在朝中已站立不稳，外任是他最好的选择。文帝何尝不知道贾谊上疏为金玉良言，也许年轻的贾谊难以了解文帝的良苦用心。文帝心里根本没有抛弃贾谊，只是让贾谊远离祸端旋涡，接受磨炼罢了。正如吕留良在《贾谊论》中所言："明君之于贤臣，或身用之，或留于其子孙用之，皆用也。"如果不是这样，则会"不得用臣之福，而先受臣之祸"。四则可以帮助或督促长沙王治理一方。当年高帝与项羽垓下决战之后，分封

---

① 贾谊. 贾谊集［M］. 上海：上海人民出版社，1976：21.

了韩信、彭诚、韩王信、黥布、臧荼、张敖、吴芮等异姓王，长沙王吴差是吴芮的四世孙，虽然"力不足以行逆"，但长沙国与汉廷血肉相连，从当时的实际情况来看，长沙的经济文化出现繁荣发展的迹象。长沙年平均日照数在 1550～1750 小时之间，长沙马王堆一、二、三号汉墓出土文物达7000 件，粮食、畜、禽、蛋、果、蔬菜、中草药、漆器、陶器、纺织品均有，特别是素纱禅衣，重仅 49 克，还有成套的管弦乐器、竹简、帛书、帛画、地图等。《史记·越世家》云"长沙，楚之粟也"，这也说明长沙是重要的粮食产地。不仅如此，当时长沙的农业、手工业、文化、教育、科学、军事技术均有较大的发展。长沙被称为楚汉名城，应劭《汉宫仪》载："凡郡或以列国，陈鲁吴齐是也，或以汉邑，长沙、丹阳是也。"说明长沙在秦以前就已是一个著名的城邑。楚国在春秋中叶时崛起，并逐步扩大疆域，在当今长沙发掘的出土文物中，还包括青铜器、铁剑和其他长兵器，有铁巴锄和其他铁器，有琉璃器、皮草制品和天平砝码等。这些随葬品显示，当时的长沙不仅是楚国在南方的军事重镇，而且手工业技术也达到较高水准，商品交换发达，并不像贾谊想象中的蛮荒与落后。如果长沙王像其他异姓王一样有谋反之心，则必"动兵劳民，以大伤百姓，此文帝之所不忍也"。五则正如跃进先生所说，西汉前期，汉朝国弱，无力与北方的匈奴抗衡，所以先选择安抚南方，刘邦、文帝曾派陆贾安抚南越王，而长沙国与南越国接壤，战略地位非常重要。① 以上看来，文帝谪迁贾谊有多种用意。

汨罗江距今长沙境内约 50 公里，是贾谊赴长沙任太傅的途经之地。汨罗江是屈原自沉之处，被台湾诗人余光中称为"蓝墨水的上游"。屈原的经历比贾谊更为曲折复杂。屈原原为楚怀王左徒，据《史记·屈原贾生列传》，他"博闻强记，明于治乱，娴于辞令，入则与王图议国事，以出号令，出则接遇贵宾，应对诸侯，王甚任之"。受奸人所害，他曾经历长达十年的放逐，身心遭受了严重的摧残与折磨。据考证，楚怀王十六年（前 313年）屈原被疏，并分别于顷襄王元年（前 298 年）至顷襄王三年（前 296年）、顷襄王十三年（前 286 年）至顷襄王二十一年（前 278 年）两次被放逐。公元前 278 年仲春，屈原历经险阻返回郢都，适逢郢都陷落，屈原被迫

---

① 跃进. 贾谊所见书蠡测［J］. 南京师大学报（社会科学版），2008（4）：127.

再次逃亡，经夏浦、辰阳、溆浦等地，在赴长沙途中投汨罗江自尽。

屈原自沉湘水一百多年后，贾谊来到了这里，相似的遭遇，共同的情怀，一样的行吟，强烈的共鸣，在反复的哀悼、思索与追问之后，贾谊写出了千古名篇《吊屈原赋》。

"共承嘉惠兮，俟罪长沙。侧闻屈原兮，自沉汨罗。造托湘流兮，敬吊先生。遭世罔极兮，乃陨厥身。呜呼哀哉，逢时不祥！鸾凤伏窜兮，鸱枭翱翔。阘茸尊显兮，谗谀得志；贤圣逆曳兮，方正倒植。世谓伯夷贪兮，谓盗跖廉；莫邪为钝兮，铅刀为铦。于嗟嘿嘿兮，生之无故！斡弃周鼎兮宝康瓠，腾驾罢牛兮骖蹇驴，骥垂两耳兮服盐车。章甫荐屦兮，渐不可久；嗟苦先生兮，独离此咎！"

清人林云铭在《古文析义》中称："此赋悲怆处，全在劈头数语。"一开始，贾谊就不自觉地把自己的遭遇与屈原连在一起。这种悲怆的情感来自对屈原遭遇的高度同情。"鸾凤伏窜""鸱枭翱翔""阘茸尊显""谗谀得志""贤圣逆曳""方正倒植"，确为屈原生平所遭遇。司马迁认为，屈原的遭遇是与楚怀王忠奸不辨分不开的，其在《史记·屈原贾生列传》中有云："人君无愚智贤不肖，莫不欲求忠以自为，举贤以自佐，然亡国破家相随属，而圣君治国累世而不见者，其所谓忠者不忠，而所谓贤者不贤也。怀王以不知忠臣之分，故内惑于郑袖，外欺于张仪，疏屈平而信上官大夫、令尹子兰。兵挫地削，亡其六郡，身客死于秦，为天下笑。此不知人之祸也。《易》曰：井渫不食，为我心恻，可以汲。王明，并受其福。"① 司马迁直接指出了屈原命运的必然性："屈平正道直行，竭忠尽智以事其君，谗人间之，可谓穷矣。信而见疑，忠而被谤，能无怨乎……自疏濯淖污泥之中，蝉蜕于浊秽，以浮游尘埃之外，不获世之滋垢，皭然泥而不滓者也。推此志也，虽与日月争光可也。"屈原的政治悲剧缘于他正道直行、刚直不阿的性格和竭忠尽智、执着追求理想之精神。"路漫漫其修远兮，吾将上下而求索""虽余身而危死兮，览余初其犹未悔""既莫足与为美政兮，吾将从

---

① 司马迁. 史记 [M]. 北京：中华书局，1959：2485.

彭咸之所居"，这种"一往皆特立独行之意"，这种眷恋邦国的赤子之心，这种高迈的情感和刚毅的意志，"不获世之滋垢"，真正"膺忠贞之质，体清洁之性，直若砥矢，言若丹青，进不隐其谋，退不顾其命，此诚绝世之行，后彦之英也"①。

在《吊屈原赋》中，贾谊抒发出沉重的生命感叹：

> 讯曰：已矣，国其莫我知，独堙郁兮其谁语？凤漂漂其高遰兮，夫固自引而远去。袭九渊之神龙兮，沕深潜以自珍。弥融爚以隐处兮，夫岂从虾与蛭蚓？所贵圣人之神德兮，远浊世而自藏。使骐骥可得系而羁兮，岂云异夫犬羊！般纷纷其离此尤兮，亦夫子之辜也！瞝九州而相君兮，何必怀此都也？凤凰翔于千仞之上兮，览德辉而下之。见细德之险征兮，摇增翮逝而去之。彼寻常之污渎兮，岂能容吞舟之鱼！横江湖之鳣鲟兮，固将制于蚁蝼。

《吊屈原赋》既是对屈原的凭吊与感叹，又是贾谊自身心灵轨迹的生动独白。凤凰为了远离祸患都高飞远方了，深渊里的神龙，也潜藏起来保护自己，怎么能和那些小人混在一起？圣人们留下的最宝贵的是高尚的品德，假使骐骥被拴住任人摆弄，那它和狗、羊有什么两样？凤凰飞翔在万里高空，看到圣德光辉才肯下来，遇上昏淫君王，便会远远离开。横行江湖的大鱼，在小水沟里就会受制于蝼蚁。

自孔子以来的儒家士子遵循的政治品格，是"用之则行，舍之则藏""邦有道则仕，邦无道则可卷而怀之"。贾谊在这里引用屈原《离骚》《涉江》诗中的某些内容，且赋作上段句式以四五言构篇，风格和屈原赋《怀沙》很相似②，体式多承骚赋，实际上是在对生命价值和人生意义进行思索。

实际上，屈原"举世皆浊我独清，众人皆醉我独醒"，他何尝不知用行

---

① 王逸. 楚辞章句序 [M] //影印文渊阁四库全书本：第1062册. 台北：台湾商务印书馆，1983：3.

② 王季星. 贾谊和他的作品 [J]. 东北人民大学人文科学学报，1956（4）.

舍藏，他又何尝不知生命的珍贵，他生活在楚地，又何尝不知道家的无己无我、皈依自然。他何尝不想以游士身份"腾说以取富贵"①，他也曾有过指西海以为期、游大人以成名的人生意向。屈原被逐十年，是艰难求索的十年，多少困厄，多少心灵的摧残，他都没有离开自己的国家，更没有选择死亡，为什么呢，因为屈原的美政思想尚存，他对国家是"信非吾罪而弃逐兮，何日夜而忘之"②。他相信楚王是被群党小人蒙蔽的，他始终相信可以回到朝廷，推行他的美政理想。可是，历史没有为每一个人准备足够的舞台。楚之先祖出自帝颛顼高阳。高阳者，黄帝之孙，"鬻熊之嗣，周封于楚。僻在荆蛮，筚路蓝缕。及通而霸，僭号曰武"。正如《史记》所载的那样，楚怀王日渐昏昧，受张仪欺骗而与齐绝交，草率攻秦又惨烈而败，忽而与秦联姻会盟，遭齐、韩、魏三国合攻，又被盟友秦国攻伐，朝政完全失范，秩序全无，无可奈何西入异土，客死他乡。襄王愈淫逸侈靡，内信群小，外无良谋，庄辛向楚襄王进谏说："专淫逸侈靡，不顾国政，郢都必危矣"，"君王卒幸四子者不衰，楚国必亡矣。"③ 楚襄王执迷不悟，把庄辛赶出楚国。顷襄王二十一年，"秦将白起遂拔我郢，烧先王墓夷陵。楚襄王兵败，遂不复战，东北保于陈城"。后悔的襄王战败后从赵国请回庄辛，并封他为阳陵君，楚国在庄辛的扶助下收复了淮北大批失地，楚国历史又延续了几十年，但楚国从此雄风不再。可以说，促使屈原"宁溘死而流亡兮，恐祸殃之有再，不毕辞而赴渊兮，惜壅君之不识"，最后让他宁赴湘流、葬于江鱼之腹的原因，是邦国的沦落和美政理想的彻底破灭，以及"安能以皓皓之白，而蒙世俗之尘埃"的高洁信念的驱使。

历代讨论贾谊必须涉及屈原，除了在文学作品的艺术传承上的关系外，二人心灵相通，文化品格相近、遭遇相似是其重要原因。屈原是楚武王熊通之子屈瑕的后代，是楚国贵族。屈原博闻强记，娴于辞令，楚怀王十一年，屈原由文学侍臣晋升为左徒，职位仅次于最高行政长官令尹，这时的屈原才22岁。贾谊颇通诸家之用书，也是22岁任太中大夫，《史记·屈原

① 章学诚. 文史通义校注 [M]. 北京：中华书局，1985：62.
② 朱熹. 楚辞集注 [M]. 上海：上海古籍出版社，1979：84.
③ 刘向. 战国策 [M]. 上海：上海古籍出版社，1978：555.

贾生列传》载，"诸老先生不能言，贾生尽为之对"。屈原为左徒，"造为宪令"，屈原"明法度之嫌疑"①，贾谊"诸律令所更定，及列侯悉就国，其说皆自贾生发之"，"议以为贾生任公卿之位"②，屈原流亡楚湘，贾谊被贬长沙，情形多么相似。不过，贾谊遭受的挫折与心灵创伤尚不如屈原惨烈，屈原经历十年放逐尚能艰难求索，只有在听到国都沦陷，深感理想前途彻底破灭时才自沉湘水。这时的屈原已是一个 60 多岁的老人了，年华老去，理想也不再闪光，因此选择了走向寂灭。这一点也正好让贾谊对人生意义和生命价值的求索又多了一个生动的参照。贾谊生活在逐渐繁荣兴盛的大一统国家，他的政治抱负是可以期待实现的，而且贾谊受道家影响，多了些空灵超脱的个性，因而他可以感情真挚地哀悼屈原，从容地责备屈原不该自沉湘水，从而为自己解脱困厄寻找理由。因此，贾谊没有理由走向最后的归宿，他不必远浊世而自藏，也不必历九州而相君，他要做的就是继续求索治国之道，继续探讨生命的价值。我们看到，贾谊在生命中第一次超越了自己，超越了主动选择死亡的政治生命模式。

如果说吊屈原是贾谊睹物伤情、聊以自寄的话，那么到长沙两年多后，一只鵩鸟再次撩拨了贾谊悲伤情感的脆弱神经。到长沙后，贾谊一直心绪难平，闷闷不乐。有一天，一只鵩鸟飞入贾谊的住房中。鵩鸟是一种外形似猫头鹰的鸟，按古人迷信说法，这是一种不吉祥的鸟，它飞入谁的房屋，谁就会离开这座房子。贾谊看到鵩鸟飞进自己的房舍，难掩万千愁思，写下了《鵩鸟赋》。这篇赋借鵩鸟之口阐释作者的哲学观点，抒发了怀才不遇、抑郁不平的心情，并以老庄齐死生、等祸福的思想来自我排遣，让人看到的是从吊屈原的一己悲情转到心怀万古的天地悲情。此时的贾谊是一个朝廷争斗的失败者、牺牲者，又是一个成功的求索者，一个有收获的贬谪士人。在这卑湿之地，他是那么敏感、多疑、失落。即使一点声音，就足以让他歌咏，有一点点动作，就足以让他手舞足蹈，何况这决定人的命运的鵩鸟飞进了自己的房屋呢？贾谊写道："单阏之岁兮，四月孟夏，庚子日斜兮，鵩集予舍，止于坐隅兮，貌甚闲暇。异物来萃兮，私怪其故；发

---

① 朱熹. 楚辞集注 [M]. 上海：上海古籍出版社，1979：94.
② 司马迁. 史记 [M]. 北京：中华书局，1959：2492.

书占之兮，谶言其度。曰'野鸟入室兮，主人将去。'请问于鹏兮：'予去何之？吉乎告我，凶言其灾。淹速之度兮，语予其期。'"贾谊对"主人将去"这句话充满欣喜与疑虑，到底这一去，是离开还是死亡？是吉还是凶呢？如果离开长沙那当然求之不得，高兴之至，但是，他将会到那里去？还要等多久才能离开长沙这卑湿之地呢？这篇赋被《汉书》全文收录，赋一开头，贾谊便表达出急欲离开长沙的迫切心情。鹏鸟虽然被贾谊认为是倾诉对象和他命运走向的启示者，但对于贾谊提出的这些问题，鹏鸟当然是无法给出任何答案的，失落无助的贾谊只好凭借他自己的学养和生命体验，对鹏鸟进屋一事进行分析、推理，求得最好的解释和自我安慰，并转为对天命、造化之规律的哲学探求："命不可说兮，孰知其极……天不可预虑兮，道不可预谋。迟速有命兮，焉识其时！"天命不可言，天意无法知，天道无从把握，"千万变化，未始有极"。"天不可预虑兮，道不可预谋。"鹏鸟已说了"迟速有命兮，焉识其时"，所以，不知也罢，不问也罢。"淹速之度兮，语予其期"，与其说这些词句反映了贾谊当时急于脱离困境，但又感觉遥遥无期、前途十分渺茫的焦虑落寞之情，还不如说，贾谊通过这些思索，克服了敏感、恐惧与落寞，消解了死亡，获得了精神上的新生。"德人无累兮，知命不忧；细故蒂芥，何足以疑。"仿佛所有的疑惑顷刻间烟消雾散。

看来，道家"齐生死，等荣辱""顺运委化"的哲学成了此时贾谊生命和情感的支柱，也成了他思索和表达的价值取向。"万物变化，固无休息。斡流而迁，或推而还，形气转续，变化而嬗，沕穆之间，胡可胜言。"在贾谊看来，宇宙万物万千形态和时间空间的万千变化，永无止息，不可胜言。贾谊感叹道："天不可与虑，道不可与谋。""千变万化。未始有极，忽焉为人，又何控揣，化为异物，又何足患。"贾谊终于在道家思想中找到了身心保全的方式，也终于在旷达平和的心境中得到解脱和超越，他用自己的语言表达对老庄的理解和接受："祸兮福所倚，福兮祸所伏。忧喜聚门，吉凶同域。""达人大观，物亡不可。""大人不曲，意变齐同。"与那些"小智""贪夫""愚士""众人"不同，这些"达人""大人""至人"和"真人"能"与道翱翔""独与道息""纵躯委命，不私与己""淡乎若深渊之静，泛乎若不系之舟"。贾谊希望像这些"德人"一样，与道一起翱翔，不把生死祸福放在心上，幻想走到绝圣弃智、得意忘形的人生最高境界，将身躯完全托付命运，人生就是把生命寄托在人间，所以要像没有波澜的深渊一样淡泊，保持自己空灵泛游。贾谊再一次超越了死亡，超越了自己，获得了新生。这里，我们看到的是一个超越生死的贾谊，一个对死亡消解的贾谊，一个苦苦思考求索的贾谊。不过，贾谊身处逆境中能以老庄道学来进行自我安慰，但他毕竟难弃儒士风度，他只是放下了一切思想包袱，没有彻底走向消极避世，他只是轻装上阵，把灵魂和身心安放好，照顾好，不忘本心，继续前进，仍然保持了儒家固有的关注现实、治国安邦的入世精神，用另一种方式阐释对命运的理解。长沙三年，他一刻也没有停止求索，以屈原的高洁心灵和直道而行的品性为样板，关心时政，积极建言献策，不仅显示出其"智囊之臣"的官宦本色，也表现出"命世之才"的士人底色。

公元前176年，绛侯周勃因被指控谋反而被捕。贾谊因周勃的指斥等原因才被贬谪，但此时贾谊捐弃旧嫌，上疏建议礼待大臣，建立等级严密的封建政治制度和分明的伦理关系，并阐述了君王以廉耻激励群臣，群臣以死报国效君，君臣和谐相处的主张。前文说过，周勃虽出身低微，不好文学，但周勃是开国旧臣，当年跟随高帝戎马倥偬，立国后以战功封为绛侯，食绛八千一百八十户，高帝临终时曾对吕后说："周勃重厚少文，然安刘氏者必勃也，可令为太尉。"① 高祖英若神明，吕后死后，周勃与陈平等诛诸吕而拥立文帝。文帝初年，勃曾任右丞相、丞相。《史记·绛侯周勃世家》载，文帝三年，诏曰："前日吾诏列侯就国，或未能行，丞相吾所重，其率先之。"于是周勃去职而至绛地管理封地。当初任右丞相只有一个多月，就曾有人对周勃说："君既诛诸吕，立代王，威震天下，而君受厚赏，处尊位以宠，久之即祸及身矣"。因而他常怀恐惧之心，如履薄冰，加上文帝又免其相，令其居住到封地，所以他愈加胆战心惊，忧心忡忡。《史记》又载，周勃到封地一年多后，有人告发周勃要造反："每河东守尉行县至绛，绛侯勃自畏恐诛，常被甲，令家人持兵以见之。其后人有上书告勃欲反，下廷尉。廷尉下其事长安，逮捕勃治之。勃恐，不知置辞，吏稍侵辱之。"周勃

---

① 司马迁. 史记 [M]. 北京：中华书局，1959：392.

花了千金买通狱吏，求得薄太后的保护，终免其罪。周勃出狱之后，十分感慨地说："吾尝将百万军，然安知狱吏之贵乎！"统帅过千军万马的绛侯，其言若此，不禁令人唏嘘。文帝采纳了贾谊的这个疏中的建议，"上深纳其言，养臣下有节，是后大臣有罪，皆自杀，不受刑"①。

从这件事可以看出，贾谊的政治胸襟是开阔的，只要是有利于国家和君主，他不计较个人的恩怨，公而忘私，顾全大局，直道而行，跳出了狭隘的小我。可以说，贾谊消解了死亡，超越了屈原的政治生命模式，走上了新的生命征途。他与老庄相通，但他没有孤芳自赏，没有故步自封，没有超然物外，相反，他再一次超越了自己，以更加积极的生命状态和更加饱满的政治热情，在求索生命之道的同时，一刻也没有忘记自己肩负的建设长治久安大国的责任。也可以说，求索生命之道与求索治国之道相交织，前者为后者提供了前提和条件，而求索是贾谊一以贯之的内在生命品质。

前文已述，"汉兴……于是为秦钱重难用，更令民铸钱"②，文帝时，继续推行这一政策，"汉文帝五年，除盗铸钱令，使民放铸"③。放铸，按颜师古注，指"恣其私铸"。是年，汉文帝赐宠臣邓通蜀严道铜山，使铸钱，吴王刘濞开豫章铜山使铸钱。于是吴、邓之钱布天下。各郡县使用的铸钱，轻重不同，相互折算，而铸钱的人为图额外利益，往往在铸钱时杂入铅、铁等贱金属，不仅造成"平称不受，法钱不立"，而且"常肆异用，钱文大乱"。面对这种货币混乱的情况，贾谊身处逆境，但仍然心忧天下，他及时上疏《铸钱》《铜布》，痛陈利弊，分析民间铸钱的害处，反对"放铸"，认为这对统一币制、稳定物价、巩固政权极为不利。

贾谊之所以极力反对私铸钱，把私钱称为"奸钱"，其理由有三条：其一，私铸钱通过掺入铅、铁等劣质金属牟取暴利，允许私铸实际上是诱使人犯法，而犯法者多了以后，法不责众，法律将失去应有的效力，私铸的重利会导致"农事不为，采铜日蕃，释其末耨，冶熔炊炭""奸数不胜，而法禁数溃"（《汉书·食货志》）。其二，私铸不仅会导致铜钱种类繁多，标

---

① 班固. 汉书 [M]. 北京：中华书局，1962：2260.
② 司马迁. 史记 [M]. 北京：中华书局，1959：1417.
③ 班固. 汉书 [M]. 北京：中华书局，1962：1153.

准不一，"法钱不立""奸钱日繁，正钱日亡，善人怵而为奸邪"。郡县各异，而且铜钱的轻重成色紊乱，结果是"钱文大乱"，致使钱币市场秩序混乱。其三，妨碍农业生产，由于私铸获利甚厚，将使"农事弃捐""释其耒耨"，致使"奸钱日多，五谷不为多"，危害国家的经济基础。在做了上述深入分析后，贾谊在《铜布》中提出"勿令铜布于天下"的主张，建议由官府垄断币材，将铜收归国有，这样就能釜底抽薪，民间无铜就无法私铸，货币流通的混乱局面和老百姓因私铸而犯罪的现象就可得到有效遏制，由此可"因祸而为福，转败而为功"，可以实现利国利民的"七福"（前文已述）。

　　贾谊的谏议是切中肯綮、深谋远虑的，但是，文帝没有采纳贾谊的建议，坚持除盗铸钱令。至于为什么汉文帝拒绝贾谊的建议，有学者分析有以下三点原因：一是贾谊的货币观与当时的主流经济思想相抵触。贾谊主张用国家的力量干预、控制经济，具有强烈的有为思想，而当时的主流经济思想仍然是"块然若无事，寂然若无声，官府若无吏，亭落若无民"[①] 的无为思想。二是贾谊主张将币材收归国有，并由朝廷垄断铸币权，固然可以打击地方分裂势力和富商大贾，但汉文帝即位不久，统治尚未稳固，处理不好就有可能过早激化矛盾，致使政权生乱。三是尽管将铜收归国有，从源头控制币材，但百姓仍可将铜制品或铜钱冶炼私铸。史载西汉初年大侯不过万家，小者五六百户，到文景之世，流民即归，户口亦息，列侯大者至三四万户，粮价大大降低，同时工商业也得到了很大的发展，这些经济成就是在货币铸造权尚未统一的情况下取得的。另外，谷帛的货币性没有完全丧失，帝王的赏赐用绢帛，官吏的俸禄主要是粮食。由此可知，汉文帝不采纳贾谊的货币主张有其合理性。[②] 汉文帝即位 23 年，尽管铸币权未统一，但是由于采取与民休养生息的财政政策，加上文帝政简刑清，以德化民，"衣不得曳地，帏帐不得文绣，以示敦朴，为天下先光，治霸陵皆以瓦器，不得以金银铜为饰，不治坟，欲为省，毋烦民""宫室苑囿，狗马

---

① 陆贾. 新语 [M] //诸子集成（七）. 北京：中华书局，1954：10.
② 王艳，袁野. 从汉文帝不采纳贾谊的《谏除盗铸钱令》想到的 [J]. 金融科学，2000（2）.

服御，无所增益，有不便辄驰以利民"①，社会经济得到发展，出现历史上少有的富裕景象。

文帝六年（前174年），汉文帝念及贾谊，将贾谊从长沙召回长安。贾谊谒见文帝时，文帝正坐在未央宫前的宣室享受祭肉之福。当时，文帝心中想的全是有关鬼神之事，于是便问贾谊有关鬼神的事宜。贾谊谈了很多关于鬼神的事情，应该也包括楚地的巫鬼文化传统，有些是文帝闻所未闻的，他眼界大开，所以越听越有趣味。夜深了，文帝毫无倦意，把座位不断移近贾谊，以方便更好地听。这次谈话，让文帝更加看重贾谊："吾久不见贾生，自以为过之，今不及也。"② 这次谈话对文帝的影响很大，他不仅懂得了关于鬼神的一些道理，而且心态更加平和、简朴、通达，他说："天下万物之萌生，靡不有死，死者天地之理，物之自然者，奚可甚哀。当今之时，世皆嘉生而恶死，厚葬以破业，重服以伤生，吾其不取。"③ 后来文帝在临终前下令为自己薄葬，陪葬品为瓦器，丧葬期间百姓可以宴饮婚嫁。这次宣室夜谈之后，文帝任命贾谊到梁国任太傅，君臣关系更加密切了一些，因为梁怀王刘揖是文帝的小儿子，好读诗书，文帝最为钟爱。文帝派贾谊去当小儿子的太傅，当时是对贾谊的赏识信任和寄予厚望。

这一时期，灌婴已死，周勃已被打压，贾谊的老师张苍为丞相，文帝完全可以按原来的设想让贾谊任"公卿之位"，但为什么只让他担任太傅呢？对于这个问题，历代有不少讨论。有人认为文帝与贾谊之间的君臣关系尚不十分亲密，如李商隐诗曰"不问苍生问鬼神"，言下之意是既然文帝如此思念贾谊，贾谊又是"高世之才，殆出天纵"，而"文帝果能用之，可以为尧舜，可以为汤武"④，如果关系亲密的话，应该委以重任。不过，反过来看，如果二人关系不亲密，贾谊不会时刻想着文帝，文帝也不会把朝中的事务处理顺手后立即想到召回贾谊，而且在宣室夜谈鬼神这类悲喜之事。文帝原本知道贾谊的学识和政治见解，而文帝"以为过之"，证明文帝也一直在不断进步，是一个见贤思齐、善于学习和思考的年轻君主，也说

① 司马迁. 史记［M］. 北京：中华书局，1959：433.
② 司马迁. 史记［M］. 北京：中华书局，1959：2503.
③ 司马迁. 史记［M］. 北京：中华书局，1959：305.
④ 陈鳣. 贾谊论［M］//简庄缀文：第一卷. 刻本. 杭州：抱经堂书局，清嘉庆：2.

明贾谊才能上的进步让文帝更加赏识和信任。未在职位上委以重任，也许原因很多，也许在文帝看来让贾谊花更多时间更好地教导帝国未来的接班人，才是最重要的事情，而且，担任太傅一职，并不影响贾谊继续为国家建言献策。宣室之谈除了鬼神之外还谈了些什么，或者二人之间达成了哪一种默契，不得而知，不过宣室夜谈应与贾谊回长安后的职位安排有关，也与贾谊接受这一职位并一如既往地献言献策有关系。

文帝七年（前 173 年），28 岁的贾谊回长安后，作《宗首》《数宁》《藩伤》。第二年夏，朝廷封淮南王刘长之子刘安等四人为列侯，贾谊上《谏立淮南诸子疏》，文帝不听。文帝九年（前 171 年）春，北方大旱，贾谊作《旱云赋》，指斥上天"失精和之正理"，痛惜"畎亩枯槁而失泽"，"壤石相聚而为害""农夫垂拱而无聊""释其锄耨而下泪"，甚至发出"何操行之不得兮，政治失中而违节""白云何怨，奈何人兮"的感慨，将苍天失德与政治失中一并痛快地数落。

从长沙回长安，贾谊虽然回到了君王身边，但"其心切，其愤深，其词隐而丽，其藻伤而雅"[1]，赋吊屈原时的纡郁愤闷之情似乎挥之不去，所以屡屡"陈痛哭之言，上危亡之语"[2]，真是"道正则易迁，才高则易荡"[3]。贾谊认真履行太傅职责，又能"优臣子之礼，置天下于大器，所以示安危之机"[4]，充分体现了贾谊通达国体的另一面，那就是，他不管地位高低，所处何地，都抛开私人情感，忠君事主，致身委命，以国家为重，为国家而求索。他"陈说治理，善据事实，识要奥""激颓风以继三五，鼓芳风以扇幽尘"[5]，他梦想不仅可以成为文帝的智囊之臣，而且通过塑造皇子，成为国家长治久安的帝王之师。

贾谊在任梁怀王太傅期间，除了忠实地履行师傅之职外，对国家长治

---

① 吕留良. 贾谊论［M］∥吕用晦文集：卷六. 铅印国粹丛书.

② 张志淳. 订注贾太傅《新书》序［M］∥方向东. 贾谊集汇校集解. 南京：河海大学出版社，2000：500.

③ 黄宝. 新书：序［M］∥贾子. 抱经堂校定本. 北京：直隶书局，1923.

④ 乔缙. 贾生才子传序［M］∥方向东. 贾谊集汇校集解. 南京：河海大学出版社，2000：493.

⑤ 乔缙. 贾生才子传序［M］∥方向东. 贾谊集汇校集解. 南京：河海大学出版社，2000：493.

久安之道的求索一刻也没有停止，也无法停止，因为文帝曾"数问以得失"，贾谊"数上疏陈政事，多所欲匡建"①，阐述自己对国家管理的意见，前文已略述，这些建议和主张主要体现在三个方面。

一是提出"欲天下之治安，天子之无忧，莫如众建诸侯而少其力"。"汉兴之初，海内新定，同姓寡少，惩戒亡秦孤立之败，于是割裂疆土，立二等之爵。功臣侯者，百有余邑；尊王子弟，大启九国。"②"而藩国大者夸州兼郡，连城数十，宫室百官同制京师，可谓矫枉过其正矣。"可是当他们各自的势力强大以后，"小者荒淫越法，大者睽孤横逆，以害身丧国"，都要争当天子，强者先反。文帝六年（前174年），就有淮南王刘长勾结闽越、匈奴谋反。面对这种情况，贾谊从巩固中央政权、维护国家统一的大局出发，反复向文帝建议削藩，提出了"众建诸侯而少其力"的著名主张。

二是主张以德怀服匈奴。汉初，国力疲弱，对匈奴采取和亲政策，但匈奴时刻侵扰汉朝边境。贾谊不赞成这种消极的和亲，《新书·威不信》载："天子共贡，是臣下之礼也。足反居上，首顾居下，是倒植之势也。天下之势倒植矣，莫之能理，犹为国有人乎""德可远施，威可远加"。贾谊主张怀之以德，"建三表""设五饵"，使之臣服，《新书·匈奴》中提到："臣闻强国战智，王者战义，帝者战德……今汉帝中国也，宜以厚德怀服四夷，举明义博示远方，则舟车之所至，人力之所及，莫不为蓄。"

三是主张别贵贱，明尊卑，以礼治国。这种思想来自荀子，也来自春秋学大义。文帝时期，"白縠之表，薄纨之里，缉以偏诸，美者黼绣，是古者天子之服也，今富人大贾召客者得以被墙""贾妇优倡下贱产子得为后饰"③。贾谊认为要纠正这种"君臣相冒，上下无辨"的"无制度"现象，就必须"使车舆有度，衣服器械各有制数"，君臣上下分明。

贾谊的一切努力，都是为了国家和老百姓。当他竭力奉献的国家遭受不幸时，他又陷入了深深的思考、忧愁和求索之中。在《旱云赋》中，贾谊看到令人伤心的旱灾时，出于对老百姓的同情，他不禁埋怨起"在位"

① 班固. 汉书［M］. 北京：中华书局，1962：2221.
② 班固. 汉书［M］. 北京：中华书局，1962：393.
③ 贾谊. 贾谊集［M］. 上海：上海人民出版社，1976：53.

者和老天爷："怀怨心而不能已兮，窃托咎于在位。独不闻唐、虞之积烈兮，与三代之风气；时俗殊而不还兮，恐功久而坏败。何操行之不得兮，政治失中而违节；阴气辟而留滞兮，厌暴至而沉没。"由于"在位"者"操行之不得""政治失中而违节"，导致阴阳失调，天气乖戾。"惜旱大剧，何辜于天；无恩泽忍兮，啬夫何寡德矣。既已生之不与福矣，来何暴也，去何躁也，孳孳望之，其可悼也。憀兮栗兮，以郁怫兮；念思白云，肠如结兮。终怨不雨，甚不仁兮；布而不下，甚不信兮。"贾谊质问苍天："既已生之，不与福矣"。既生吾民，为何让他们垂拱无事、释锄下泪呢？为什么又不赐福呢？这岂不是"不仁""不信"吗？教我如何不"念思白云"，怨结愁肠呢？贾谊表面上质问的是上天，实际上责备的是当朝的"在位"者。

如果说《鵩鸟赋》是贾谊对个人命运的艰难求索，那么《旱云赋》则是对广大苍生和国家命运的求索。贾谊在梁怀王太傅任内，依旧不断给文帝上疏，陈述自己的政见，希望有所改革，有所裨益。

文帝六年（前174年）淮南王刘长谋反，事败被徙蜀郡，途中"乃不食死"。有人因文帝与刘长兄弟相残之事，做歌谣攻击或讥讽文帝："一尺布，尚可缝；一斗粟，尚可舂；兄弟二人不相容！"文帝听了觉得很不舒服，于是在文帝八年（前172年）夏，封淮南王刘长之子刘安等四人为列侯。贾谊认为不妥，上疏力劝文帝：

> 今奉尊罪人之子，适足以负谤于天下耳。……今淮南子，少壮闻父辱状……岂能须臾忘哉？……淮南虽小，黥布尝用之矣，汉存特幸耳。夫擅仇人足以危汉之资，于策安便？虽割而为四，四子一心也。……与之众，积之财，此非有白公、子胥之报于广都之中者，即疑有专诸、荆轲起两柱之闲，其策安便哉？此所谓假贼兵、为虎翼者。愿陛下少留意计之！

贾谊对文帝封"罪人之子"为列侯的危险性看得十分透彻，奏疏的语言也十分直率和真切。但文帝一意孤行，不仅封刘长之子为侯，后来又于文帝十六年（前164年）封刘安为淮南王，刘勃为衡山王，刘赐为庐江王，最终酿成之后的七国之乱。

文帝十一年（前 169 年），贾谊上《请封建子弟疏》，鉴于梁王已过世，贾谊建议文帝增强自己两个亲儿子的诸侯国，即代国和淮阳国的势力，以防不测："举淮南地以益淮阳，而为梁王立后，割淮阳北边二三列城与东郡以益梁；不可者，可徙代王而都睢阳。梁起于新郪以北著之河，淮阳包陈以南揵之江。则大诸侯之有异心者，破胆而不敢谋。梁足以扞齐、赵，淮阳足以禁吴、楚。陛下高枕，终亡山东之忧矣，此二世之利也。"① 所幸的是，文帝这次基本上是听从了这个建议："文帝于是从谊计，乃徙淮阳王武为梁王，北界泰山，西至高阳，得大县四十余城；徙城阳王喜为淮南王，抚其民。"② 而正是这次的封建子弟，为以后平定七国之乱打下良好基础。可惜，这是贾谊身后之事。

汉文帝十一年（前 169 年），梁怀王刘揖入朝，坠马而死。这不啻是给贾谊轰天惊雷。怀王是文帝最疼爱的儿子，是文帝的政治希望，也是贾谊的全部希望所在。贾谊于是"自伤为傅无状……毒恨而死"③。"天夺之速，徒使谊之言验于身后，而莫能成功于当日也"④，留下诸多的遗憾，任由后人评说。

一个人如果没有高度的责任感，他不会毒恨自己，如果没有坚毅的求索精神，他不会感到"为傅无状"。即使在"毒恨"自己的日子里，贾谊也没有停止求索的脚步，怀王坠马死那年，贾谊上疏《请封建子弟疏》（即《益壤》《权重》），公元前 168 年，贾谊在生命的终年仍作做了《一通》篇，主张撤除关隘，让天下通畅，以示广施恩泽。可以说，贾谊的求索之路，直到他生命的终点。

---

① 班固. 汉书 [M]. 北京：中华书局，1962：2261.
② 班固. 汉书 [M]. 北京：中华书局，1962：2264.
③ 司马迁. 史记 [M]. 北京：中华书局，1959：2503.
④ 乔缙. 贾生才子传序 [M] // 方向东. 贾谊集汇校集解. 南京：河海大学出版社，2000：493.

第四节　充满悲剧意义的求索

　　勇于求索的文化品格贯穿贾谊生命的始终，那么，贾谊一生到底是遇还是不遇？后人有不同的评说。司马迁、班固认为"虽不至公卿，未为不用"。黄宝《新书序》、何孟春《贾太傅新书序》均同意这一观点。吕留良《贾谊论》认为："明君之于贤臣，或身用之，或留于其子孙用，皆用也，于其言，或身行之，或留子孙行之，皆行也。"袁枚认为贾谊"洛阳年少，内位大夫，外为师傅，非不遇也……生不死，帝必用生"①。贾谊上疏的一些建议，虽然部分未被文帝当时采用，但都在贾谊身后得到实施，如谋削诸侯，正如吕留良所言："七国既平，而主父偃等果遂能行其策矣，终汉之世，无侯国之变者，偃之谋也。偃之谋，文帝之谋也，文帝之谋，贾生之谋也。而贾生之言固已行矣，此所谓谋子孙之道也……乃世儒不察，猥以不遇之言短贾生而罪文帝。"贾谊死后第二年，废除了贾谊、张苍等反对的肉刑，第三年，贾谊关于改正朔的建议得到当时人们的支持。贾谊劝文帝立君臣、等上下，在其后董仲舒的《服制》《度制》《爵国》中进一步得到发挥并实施。贾谊的理想并未淹没。不仅如此，"孝武皇帝立举贾谊之孙二人至郡守，而贾嘉最好学，世其家，与余通书。至孝昭时，列为九卿"。他的春秋左传之学在东汉前期立于官学，并随《新书》一道成为儒家经典之一，对后世产生深远影响。这些，都是贾谊的求索带给汉朝统治者的精神馈予。既然是求索，就有痛快淋漓的时候，也有伤感无助的时候。文帝与贾谊君臣之间，有相互信任、相互欣赏的时候，也有疏远和无奈的时候。

　　贾谊的求索毕竟具有悲剧意义。贾谊虽然不以死生去就为怀，但生命对于生命个体来说毕竟是十分重要的。从表面看起来，贾谊之死是因为他自己觉得没有尽到做老师的职责，或许还有一点怕文帝责怪之意，但实际上，我们不能忽视贾谊渡湘水吊屈原时表现出的愤闷怨恨之情，这种郁结

---

　　① 袁枚. 读贾子［M］// 小仓山房诗文集: 下册. 上海: 上海古籍出版社, 1988: 1649 - 1650.

之气自始至终未能释放，精神上一直处于高度抑郁和感伤之中，梁怀王死以后贾谊的"常哭泣"，与之前贾谊上疏时无声的"痛哭""太息"应该是有内在的联系的，梁怀王的死只不过是一个导火索，使多年的抑郁总爆发，彻底击垮了贾谊年轻而脆弱的感伤神经，彻底销蚀了贾谊的生命元气。孔子尽管对鲁哀公不满，但孔子只是耐心地启迪开道国君；孟子对齐宣王多有微词，但他仍然在宣王治下悠游求仕；荀子更是只求君主开张圣听。而贾谊不是这样，他虽然以道为虚，以术为用，但实际上是以智略之资、战国之习，欲措置汉之天下。遭遇挫折后他以老庄之学来安慰自己，但他儒道交织的多重性格中，儒家入世思想始终占据主导地位，所以他才会终生求索，"呻吟踊跃以求知于世""感激愤悱，思奋其志略"①。

　　贾谊的命运不仅是个人的生命悲剧，更是具有划时代意义的政治悲剧。任继愈先生说："当时，汉朝统治面临着战略转变。在这种情况下，个别天才人物是无能为力的，贾谊看到了转变的必要，但没有看到转变的时机尚不成熟，这是造成他悲剧的内在原因。"② 诚哉斯言。苏轼言及贾谊"欲使一朝之间尽弃其旧而谋其新，亦已难矣"。汉文帝时，天下殷强，海内充溢，"左右朝廷决天下大计者，皆与高祖披荆斩棘共起山泽者也，否则，皆先朝所擢之岩穴而用之廊庙者也，其出就侯国者，皆天子之叔伯兄弟也，否则皆功臣之后也"，而贾谊"洛阳儒素，年不及强壮，位不及卿相，抵掌阙下，陈痛哭之言，上危亡之语……以疏贱之人，计贵戚之事，过于切直，是以不得志"③。身为人臣，"厚积为上，格心次之，骤言下矣"。如果贾谊是一个成熟的政治家，那么就会"澡身浴德，言伏静正"，果真这样，则"汉之为治，虽三王五帝弗可及也已"。④

　　贾谊虽然命运多舛，但贾谊应该是幸运的，因为他遇上了汉文帝。虽然汉文帝本好刑名之言，但对以儒立于朝的贾谊是开明的，二人在许多方

　　① 柳宗元. 娄二十四秀才花下对酒唱和诗序［M］//柳宗元集：卷二十四. 北京：中华书局，1979：644.
　　② 中国哲学发展史：秦汉［M］. 北京：人民出版社，1985：150.
　　③ 吕留良. 贾谊论［M］//吕用晦文集：卷六. 铅印国粹丛书.
　　④ 周廷用. 刻贾太傅《新书》叙［M］//方向东. 贾谊集汇校集解. 南京：河海大学出版社，2000：501.

面有共识。同时，"孝文好道家之学""汉文帝的政治方向是'无为'，贾谊的政治方向是'有为'"①，二人方向上虽然不同，但文帝仍欲以"贾生任公卿之位"，他的建言献策文帝也采用了不少，只是有些过激的政策触动汉初以来逐渐形成的政治格局，可能影响朝局稳定，文帝才未予采用，并不像一些学者如清代翟蔼在《九畹史论·书苏东坡贾谊论后》中所说的，因为"帝自不用贾生"，所以贾谊"百投而百不合"。周廷用在《刻贾太傅新书叙》中云："事君之道，厚积为上，格心次之，骤言下矣。夫惟积不厚则才露，心不格则情疏，骤不戒则言易，露则掩人，疏则违人，易则迁人，三者处言，言斯殆矣。"与李斯、晁错相比，贾谊幸运得多，正如何孟春所言："假令谊不死，仕孝景世，处盎、错之间，忌兴谤集，身且弗保。"而贾谊能以求索之道贯穿生命始终，全身而去，还被公认为王佐之才，"通达国体，伊、管不能过"，虽然"天夺之速，徒使谊之言验于身后，而莫能成功于当日也"②，但"在生宜可无恨……其身尊荣显赫"③，贾谊以一个年轻鲜活的求索者形象永载史册，斯为幸哉！

---

① 冯友兰. 中国哲学史新编：第三册 ［M］. 北京：人民出版社，1985：38.

② 乔缙. 贾生才子传序 ［M］//方向东. 贾谊集汇校集解. 南京：河海大学出版社，2000：493.

③ 卢文弨. 重刻贾谊《新书》序 ［M］//贾子. 抱经堂校定本. 影印本. 北京：直隶书局，1923.

第六章
贾谊文化品格对后代文人的影响

　　贾谊对后世的影响是多方面的，在政治、经济、教育、文学诸多方面均产生了深远的影响。其中，贾谊作品对后代文学的影响前人今贤已有较多论及，本章着重论述贾谊的文化品格对后代文学的影响。这种影响主要体现在两方面，一是影响后代文学作品的情感，二是为文人创作提供了创作素材，形成了贾生意象，并为文人的生命历程提供了参照。

第一节　贾谊的文化品格影响
后代文学作品的情感

　　各个朝代都有各自典型的文学样式。王国维《宋元戏曲史序》云："凡一代有一代之文学，楚之骚，汉之赋，六代之骈语，唐之诗，宋之词，元之曲，皆所谓一代之文学，而后世莫能继焉者也。"① 钱穆认为中国古代文学发展是一个"逐渐转化、绵延"的过程，没有真正意义的革命。这种转化、绵延之中，不可避免地被感染、被影响、被代替、被超越。通过贾谊的文学作品，我们可以感受到贾谊的文化品格对后世文学作品情感的影响。正如刘熙载《艺概·文概》所说："贾生谋虑之文，非策士所能道（虽不免战国纵横气息）；经制之文，非经生所能道。汉臣后起者，得其一支一节，皆足以建议朝廷，擅名当时。然孰若其笼罩群有而精之哉？"

---

　　① 　王国维.宋元戏曲史［M］.上海：上海古籍出版社，1998：1.

钱穆认为中国文学大体可分为政治性的上层文学和社会性的下层文学，自诗骚到秦汉，除了乐府之外，多为政治性的上层文学。从实际情况来看，按钱氏观点，贾谊的文学作品，当然属于上层文学了，那时的平民不可能有书面文学作品流传开来。但从文章学的视角来看，文风的转变才是需要重点关注的现象。吴澄曾经评价历代作家说，西汉文章以贾谊和司马迁为第一，这种文风经过八代的影响，经过东汉到中唐六百余年发展而逐渐凋敝，直到唐代韩愈、柳宗元文章兴起一种新的文风，文章重新繁茂，这种文风又风靡了五个朝代，从晚唐到中宋，发展了两百余年，又开始元气不足，不符合社会生活发展，直到宋代五子（欧阳修、苏洵、曾巩、王安石、苏轼）才有改变。明代成化以后，天下多享太平而文章多为台阁雍容之作，久而久之陈陈相因、千篇一律，以李梦阳、何景明为代表的前七子起来纠正，崇尚古文，古体唯汉魏是瞻，近体非盛唐不师，又不免矫枉过正，食古不化，文章似武库之物利钝杂陈。每个时代有每个时代的语言习惯，时代变化，文章语言也会不同，因此每个时代有每个时代的行文风格，《春秋》就有"从变而移"，即写法随着时代变化而变化的写作传统。韩愈的文章与司马迁不同，司马迁的文章与孔子不同，尽管他们在精神上是相通的。就好像各处山川皆秀丽迷人，但各处山川均有不同。历史上，即使是同一个朝代，也会出现文风交替的现象。贾谊的忠君爱国理想、深刻的反思精神，以及直道而行的变革意识、不断超越的求索精神，既体现于他的人生实践，又深嵌在其作品之中。因此，贾谊的文化品格，既影响后世文人的生命实践、心态历程，也直接影响文人创作时的情感表达。①

一、对后世辞赋的影响

贾谊深刻的历史反思精神和现实担当、心忧民瘼的文化品格对后世辞赋产生了重要影响。

一般认为，赋产生于战国，汉代开始盛行，是中国古代文学创作中的重要文体之一。在中国文学史上，向来诗、词、歌、赋并称。汉赋是汉代四百年间的主要文学样式之一。贾谊的赋作上承屈原，下启两汉，在我国

---

① 汪耀明. 贾谊和西汉文学［M］. 上海：复旦大学出版社，2003.

辞赋发展史上具有重要地位，《吊屈原赋》等三篇赋散文化倾向较为明显，游国恩先生称其"把散文的形式融合在骚体里面"①。贾谊之后，汉赋经由枚乘、司马相如等，逐渐成为完全散体化的汉代大赋。

虽然有人认为"汉赋是适应新兴地主阶级的发展而产生的，汉赋作家是装饰、维持封建社会这座金字塔的词匠，他们创造出铺张雕饰的形式美投合了贵族奢靡生活"②，但同时也应该看到，赋的语言特点是丽，社会功能是美与刺。③ 汉赋中有不少作品注重文学的社会作用，深含忧民情怀。简要梳理一下中国古代文学史，观照那些杰出的辞赋，就可发现班彪、张衡、赵壹、蔡邕、王粲等人的辞赋中，较多地体现了关心百姓疾苦的肺腑之情。这些作品，在写景、叙事、议论、抒情等方面与贾谊辞赋在精神上是相通的，风格也相近。

班彪学博才高，西汉末年，他避战乱来到天水，当时隗嚣在天水拥兵割据，班彪从之，后到河西走廊一带，为大将军窦融从事，并劝窦支持光武帝。东汉初，举茂才，任徐县令，但不久因病免官，后潜心修史，其子班固写《汉书》时不少史料来自班彪。《北征赋》作于公元25年，是23岁的班彪从长安出逃凉州安宁郡避难时沿途的见闻和感慨："野萧条以莽荡，迥千里而无家。风猋发以漂遥兮，谷水灌以扬波……游子悲其故乡，心怆恨以伤怀。抚长剑以慨息，泣涟落而沾衣。揽余滋以于邑兮，哀生民之多故。"这篇赋采用骚体，结合沿途景物和有关史实，怀古伤今，感伤时乱，即景生情，情景交融，表达对人民生活疾苦的关切，感情悲怆、层次清楚、语言简练自然。这种不满朝政、心忧民瘼的情感及其情景交融的表达方法，与贾谊辞赋一脉相承。

张衡博通经籍，曾官至侍中、河间相，与司马相如、杨雄、班固合称汉赋四大家，讽议左右。永和三年（138年），61岁的张衡上书自请退职，《归田赋》就是在这时写的，赋中写道：

① 游国恩. 楚辞概论［M］. 上海：北新书局，1926：310.
② 贺凯. 汉赋的新解［J］. 文学杂志，1933，1（3，4）.
③ 叶幼明. 辞赋通论［M］. 长沙：湖南教育出版社，1991.

仲春令月，时和气清；原隰郁茂，百草滋荣。王雎鼓翼，仓庚哀鸣；交颈颉颃，关关嘤嘤。于焉逍遥，聊以娱情。

……

于时曜灵俄景，系以望舒。极般游之至乐，虽日夕而忘劬。感老氏之遗诫，将回驾乎蓬庐。弹五弦之妙指，咏周、孔之图书。挥翰墨以奋藻，陈三皇之轨模。苟纵心于物外，安知荣辱之所如。

该篇赋作文句清丽平淡，结构短小灵活，语言自然清新，感情真挚。虽然张衡想到老子的告诫，想驾车回草庐，奏五弦琴，读圣贤书，一心想置身于荣辱之外，但是他并不是真的想隐逸。他深感阉竖当道，朝政日非，豪强肆虐，纲纪全失，又报国无门，只好远离逃遁。他的远离是抗争的一种方式。"谅天道之微昧，追渔父以同嬉"正是本篇的主旨：个人抱负无法施展而逃遁于田园，希望田园是自由美好的，但田园是不是真的自由美好，也很难说。他想远离朝政，从某方面来讲，恰恰是心中装着国事朝政。如果心中没有，也就无所谓远离和放下，这就是真正的创作心理。汉大赋自司马相如始，劝百而讽一，至张衡等人为甚，这些赋固然与作为逐臣的贾谊之赋在文章主旨和表述方式上有许多不同，但是赋中反映出的作者创作心理与贾谊作《鹏鸟赋》《旱云赋》时是相似的。再看《二京赋》："令公子苟好剿民以偷乐，忘民怨之为仇也；好殚物以穷宠，忽下叛而生忧也。夫水所以载舟，亦所以覆舟。"这虽然表达了张衡清静无为的思想和决不与小人同流合污的理想，但也指出了水载舟亦可覆舟的道理，既是抒情，也是告诫和忧思。这形式上虽是大赋，但显然比以前大赋中"劝百讽一"更具现实性、抒情性和反思性。这些，与贾谊赋作也是一致的。

赵壹美须豪眉，恃才倨傲，举止独特，后屡抵罪，几至死，幸得友人相救，遂作《穷鸟赋》答谢友人。他把自己比作受困于笼中的鸟，感谢援救自己的友人。他在著名的《刺世疾邪赋》中，发出振聋发聩之语，对"邪夫显进，直士幽藏"的社会现实进行嘲讽，对生民予以关照："宁计生民之命，唯利己而自足。""于兹迄今，情为万方。佞谄日炽，刚克消亡。舐痔结驷，正色徒行。妪媮名势，抚拍豪强。偃蹇反俗，立致咎殃。捷慑逐物，日富月昌。浑然同惑，孰温孰凉。邪夫显进，直士幽藏。"他无可奈何地感叹道："宁饥寒于尧舜之荒岁兮，不饱暖于当今之丰年。"刘熙载说，谈《穷鸟赋》《刺世疾邪赋》就知道赵壹是抗脏之士，但是文章径直露骨，"未能如屈贾之味余文外耳"。这种比较当然合适，但殊不知文章风骨其实与屈贾是相似的。作者关切时政、直道而行的个性，激切的文风以及强烈的现实担当精神直接承续贾谊的文化品格。

《述行赋》是东汉文学家、音乐家、书法家蔡邕于二十七岁时所作，此赋主体部分是前七段，记叙作者赴京弹琴途中见闻。他面对宦官擅权，朝政腐败，人民饥饿呼号，即景生情，借古讽今，对社会现实进行深刻批判：

> 命仆夫其就驾兮，吾将往乎京邑。皇家赫而天居兮，万方徂而并集。贵宠扇以弥炽兮，金守利而不戢。前车覆而未远兮，后乘驱而竞入。穷变巧于台榭兮，民露处而寝湿。清嘉谷于禽兽兮，下糠秕而无粒。弘宽裕于便辟兮，纠忠谏其骎急。

全赋短小精悍，感情沉郁，反思深刻，语言清新。鲁迅说，必须看了《述行赋》，才能明白蔡邕"并非单单的老学究，他也是有血性的人，联系那时的情形来看，他确有取死之道"。蔡邕在东汉灵帝时召任郎中，东观校书，升迁为议郎，弹劾宦官未成，反遭诬陷流放，后遇赦但不敢归里，十余年漂泊不定。后因同情董卓而被捕，死于狱中。蔡邕不仅正面反思现实，而且一生直道而行，与贾谊有几分相似。《述行赋》善用对比，对时政的不满、忧患之情充盈字里行间，这与贾谊赋作是一脉相承的。

以《登楼赋》而著名的王粲才学非凡，博闻强记，早有才名，是"建安七子"之一。其曾祖父王龚、祖父王畅皆为汉朝三公，惜乎其生于动荡之世。《登楼赋》是王粲依附刘表时所作，他感叹生逢乱世，思乡怀国，岁月流逝而自己怀才不遇，井渫不食，渴望有一个施展抱负、建功立业的平台。他写道："惟日月之逾迈兮，俟河清其未极。冀王道之一平兮，假高衢而骋力。惧匏瓜之徒悬兮，畏井渫之莫食，步栖迟以徙倚兮，白日忽其将匿。""心凄怆以感发兮，意忉怛而憯恻。"文章结构完整，语言平易隽永，情景交融，这种强烈的现实性、浓郁的抒情性和深刻的反思性正是贾谊文化品格对辞赋作家创作情感上的影响，因此后世诗人往往将贾谊太息流涕和王粲高楼怀忧一并吟咏。

东汉以后的辞赋作家亦复如是，继续沿着这条路子走下去。"竹林七贤"之一的向秀在其好友嵇康、吕安被司马氏害死后，写下了著名的《思旧赋》。嵇康殒命，阮籍抑郁而终，向秀清醒地认识到游离于现实社会之外的自由是不长久的，他超越了主动选择死亡的生命程式，走出竹林，向世俗前行，在利禄中寻求身心的庇所，从容啸咏。这也与贾谊见到鹏鸟后思考人生的生命心态非常相似。不过，向秀虽然做了官，却并未完全抛却旧谊的庄子心路和"越名教任自然"的旗帜，现实的高压使他内心的痛苦并未消退，当他路过嵇康的旧居时，怀念起当年的竹林之游，各种情愫纷至沓来，遂成《思旧赋》。但该赋很短，只有 156 个字，如鲁迅所说，刚开了头就匆匆收笔，篇幅与赋前小序几乎相等。然而作品含蓄深厚，怀念与不满，言犹未尽，但见生命的悲怆之情，时政给他的压力和痛苦一齐迸发。

元嘉三大家之一的鲍照才高人微，对当时社会的种种不平现象有着更深的感触，其代表作《芜城赋》着重描绘了广陵山川胜景和往日的繁华，与眼下荒草萋萋、河梁圮毁的景象形成鲜明对比。往日的鼎盛和当下的凄凉，充分表达了作者对统治者的告诫和希望国家安定、百姓安宁的思想情感。他写道："泲迤平原，南驰苍梧涨海，北走紫塞雁门。柂以漕渠，轴以昆岗。重江复关之隩，四会五达之庄。当昔全盛之时，车挂轊，人驾肩；廛闬扑地，歌吹沸天。孳货盐田，铲利铜山。才力雄富，士马精妍。"而战乱使广陵先后被焚和屠城，创痕与血迹犹存，变成了荒芜之城，"白杨早落，塞草前衰。棱棱霜气，蔌蔌风威。孤蓬自振，惊沙坐飞。灌莽杳而无际，丛薄纷其相依。通池既已夷，峻隅又已颓。直视千里外，唯见起黄埃"①。该赋"驱动苍凉之气，惊心动魄之辞，皆赋家之绝境也"（姚鼐语），"笔笔正锋，无一字躲闪题外，是为掷地有声"（方伯海语），善用对比，语言错落铿锵，感情充沛，国富民强的切切之情从中自然流露。这种关注国计民生、反思社会现实的精神和擅用铺陈、对比手法来抒情说理的表现手法，与贾谊是相似的。

同样，北周庾信"北迁以后，阅历既久，学问弥深，所作皆华实相扶，

---

① 鲍照．鲍参军集注［M］．上海：上海古籍出版社，1979：13．

情文兼至"①，他的《哀江南赋》也同贾谊的辞赋一样，关注现实，关注民生，伤悼前朝灭亡，感叹个人身世，文字真实凄婉，感情真挚，深切地表达了对国家动荡和人民不幸的同情与关切。

> 冤霜夏零，愤泉秋沸。城崩杞妇之哭，竹染湘妃之泪。水毒秦泾，山高赵陉。十里五里，长亭短亭。饥随蛰燕，暗逐流萤。秦中水黑，关上泥青。于是瓦解冰泮，风飞电散。浑然千里，淄渑一乱。雪暗如沙，冰横似岸。逢赴洛之陆机，见离家之王粲。莫不闻陇水而掩泣，向关山而长叹。

冤霜、愤泉，城崩、竹染，水毒、山高，掩泣、长叹……全赋虽有堆砌典故、用意曲深之嫌，但它意境开阔，意义明朗，"华实相扶，情文兼至"（纪昀语），林纾说该赋"当视之为亡国大夫之血泪"，赋作感情丰富，对仗严整而不失疏放。"庾信平生最萧瑟，暮年诗赋动江关"（杜甫诗），显然是吸收了包括贾谊在内的汉赋作家的创作技巧。

贾谊对秦朝进行反思之后，不少文人作家以不同的文体形式创作，观照秦朝历史，以求讽时刺世，唐代杜牧《阿房宫赋》就是这样一篇文章。杜牧自云："宝历大起宫室，广声色，故作《阿房宫赋》。"② 杜牧希望通过对秦朝历史的反思告诉唐敬宗，秦朝统治者的穷奢极欲，离心离德，导致楚人一炬，可怜焦土，"灭六国者六国也，非秦也""族秦者秦也，非天下也""秦人不暇自哀，而后人哀之"。大唐皇帝荒淫无德，声色犬马，大修宫室，天怒人怨，如果统治者不从秦朝速亡的残酷事实中吸取教训，那么大唐的国运也不会长久。

> 嗟乎！一人之心，千万人之心也。秦爱纷奢，人亦念其家。奈何取之尽锱铢，用之如泥沙！使负栋之柱，多于南亩之农夫；架梁之椽，多于机上之工女；钉头磷磷，多于在庾之粟粒；瓦缝参差，多于周身

---

① 永瑢，等. 四库全书总目：卷一百四十八 [M]. 北京：中华书局，1965：1276.
② 杜牧. 樊川文集 [M]. 上海：上海古籍出版社，1978：241.

之帛缕；直栏横槛，多于九土之城郭；管弦呕哑，多于市人之言语。
使天下之人，不敢言而敢怒。独夫之心，日益骄固。戍卒叫，函谷举，
楚人一炬，可怜焦土。

《阿房宫赋》这一段，作者忧国忧民、匡时济俗的情怀跃于纸上。杜牧
《阿房宫赋》，古今脍炙（元祝尧语），钱穆认为，中国文学的最高境界，就
是作品背后有一个人，所以要将作家和作品紧密结合，且把作者置于第一
位。该赋明显继承了贾谊"过秦"的主旨，虽然在反思的广度和思想深度
上并未超越贾谊，但该赋和贾谊的作品一样富有强烈的现实性，在创作方
法上，铺陈有力，骈散错落有致，对比鲜明，对仗气势纵横，议论感情深
沉，联系贾谊的《过秦》来看，真是"两篇讽喻作，一部兴亡史"①。

二、对后世政论散文的影响

贾谊直道而行、艰难求索的精神成为历代不少文人创作的精神指针，
并在作品中表现出来。郭英德先生说，散文是最具中华传统文化特色的文
体形式，散文的功能、类型、写法、美感，在中国古代都呈现出极为独特
的表现形式。散文的研究本质上属于历史研究，必须回归其所依存的学术
世界和文化世界。贾谊的政论散文以其主题、气势诸多美学特征成为中国
古代教文重要的一类，并启发后代文人的散文创作，后世一批散文家皆受
其影响。

曹植曾随其父曹操转徙军旅，不仅亲历战乱，而且接触了复杂的社会
现实，他才华出众，十岁时已诵读诗论及辞赋数十万言，深得父亲的钟爱。
曹植本想建永世之业、留金石之功，但他任性而行，政治上的才情明显缺
乏，不仅自己失去曹操的青睐，还殃及亲信杨修。后来曹睿亲征，京师讹
言帝崩，源出于曹植。曹植未能分析政治形势，意识不到自己危险的处境，
也不懂得韬光养晦以自保。曹植"常自愤怨抱利器而无所施"，上了一篇
《求自试表》，希望投笔从戎，效忠疆场，辅世惠民。这与贾谊远徙长沙时

---

① 乔易如. 两篇讽喻作，一部兴亡史［J］. 大同职院学报，2003（2）.

仍艰难求索治国之道颇为类似。"夫君之宠臣，欲以除患兴利；臣之事君，必以杀身静乱，以功报主也。昔贾谊弱冠，求试属国，请系单于之颈而制其命；终军以妙年使越，欲得长缨缨其王，羁致北阙……志或郁结，欲逞其才力，输能于明君也。"曹植明确地以贾谊、终军贰臣自比，陈述"寝不安席，食不遑味"之状，表达渴望"与国分形同气，忧患共之""以尘雾之微补益山海，荧烛末光增辉日月""乘危蹈险，骋舟奋骊，突刃触锋，为士卒先""虏其雄率，歼其丑类"，以及"效须臾之捷，以灭终身之愧"的决心。这与贾谊请命处理匈奴事务是非常相似的。

同曹植一样，西晋陆机、南朝范晔以及唐朝的魏征、陆贽、独孤及、韩愈、杜牧，还有宋代作家王安石、"三苏"、胡铨、辛弃疾、陈亮等作家也都深受贾谊的影响，有的在创作的精神上受到贾谊文化品格的浸润，有的在创作的主旨、选材甚至篇章布局、语言技巧和特色上与贾谊遥相酷似。《辨亡论》是"少有奇才，文章冠世"的陆机的代表作之一，分上、下两篇，"上篇主颂诸主，下篇扬其先功，而且致暗咎归命（孙皓）之意"（姜亮夫语），它通过对比孙权时代和孙皓时代的兴衰，找到了国家兴亡的原因，选贤荐能则国兴，用人不当则国亡。陆机抒发了对先辈功业的强烈自豪：①有君人之德，善于求贤用人，"异人辐辏，猛士如林"，得到周瑜、陆逊、鲁肃、吕蒙、甘宁、凌统、程普、韩当、黄盖等文臣武将数十人的鼎力相助，故能"与天下争衡"；②对抗魏、蜀，囊括江表，"遂跻天号，鼎峙而立"；③吴国疆域之大，"西屈庸、益之郊，北裂淮、汉之浃，东包百越之地，南括群蛮之表"。孙权死后，帝业逐渐衰落，陆机论述孙皓失德，导致吴亡。孙吴政权存在，全赖陆公及诸老臣，"元首（指孙皓）虽病，股肱犹存""群公既丧，然后黔首有瓦解之志，皇家有土崩之衅"。西晋"军未浃辰"，而东吴"社稷夷矣"，"彼此之化殊，授任之才异也"，孙权、孙皓彼此政治教化不同，授官任职不同，故结局也就不同。该篇谋篇布局和语言风格极似贾谊的《过秦论》，骆鸿凯的《文选学》认为二文命意相似、笔致相似、句法相似。《过秦论》为突出秦国的强大而先尽力铺叙六国的无比强大，《辨亡论》为了突出吴国的强大，首先对魏国的强势极尽铺陈之能事，之后指出吴国轻易地战胜了魏国，接着由此提出疑问并进行议论，顺理成章地得出结论，语言风格上也深得《过秦论》之精妙，文辞雄健，鞭辟入里。陆机作这篇赋时的年龄与贾谊作《过秦论》时的年龄大体相仿，但是陆机"为吴世臣，立言之体"应当"文辞特厚"，使得气势上《辨亡论》不如《过秦论》，"然亦其美矣"（刘勰语）。

南朝宋代范晔因疏狂放肆而遭杀身之祸。他虽常自述以做一个文士为耻，但对文章有着精到的理解，认为文章是"情志所托，故当以意为主，以文传意"。他一向对自己的《后汉书》深爱有加，往往以《过秦论》作为比较，他在《狱中与诸甥侄书》中说："吾杂传论皆有精意深旨，既是裁味，故约其词句。至于《循吏》以下及六夷诸序论，笔势纵放，实天下之奇作。其中合者，往往不减《过秦》篇。"① 《过秦论》已成为不少文学家的一种创作参照和动力。范晔仅仅活了 47 岁，但他却因《后汉书》而名垂青史。

与贾谊身份相似，唐朝魏征既是文学家，又是当朝著名政治家，太宗时拜谏议大夫，后封郑国公，任太子太师。魏征在历史上以犯颜直谏著称，前后陈谏二百余事，多被太宗采纳，体现了同贾谊一样难能可贵的远见卓识和忧国爱民情怀。贞观十二年（638 年），鉴于唐太宗追求奢靡，倦于政事，魏征上奏了著名的《十渐不克终疏》，指出了唐太宗政执以来为政态度的十个变化，指出"傲不可长，欲不可纵，乐不可极，志不可满"，告知太宗逐渐不能善始善终的十个方面的表现，并表明"千载休其，时难再得，明主可为而不为，微臣所以郁结而长叹者也"，愿太宗"采狂瞽之言，参以刍荛之议，冀千虑一得，衮职有补，则死日生年，甘从斧钺"。文章条分缕析，词旨剀切，气势雄峻，"词强理直"。魏征还上了《谏太宗十思疏》指出："求木之长者，必固其根本；欲流之远者，必浚其泉源。思国之安者，必积其德义。"魏征又告诫君主要从十个方面来规范自己的行为，提升自己的品质修养，即要知足、知止、谦冲、海涵、有度、善终、虚心、正身、不滥赏、不滥罚。君权至高无上，因而君主容易纵情以傲物，特别是王权稳定、志得意满时更容易如此，不知不觉间就会神情慵懒，神经麻痹，斗志消退，渐渐远离民众，失去民心，最终导致国家失范失控，走向灭亡。汉文帝与贾谊是千古君臣知音，唐太宗和魏征也是千古君臣的典范，两对

---

① 沈约. 宋书 [M]. 北京：中华书局，1974：1830.

君臣之间有许多可比的地方。一代明君李世民为了大唐王朝，什么意见他都能接受，这是太宗的高明之处，也是魏征比贾谊更加幸运的重要原因之一。太宗的皇位比汉文帝当初的帝位更巩固，而魏征从军从政的经历也比贾谊更为丰富，在规避政治风险、保全自身性命方面，魏征更为老练，这又是魏征比贾谊幸运的重要原因。

贾谊的经世变革意识、忠君爱国理想、爱民情怀和不断超越的求索精神，在不少身居高位的文学家的政治实践和政论散文中得到突出体现，魏征如此，陆贽也如此。著名政治家、文学家陆贽是唐代贤相，权德舆把他比作唐代的贾谊。权德舆说："陆公……榷古扬今，雄文藻思，敷之为文诰，伸之为典谟，俾儒狡向风，懦夫增气……公之为文也，润色之余，论思献纳，军国利害，巨细必陈……古人以士之遇也，其要有四焉：才、位、时、命。仲尼有才而无位，其道不行；贾生有时而无命，终于一恸。唯公才不谓不长，位不谓不达，逢时而不尽其道，非命欤？"五代时期政治家、史学家刘昫说："近代论陆宣公，比汉之贾谊，而高迈之行，刚正之节，经国成务之要，激切仗义之心，初蒙天子重知，末涂沦踬，皆相类也。"朱熹更说："史以陆宣公比贾谊。谊才高似宣公，宣公谙练多，学便纯粹……陆宣公奏议极好看。这人极会议论，事理委曲说尽，更无渗漏。虽至小底事，被他处置得亦无不尽……陆宣公奏议末数卷论税事，极尽纤悉。是他都理会来，此便是经济之学。"

苏轼认为陆贽有"王佐""帝师"之才，说陆贽"智如子房而文则过，辩如贾谊而术不疏，上以格君心之非，下以通天下之志"。陆贽秉性刚贞，一生为民请命，对劳动人民的悲惨生活给予高度同情，力劝德宗爱人节用，轻徭薄赋，对"富者兼地数万亩、贫者无容足之居"的社会现状深表忧虑和愤慨。他清正廉洁，一尘不染，身外之财，分毫不取，虽然身为宰相，其母去世后，丧葬费用要靠友人资助。但陆贽以天下为己任，一生中上过数百次奏疏，著名的如《奉天论尊号加字状》《论裴延龄奸蠹书》《论缘边守备事宜状》和《奉天请罢琼林大盈二库状》等，切中时弊，文笔洗练，文气通畅，言辞激切，议论深刻精辟，具有强烈的感染力，韩愈、苏轼的文章也深受其影响。苏轼认为如果唐德宗能够采纳陆贽的建议，"贞观之治"盛世也许会再次出现，只是历史的发展有着自己的逻辑，在时间的长河中，明君和贤臣成为知音和典范的概率少之又少。

唐代散文家独孤及是古文运动的先驱，所作《仙掌铭》《古函谷关铭》等，褒贬贤恶，为世人所推崇。独孤及非常认同贾谊的为文之道，认为"后世虽有作者，六籍其不可已。荀孟朴而少文，屈宋华而无根，有以取正，其贾生、史迁、班孟坚云尔"①。在反思现实的精神上，独孤及与贾谊亦是相通的。

韩愈自幼好学，"尽能通六经百家学"，二十五岁中进士。唐德宗贞元十九年，他任监察御史，因天旱人饥，上疏请求宽征徭役租税，被贬为阳山（今广东省阳山县）令。宪宗元和十四年，韩愈极力反对迎佛骨，宪宗认为"愈为人臣，敢尔狂妄，固不可赦"②，贬韩愈为潮州刺史。此时，唐王朝宦官专权，朋党倾轧，藩镇林立，外族侵扰，农民起义一触即发。韩愈主张恢复孔孟儒学，整饬封建秩序，加强中央集权，尊王攘夷，反对藩镇割据和外族侵扰。韩愈在《师说》中指出老师职业对建立儒学道统的重要性，《进学解》则流露出才高数黜、不断下迁的落寞与创痛。韩愈早衰，35岁已齿落发白，宦海无助，体力日竭。在《与崔群书》中他深感悲凉而不知造物者意竟如何，《原道》一文则恰如贾谊的一系列哲学论文一样，是对仁义道德和君臣关系的哲学求索。他的《杂说四》感叹"千里马常有，而伯乐不常有"。韩愈是正直、有才华、有抱负而仕途失意的文学家典型之一，在诗文中他常常静思屈原，远忆贾谊，即使有再多的怨悱，他仍能固守道德，直道而行，正如《送穷文》所表现的那样，即使穷窘也不改其乐，不移其志。韩愈的散文感情充沛，气势奔放，流畅明快，这种情感的奔放与跌宕与贾谊散文的情感表达方式是一致的。难怪苏辙将韩愈与贾谊相提并论，认为贾谊"谈论俊美，止于诸侯相"，韩愈"词气磊落，终于京兆尹""韩愈、贾生亦常悲于不遇"。

前已略微论及的杜牧出身高门，他生性耿介，刚直有气节，"不为龊龊小谨，论列大事，指陈病利尤切至"③。由于仕宦不很得意，十多年里各地

---

① 董浩，等. 全唐文：卷五十八 [M]. 北京：中华书局，1983：5260.

② 刘昫，等. 旧唐书 [M]. 北京：中华书局，1975：4195.

③ 欧阳修，宋祁. 新唐书 [M]. 北京：中华书局，1975：5097.

奔波，不过这促使他扩大了视野，也促使他更加清醒地思索"治乱兴亡之迹，财赋兵甲之事，地形之险易远近，古人之长短得失"①。杜牧不仅在多首诗作中吟咏贾谊，而且如同贾谊为西汉王朝规划钩深图远的蓝图一样，他也试图为恢复大唐王朝的鼎盛而策划谋虑，创作了《罪言》《战论》《守论》《原十六》等重要作品，"纵横奥衍，多切经世之务"，都能切中时弊。与贾谊政论文风格相似的《罪言》是杜牧政治主张的代表作。不遵法度议论时政得失的文章，称为"罪言"。杜牧说："往年吊伐之道未甚得所，故作《罪言》。"② 通过回顾历史，分析现状，指出政局的关键是"山东"，"王者不得，不可为王，霸者不得，不可为霸，猾贼得之，是以致天下不安"。他提出并阐明了上（自治）、中（取魏）、下（浪战）三种策略。文章纵横捭阖，气势畅达，创作技巧与创作主旨达到完美统一。康有为曾作诗曰："杜牧《罪言》犹未得，贾生痛哭竟如何。"由此可见二人的关联意义。

宋代王安石、苏洵、苏轼、苏辙、胡铨、辛弃疾和陈亮等人承续了贾谊的直道而行、改革进取的文化品格，并在各自的文学作品中有所表现。

王安石曾任地方官多年，仁宗时上书皇帝，要求变法，未被采纳，后两度任宰相，倡道新学，推行新法，包括均输法、市场法、免行法、青苗法、募役法、方田均税法、农田水利法、将兵法、保甲法、人才选拔及教育法等。王安石向往贾谊的文化品格，喜欢贾谊的政论文章，他的《贾生》诗中说："汉有洛阳子，少年明是非。所论多感慨，自信肯依违，死者若可作，今人谁与归。"王安石的不少政治奏疏都体现了经世致用、"有补于世""以适用为本"的精神。《本朝百年无事札子》是王安石48岁时作，全篇分五段，回答了神宗的多次垂询，对神宗表示了足够的尊重和赞美，指出当朝的十大弊端，并告诫说："知天助之不可常恃，知人事之不可怠终，则大有为之时，正在今日。"文章条理清晰，论述充分，情感真挚，字句铿锵有力。明人茅坤说其像"搏虎屠龙手""直入神宗之胁"，具有强烈的现实意义。虽然宋初百年无事，但当时社会危机四伏，如朝政腐败、农民贫苦、

① 杜牧. 樊川文集［M］. 上海：上海古籍出版社，1978：183.
② 杜牧. 樊川文集［M］. 上海：上海古籍出版社，1978：241.

军队软弱、国库空虚等。王安石生活在一个有变法诉求的社会环境之中，范仲淹实行庆历新政，以选拔贤能为中心，欧阳修、苏轼均上书主张变法图强，但是，王安石变法也并不是一帆风顺，他不仅遇到了朝中权贵的巨大阻力，也要应对另外一个对手：比他大两岁并比他早四年考中进士，道德文章均可与他比肩的司马光。司马光曾连续三次致信王安石，劝告他重新考虑政治理念和治国方针，王安石则写了《答司马谏议书》回应，反驳、指责新法的言论，对司马光强加的"侵官、生事、征利、拒谏、怨谤"这五项罪名逐一作了反驳，批评了士大夫的因循守旧，"一切不事事，守前所为而已，则非某之所敢知""未能助上大有为，以膏泽斯民，则某知罪矣"。这种坚定的变革意识与贾谊是一致的。

在明人茅坤所定的唐宋八大家之中，只有苏洵屡屡科举失意，既无进士身份，也没有什么功名，但他遇到了伯乐欧阳修，欧阳"大爱其文辞，以为虽贾谊、刘向不过也"①。苏洵自己也在《上韩枢密书》里说："洵著书无他长，及言兵事，论古今形势，至自比贾谊。"这从一个方面也说明苏洵推崇贾谊，文章源流上也是与贾谊相承的。苏洵文章以议论见长，写有《权书》《衡论》《几策》等。同贾谊一样，苏洵也是一位充满忧患意识、关心国家命运的文人，他的文章有着很强的现实反思性，认为文章应该可以如五谷疗饥，可以如药石伐病。他纵论历史时逻辑严谨，反思现实时犀利雄辩，其文章内容充实，感情奔放。《权书》包括《心术》《法制》《强弱》《攻守》《用间》《孙武》《子贡》《六国》《项籍》《高祖》等十篇，其中的《六国》借古讽今，分析六国败亡的原因："六国破灭，非兵不利，战不善，弊在赂秦。赂秦而力亏，破灭之道也。或曰：'六国互丧，率赂秦耶？'曰：'不赂者以赂者丧。盖失强援，不能独完。故曰，弊在赂秦也。'"他认为宋朝的统治者软弱无能，走上了六国的老路。1004 年，辽大举攻宋，宰相寇准力主抗辽，宋军在澶州城下打了胜仗，北宋皇帝不仅不予犒赏，反而屈辱求和，订立盟约，每年向辽纳白银十万两，丝绢二十万匹。1042年，宋经不住辽的要挟，应允每年增纳白银十万两，绢十万匹。1044 年，宋还与西夏签约，每年纳白银七万两、绢十五万匹，茶叶三万斤。早在

---

① 脱脱，等. 宋史 [M]. 北京：中华书局，1977：13093.

1006 年，宋应允每年给西夏白银万两、绢万匹、钱二万贯。苏洵反对这种屈辱求和的做法，希望统治者吸取六国的历史教训，不要步六国的后尘，故以《六国论》向北宋统治者陈述政见。文章论点鲜明，论证严密，语言生动，气势充沛，笔力雄健，痛切悲愤，读之魄动，茅坤认为此篇当与子由《六国论》并看。

　　苏门三大文学家中，苏轼受贾谊影响最大，因为他父亲苏洵注重实干，且其青年时代基本上是在劳动和游历中度过，因而苏轼从小就在母亲的教诲下读《汉书》，习贾谊之文，"初好贾谊、陆贽书，论古今治乱，不为空言"①，由此可以看出苏轼文章的学术渊源。苏轼一生饱经风霜，但固守着一个正直文人的人生理想和社会理想，保持着一个善良知识分子和传统儒士应有的道德修养。不论被贬到黄州、惠州还是儋州，他尽可能地保持着良好的进取精神和社会责任感，这是他与获罪远谪的韩愈、柳宗元等表现不同的地方。苏轼也主张文章有为而作，强调作品疗饥伐病、有补于世的社会作用，认为当时儒者之文的弊病表现为多空文而少实用，其原因在于这些儒者没有很好地学习贾谊、陆贽之文。创作技法上，苏轼行文明白畅达，汪洋恣肆，如《上神宗皇帝书》《贾谊论》等，见解独到，鞭辟入里，脉络清晰，感情强烈，与贾谊政论散文有许多相似之处。因此刘熙载说："东坡文亦孟子，亦贾长沙。"② 虽然苏轼认为贾谊志大量小，但苏轼无非是"借他人之酒杯，浇心中之块垒"③，贾谊文化品格对其一生的影响是显而易见的。王夫之说过，"贾谊、陆贽、苏轼，之三子者，迹相类也。贽与轼，自以为谊也，人之称之者，亦以为类也"（《读通鉴论》），诚为的论。

　　贾谊的文化品格影响、激励了一代代文人士子的爱国爱民、反对外来侵略意识。辛弃疾一生为社稷、为民生的爱国情感与贾谊力却匈奴之心何其相似，而民为国之本的民本思想也与贾谊爱民的思想相通。辛弃疾宦海沉浮 40 年，有 20 年被闲置，在断断续续被任用的 20 年中，任职调动达 37次，但他对国家的热爱和忠诚至死不渝。1182 年辛弃疾任职潭州（今长沙）

---

① 苏辙. 苏辙集［M］. 北京：中华书局，1990：1126.
② 刘熙载. 艺概［M］. 上海：上海古籍出版社，1978：29.
③ 刘熙载. 艺概［M］. 上海：上海古籍出版社，1978：29.

兼湖南安抚使，在楚王马殷军营旧址（今长沙营盘街）创建飞虎营，以抵御外敌，稳定风雨飘摇中的宋朝政权。营盘街距长沙贾太傅祠仅约一公里之遥，史载辛弃疾到长沙的第二天就到贾太傅祠里凭吊贾谊，贾谊的忠君爱国爱民、不断求索的文化品格，以及贾谊的文风文采都给他留下深刻烙印。虽然辛弃疾在长沙只任职两年，但他接济饥民，兴修水利，飞虎营驰骋沙场多年，让敌人闻风丧胆，也让辛弃疾找到了报国之路。1193 年他醉里挑灯看剑，想着了却君王天下事，赢得生前身后名，66 岁仍感叹何处望神州，最后满怀悲壮雄心郁郁而终。可以说，从文化品格的视角来考察，把辛弃疾和贾谊归为同一类的政治家、文学家是非常妥帖的。除了一系列广为吟诵的沉郁悲壮词作，辛弃疾还写有不少抗敌救国的政论文章，如著名的《美芹十论》，反思历史教训，纵论宋金形势和民心向背，提出强国强军和复兴谋略，切中时弊，内容丰富，感情深厚，气势雄强，较好地传承了贾谊政论文的风骨。

辛弃疾的挚友陈亮也是杰出的文学家、思想家，他才华横溢，下笔成章，曾五次上书孝宗，即著名的《中兴五论》，提出一系列改革时弊、中兴图强的主张，指斥奸邪，反对媾和，力主抗金，因而遭到权贵的嫉恨，三次被捕入狱。陈亮 51 岁状元及第，在《及第谢恩和御赐诗韵》中仍不忘经略四方之志和抗金大业："治道修明当正宁，皇威震叠到遐方。复仇自是平生志，勿谓儒臣鬓发苍。"这就是他抗金复仇的壮语。正因为这老境侵寻、白发儒臣的豪言壮语和不畏强敌，"正好长驱，不须反顾，誓取中流誓"的英雄气概，才让一代伟人毛泽东读陈言词后放声大哭，泪雨滂沱而不能自抑。

陈亮一生积极用世，与苏轼的《上神宗皇帝书》、王安石的《上仁宗皇帝言事书》相类似。在规模宏大的《戊申再上孝宗皇帝书》中，陈亮指出："皇天全付于有家，而半没于夷狄，此君天下者之所当耻。《春秋》许九世复仇，而再世则不问，此为人后嗣者之所当愤也。中国，圣贤之所建置，而悉听其沦于左衽，此英雄豪杰之所当同以为病也"，"秦桧以和误国二十余年，而天下之气索然而无余矣"，要"运用人才，均调天下，以应无穷之度"，"江南之不必忧，和议之不必守，虏人之不必畏"，"书生之论不必凭"，因为"书生之智，知议论之当正，而不知事功为何物"。其《中兴五论》：“追思十八九岁时，慨然有经略四方之志……臣闻治国有大体，谋敌有大略。立大体而后纲纪正，定大略而后机变行，此不易之道也……臣窃惟海内涂炭，四十余载矣。赤子嗷嗷无告，不可以不拯；国家凭陵之耻，不可以不雪；陵寝不可以不还；舆地不可以不复。此三尺童子之所共知，曩独畏其强耳。臣愿陛下虚怀易虑，开心见诚，疑则勿用，用则勿疑。与其位，勿夺其职；任以事，勿间以言。大臣必使之当大责，尔臣必使之与密议。才不堪此，不以其易制而姑留；才止于此，不以其久次而姑迁。言必责其实，实必要其成……政体者，政之大体也；权纲者，权之大纲也。臣愿陛下立政之大体，总权之大纲，辨邪正，专委任，以宰天下。得操要之实，而鉴好详之弊，则天下雄伟英豪之士，必有能奋然出力以办今日之事者矣。”《中兴五论》明晰当时战况，内容丰富，主题鲜明，感情痛切，笔锋犀利，分析独到，与贾谊政论文章关注时事政治的立论精神和气势磅礴、分析深刻的创作技巧何其相似，简直与《新书》诸篇同出一辙。

贾谊的《过秦论》之后，不仅反思六国历史和王朝更替的政论文层出不穷，而且这种深刻的历史反思精神和现实担当一直延续下来，并且得到很好的发扬，论述选材的对象也从帝王扩大到一系列政治家，对历代朝政、文学发展和文学家的生命实践等诸多方面产生重要的影响。著名的文章如前文已提及的，陆机的《辨亡论》、权德舆的《两汉辨亡论》、凌廷堪的《两晋辨亡论》、李桢的《六国论》、“三苏”的《六国论》等，《古文观止》的二十篇政论中还包括了《管仲论》《范增论》《留侯论》《贾谊论》《晁错论》等文章。此外，龚自珍、包世臣、王夫之、魏源、曾国藩等以各自不同的生命实践和文学创作，延续着贾谊的文化品格（后文将有所论及）。看来，历史从来没有也不可能事先设定固定的模型，它的发展充满了偶然和必然，一因多果与一果多因交织。文化品格的传承不是此地到彼地的简单搬运，也不是几何级数的机械变化，文化品格的影响有显性的，也有隐性的，一个时代的文化硕果应该受到多种文化品格的影响，一种文化品格也能影响不同时代的文化精英。东风不知倦，好雨更著花。贾谊之后，文化的天空群星璀璨，因果蝉联，杞梓长青，声光并茂，大多文人士子、文化精英受到贾谊文化品格的沾溉。

第二节　贾生意象论析

一、贾生意象之考察

黑格尔曾说："没有人能真正超出他的时代，正如没有人能够超出他的皮肤。"这只说明了事物的一个方面：一个人体现他所在时代的本质特征。如果从一种文化品格的影响来看，一个人的影响则可以超越几个时代，成为各个时代人士共同赞赏、认同或追求的人生参照。

贾谊在屈原自沉湘水100多年后来到长沙。树蕙百亩，弦歌千年。相似的遭遇和情怀，一样的行吟和思索，反复的哀悼与追问，使得长沙成为历代文人眼中笔下的伤心之地，贾谊也成为历代诗家的伤心寄托和人生借鉴。作为耸立在大一统中国源头的文化巨子，贾谊的文化品格历来得到了诗人的接受和认同，他们在贾谊的身后，不免受到伤感气息的吹拂，从而对这位才学如海、命运如烟的文学前辈产生无限怀想。因而，贾谊之后的历代诗人在诗歌创作中，经常以贾谊（或贾生、贾子、贾傅）作为歌咏对象。长期以来，贾谊的形象逐步沉淀并固定，成为诗人笔下的一种创作追求意象，本书称之为"贾生意象"。

艺术理论普遍认为，用艺术形式来表现情感的时候，常常会寻找一个与这种情感最接近、类似、同质的客观对应物，这样才能更深刻全面地传达出主体的情感指向和价值尺度。这些客观对应物就是通常所说的艺术意象。艺术意象大都特征鲜明，而"自然科学交给精神科学的结论，就是特征的重要程度取决于特征力量的大小，力量的大小取决于抵抗袭击的程度的强弱。特征的不变性的大小，决定特征等级的高低，而越是构成生物的深刻的部分，属于生物的元素而非属于配合的特征，不变性越大"①。随着贾谊影响的逐渐深远，贾谊成了诗家人生求索、伤悼情志、抒发情感的对应物，成为一种跨越浩远时空的不变的共同文学意象。

---

① 丹纳. 艺术哲学 [M]. 傅雷，译. 北京：人民文学出版社，1983：350.

以唐代为例，通过查阅《全唐诗》，据不完全统计，有 46 位诗人共 88
首诗歌中出现过"贾生意象"，其中李白七首、杜甫七首、白居易六首、李
商隐五首、刘长卿五首，兹将已经统计到的部分作者、诗句意象和诗篇名
列表，如表 6-1 所示。

表 6-1　唐诗中"贾生意象"示例

作者	诗　句	篇　名
李白	空余贾生泪，相顾共凄然	《金陵送张十一再游东吴》
李白	未作仲宣诗，先流贾生涕	《答高山人兼呈权顾二侯》
李白	圣主恩深汉文帝，怜君不遣到长沙	《巴陵赠贾舍人》
李白	君登凤池去，勿弃贾生才	《赠江夏韦太守良宰》
李白	贾谊三年谪，班超万里侯	《田园言怀》
李白	圣朝思贾谊，应降紫泥书	《送别得书字》
李白	独弃长沙国，三年未许回	《放后遇恩不沾》
杜甫	去国哀王粲，伤时哭贾生	《久客》
杜甫	群盗哀王粲，中年召贾生	《春日江村五首》
杜甫	贾生恸哭后，寥落无其人	《别蔡十四著作虔》
杜甫	贾生对鹏伤王傅，苏武看羊陷贼庭	《题郑十八著作》
杜甫	载感贾生恸，复闻乐毅书	《别张十三建封》
杜甫	贾谊昔流恸，匡衡常引经	《同元使君春陵行》
杜甫	颜回竟短折，贾谊徒忠贞	《八哀诗·赠左仆射郑国公严公武》
白居易	汉文疑贾生，谪置湘之阴	《读史五首》
白居易	长沙抛贾谊，漳浦卧刘桢	《舟中示舍弟五十韵》
白居易	多于贾谊长沙苦，小校潘安白发生	《不准拟二首》
白居易	贾谊哭时事，阮籍哭路歧	《寄唐生》
白居易	可能胜贾谊，犹自滞长沙	《忆微之伤仲远》
白居易	汉文明圣贾生贤，谪向长沙堪叹息	《偶然二首》
王维	长沙不久留才子，贾谊何须吊屈平	《送杨少府贬郴州》
王维	国讶终军少，人知贾谊贤	《哭祖六自虚》
孟郊	劳收贾生泪，强起屈平身	《罗氏花下奉招陈侍御》

（续表）

作者	诗　句	篇　名
孟郊	贾生对文帝，终日犹悲辛	《寄张籍》
孟郊	项籍岂不壮，贾生岂不良	《赠别崔纯亮》
孟浩然	岘首羊公爱，长沙贾谊愁	《送王昌龄之岭南》
孟浩然	贾谊才空逸，安仁鬓欲丝	《晚春卧病寄张八》
刘长卿	绛老更能经几岁，贾生何事又三年	《岁日见新历，因寄都官裴郎中》
刘长卿	汉文有道恩犹薄，湘水无情吊岂知	《长沙过贾谊宅》
刘长卿	南方风土劳君问，贾谊长沙岂不知	《自江西归至旧任官舍赠袁赞府》
刘长卿	贾谊上书忧汉室，长沙谪去古今怜	《自夏口至鹦鹉洲夕望岳阳寄源中丞》
刘长卿	贾谊辞明主，萧何识故侯	《送李使君贬连州》
李益	畴昔长沙事，三年召贾生	《送人流贬》
李商隐	宣室求贤访逐臣，贾生才调更无伦	《贾生》
李商隐	贾生年少虚垂泪，王粲春来更远游	《安定城楼》
李商隐	贾生游刃极，作赋又论兵	《城上》
李商隐	固惭非贾谊，惟恐后陈琳	《自桂林奉使江陵途中感怀寄献尚书》
李商隐	空闻迁贾谊，不待相孙弘	《哭刘司户》
韩愈	静思屈原沈，远忆贾谊贬	《因献杨常侍》
韩愈	贾谊宅中今始见，葛洪山下昔曾窥	《题张十一旅舍三咏》
牟融	曾闻贾谊陈奇策，肯学扬雄赋解嘲	《题赵支》
牟融	贾谊上书曾伏阙，仲舒陈策欲匡时	《寄永平友人》
罗衮	拭尽贾生无限泪，一行归雁远参差	《清明登奉先城楼》
徐铉	贾生三载在长沙，故友相思道路赊	《还过东都，留守周公筵上赠座客》
徐铉	贾生去国已三年，短褐闲行皖水边	《送彭秀才》
徐铉	天子尚应怜贾谊，时人未要嘲扬雄	《亚元舍人不替深知狠贻佳作三篇清绝不敢轻……庶资一笑耳》
杨炯	设险犹可存，当无贾生哭	《广溪峡》
杜牧	贾生辞赋恨流落，只向长沙住岁余	《朱坡绝句三首》
杜牧	聊书感怀韵，焚之遗贾生	《感怀诗一首》
杜牧	晁氏有恩忠作祸，贾生无罪直为灾	《闻开江相国宋下世二首》

（续表）

作者	诗　句	篇　名
吴筠	汉主思英才，贾生被排迁	《览古十四首》
张九龄	独无谢客赏，况复贾生心	《将至岳阳有怀赵二》
张九龄	贾生流寓日，扬子寂寥时	《酬王六寒朝见诒》
张九龄	孟轲应有命，贾谊得无冤	《酬王履震游园林见贻》
张碧	贾生憔悴说不得，茫茫烟霭堆湖心	《秋日登岳阳楼晴望》
李绅	贾生谪去因前席，痛哭书成竟何益	《逾岭峤止荒陬抵高要》
李端	贾生十八称才子，空得门前一断肠	《襄阳曲》
李端	谁知系虏者，贾谊是书生	《度关山》
顾况	贾生只是三年谪，独自无才已四年	《寄秘书包监》
刘禹锡	贾生明王道，卫绾工车戏	《咏史二首》
卢象	将相猜贾谊，图书归马融	《赠程秘书》
贾岛	一缄论贾谊，三蜀寄严家	《寄令狐绹相公》
贾岛	南陵暂掌仇香印，北阙终行贾谊书	《送友人之南陵》
宋之问	迹类虞翻枉，人非贾谊才	《登粤王台》
宋之问	已似长沙傅，从今又几年	《新年作》
于鹄	如今贾谊赋，不漫说长沙	《送迁客二首》
王建	何罪过长沙，年年北望家	《赠谪者》
黄滔	贾谊才承宣室召，左思唯预秘书流	《喜侯舍人蜀中新命三首》
张说	远莅长沙渚，欣逢贾谊才	《岳州别梁六入朝》
张说	自怜心问景，三岁客长沙	《巴丘春作》
李嘉祐	万点湘妃泪，三年贾谊心	《裴侍御见赠斑竹杖》
元稹	众推贾谊为才子，帝喜相如作侍臣	《酬乐天余思不尽加为六韵之作》
韦嗣立	洛阳推贾谊，江夏贵黄琼	《酬崔光禄冬日述怀赠答》
罗隐	长缨惭贾谊，孤愤忆韩非	《秋日怀贾随进士》
罗隐	洛阳贾谊自无命，少陵杜甫兼有文	《湘南春日怀古》
张子容	题书报贾谊，此湿似长沙	《永嘉即事寄赣县袁少府瑾》
郑愔	诗礼康成学，文章贾谊才	《哭郎著作》

（续表）

作者	诗　句	篇　名
王羲门	寂寞东京里，空留贾谊才	《都中闲居》
权德舆	风波疲贾谊，歧路泣扬朱	《奉和许阁老酬淮南崔十七端公见寄》
韩偓	袁安坠睫寻忧汉，贾谊濡毫但过秦	《八月六日作四首》
胡皓	贾谊才方达，扬雄老未迁	《同蔡孚起居咏鹦鹉》
齐己	迁来贾谊愁无限，谪过灵均恨不堪	《潇湘》
李群玉	已齐生死理，鵩鸟莫为灾	《读贾谊传》
李乂	代挹孙通礼，朝称贾谊才	《奉和幸长安故城未央宫应制》
钱起	甘泉未献扬雄赋，吏道何劳贾谊才	《送严维尉河南》
戴叔伦	一谪长沙地，三年叹逐臣。上书忧汉室，作赋吊灵均	《过贾谊宅》
戴叔伦	楚乡卑湿叹殊方，鵩赋人非宅已荒	《过贾谊旧居》
张南史	诵诗陪贾谊，酌酒伴应璩	《早春书事奉寄中书李舍人》

二、贾生意象反映出的诗人群体心态

分析表6-1发现，贾生意象反映出诗人以下群体心态：一是对贾谊的认知情怀，二是求索愿望，三是自我感伤情结。这些心态往往交织在一起。

杜甫满腔才情，一再表明要"许身一何愚，窃比稷与契"①，想着要"致君尧舜上，再使风俗淳"②，怎奈时道维艰，他"去国哀王粲，伤时哭贾生"。在国家破亡、个人穷困潦倒的时候，他想到的是"贾生恸哭后，寥落无其人"，感叹朝廷没有像贾谊一样的治国精英，而自己报国无门，有才能却得不到重用。进士出身的王维虽笃信佛教，但强烈功名意识一直存于胸中，曾向宰相张九龄献诗以求汲引，"国讶终军少，人知贾谊贤"，当需要借助一个人表示自己的志向时，他一下就想到了贾谊。孟浩然始终抱有济时用世之志，但他不愿折腰屈人，因而求仕无门，应举又不中，据传皇

---

① 杜甫.自今赴奉先县咏怀五百字［M］//陈贻焮.增订注释全唐诗：第二册.北京：文化艺术出版社，2001：19.

② 杜甫.奉赠韦左丞丈二十二韵［M］//彭定求等.全唐诗.上海：上海古籍出版社，1986：509.

帝曾当面要孟浩然作诗，孟刚吟出"不才明主弃"时，帝曰："卿不求仕，朕未尝求卿，奈何诬我？"孟浩然对贾谊的求索进取之心是情有所动的，"岘首羊公爱，长沙贾谊愁""贾谊才空逸，安仁鬓欲丝"，既是对贾谊的肯定，也是对自己的期许。

前文已提到过的李商隐，有五首诗中运用了贾生意象。"贾生才调更无伦"是对贾谊才情的充分赞美。不管他写这首诗的主要目的是什么，他对贾谊才情的赞许是显而易见的，"贾生游刃极，作赋又论兵""固惭非贾谊，惟恐后陈琳"，表明了李商隐是一个关心现实和国家命运的人。李商隐现存诗作中，政治题材的诗作占了六分之一。"贾生年少虚垂泪，王粲春来更远游"，既是写贾生，又是写李商隐自己。李商隐进士出身，从政近三十年，但由于各种原因，一直沉沦下僚，有二十多年辗转各家幕府，漂泊异地，也许真的是"高手不从时尚体，好诗只道眼边情"，所以才有这么多的伤感愤激之情，自觉或不自觉地将贾谊奉为心中和笔下的感伤意象。

唐代诗人大多积极进取，有较强的功名心。李白曾在《代寿山答孟少府移文书》中云："申管晏之谈，谋帝王之术，奋其智能，愿为弼辅，使寰区大定，海县清一。"① 但是，皇帝并未赋予他相应的职权和地位，略带阿Q精神的"安能摧眉折腰事权贵"，只能进一步表明他渴望建功立业的激切心情。他在六首诗中选用了贾生意象，似乎从贾谊身上找到了情感的寄托，找出了未能建立盖世功业的冠冕堂皇的理由。"空余贾生泪，相顾共凄然""未作仲宣诗，先流贾生涕"，也许李白未能像贾谊一样真正流下痛彻的涕泪，但其情其景可以说是十分相似。进士出身的大历十才子之一的李端吟咏出了"贾生十八称才子，空得门前一断肠"的无奈，官至宰相的元稹吟咏出了"众推贾谊为才子，帝喜相如作侍臣"的感慨。可以说，贾谊是众多诗人笔下共同的意象。

如果把诗人的生命历程和贾生意象联系起来考虑，可以发现，贾生意象是贬谪文学特有的现象，贾生意象也反映了诗人作为贬谪之人的心态。这种心态应该是不平、不满、渴望、愤懑、自我开解与放弃兼而有之。尚永亮先生《贬谪文化与贬谪文学》一书，以中唐元和五大诗人之贬及其创

---

① 李白. 李太白全集［M］. 上海：上海书店出版社，1988：596.

作为中心，探讨过贬谪文学的相关问题，这是十分有意义的。据该书统计，唐五代 340 余年中，约有 437 位逐臣属于诗作者，其中初唐 99 人，盛唐 98 人，中唐 121 人，晚唐 82 人，五代 37 人。贬谪的成因一是封建专制严酷压抑，二是源于广大士人强烈的参政意识及其对品节的持守。如果说贬谪的"人生苦难强烈刺激诗人向往和平的心境，使其以全副身心去体验痛苦，感悟生命，接触到了人类命运与生存意义等文学艺术最本质的问题，在对忧患的顽强抗争中，人的生命意志和生命强力得以勃发，伟大的悲剧精神得以产生，从而给文学增添水石相激般的壮美风采"①，那么"贾生意象"则体现了诗人群体的忧患意识、进取精神和立足现实、志在用世的文化追求以及对理想的执着。从韩愈的"为忠宁自谋""静思屈原沈，远忆贾谊贬"，到刘禹锡的"忧国不谋身""贾生明王道，卫绾工车戏"，再到柳宗元的"许国不复为身谋"，莫不如此。

贾生意象也反映了诗人在被贬遭遇穷困时幽忧孤愤、自我安慰、亲近自然、珍重生命的价值取向。谪居生活不仅是对诗人人格的蹂躏和对自由的扼杀，是一种心理的磨难，也是诗人生活上的磨难。谪居生活地恶劣的自然环境直接威胁着诗人的生命健康。元稹曾描述谪居地"邑无吏，市无货，百姓茹草木，刺史以下计粒而食""瘴色满身治不尽，疮痕刮骨洗应难"。被贬之人，大多是担任一些有职无权的小官，加上被贬后低人一等的身份，"地远明君弃，天高酷吏欺""入郡腰恒折，逢人手尽叉"。有的谪居时间长达数十年，如刘禹锡"二十三年弃置身"，有的一生中多次被贬。所有这些，会使诗人萌发出沉重的生命忧恐和生命悲叹。贾谊成为诗人们笔下的联想，"自汉以来，感其事作为文词者"，无虑万千。这是"一种不能安于守旧而要追求创新的本性，一种不能安于停顿而要追求变化和多样性的本性，一种不能安于失败而是失败了还要再来的本性。这种本性是生命力的升华，是由历史的积淀充实了的心理的东西深沉到生理的水准"②。

唐代咏贾谊诗中，有很多意象与湘楚有关，"长沙"也似乎成了中国文人贬谪地的代称。程建的《唐代咏贾谊诗与湘楚地域的文化关联》研究表

---

① 尚永亮. 贬谪文化与贬谪文学 [M]. 兰州：兰州大学出版社，2004：2.
② 高尔泰. 美是自由的象征 [M]. 北京：人民文学出版社，1986：77.

明，唐代咏贾谊多与文人贬谪经历有很深的关联。这些诗要么描写湘楚地域，要么称呼士人贬谪，要么描述文人故事。湖湘是唐代贬官的理想地，当时这里不仅相对落后，而且位置重要，是贬官的驿站要冲。谪至岭南、黔中、江南西道及山南两道大部分地区，湘楚是必经之地。张说谪岳州而写"长沙鹏作赋，任道可知浅"；王维送友人贬郴州而写"长沙不久留才子；贾谊何须吊屈平"；友人贬岭南途经长沙，孟浩然赠诗"岘首羊公爱，长沙贾谊愁"；贾舍人贬岳州司马，友人李白赠诗句"贾生西望忆京华，湘浦南迁莫怨嗟。圣主恩深汉文帝，怜君不遣到长沙"；刘长卿做"贾谊辞明主，萧何识故侯"给贬途经过长沙的友人。杜甫等诗人到湘江漂泊，一缕诗魂寄湘江。还有生长于湖湘之地的本地诗人，如潭州人齐己写下诗句"迁来贾谊愁无限，谪过灵均恨不堪"，澧州人李群玉写下诗句"卑湿长沙地，空抛出世才。已齐生死理，鹏鸟莫为灾"。总之，唐代咏贾谊诗使得贾生意象成为中国文学悲怨传统的具体体现，也是唐诗中一道具有湘楚文化特质的恒久亮光。

　　固然，屈原是贬谪文学的第一座高峰，但屈原本质上更像一位战斗着的政治家。后世的诗人中，除了柳宗元、刘禹锡继承了屈原那种坚持自我、九死不悔的崇高执着意识外，大多数诗人更多地受道家的影响，不再选择泽畔行吟、形容憔悴的生活，转而将贾谊作为生命坐标加以参照。"人生是遥远的并且是忙乱的，人生的旅程是遥远的又是短暂的，因为死亡时刻在我们脚下"①，"在斗争不发生效用的地方，合理的办法就在于放弃斗争，这样至少还可以恢复主体自由的形式的独立自主性"②，忠奸之争也罢，怀才不遇也罢，悲愤也罢，哀伤也罢，痛苦也罢，忘我也罢，都通过贾生意象进行吟咏和化解，求得内心的抚慰，求得自藏和超然解脱，以保全身心。贾生意象既有对贾谊文化品格的敬仰，也有对他身世的悲叹，既有历史的凭吊，也有同病相怜的自悼，既是表象的象征和比喻，更是发自内心的深层次的精神认同。从这个意义上说，贾生意象更多地具有淡淡的悲伤的意蕴，使得这一意象接近了悲剧的性质，"只有当我们被逼得进行思考，而且

---

① 三木清. 人生探幽［M］. 张勤，张静萱，译. 上海：上海文化出版社，1987：108.
② 黑格尔. 美学［M］. 朱光潜，译. 北京：商务印书馆，1981：268.

发现我们的思考没有什么结果的时候，我们才接近于产生悲剧"①。

三、贾生意象成因浅析

"文学是一种独特的文化现象，它随着整个文化的大循环而运动、发展。各种文化因素的变化，都会反映到文学中来……这类因素一旦进入创作，首先已被审美主体所感受，其次进入艺术结构网络，就完全成为审美的因素了。文学的灵魂和精神，正由于他们才显得灵动与丰满。"② 作为中国思想文化主流的儒家学说，影响了中国人的生命价值取向，影响了中国文人的文化品格的形成。儒家思想的命运，是与民族的前途、盛衰同一而不可分的。③ 从历史发展看，文学的起源比儒学早得多，但儒学自春秋战国时期产生后，就一直与文学发展史有剪不断、理还乱的关系。贾生意象的产生，正是由于文人士子受到儒家思想的影响，形成了"润色鸿业"④ 的价值取向和仁的文化品格追求。

众所周知，仁学思想是儒家思想文化的核心。《左传》中多次在"仁爱""仁厚"的意义上使用"仁"字，孔子更丰富了"仁"的含义，形成了洁身自爱、积极进取、追求完美人格的儒家文化品格。那么，士人如何践行这种品格呢？儒家对此作出了规定：

> 儒者不陨获于贫贱，不充诎于富贵，不恳君王，不累长上，不闵有司，故曰"儒"。今众人之命儒也妄，常以"儒"相诟病。⑤

孔子回答哀公的垂询，说"儒有席上之珍以待聘，夙夜强学以待问，怀忠信以待举，力行以待取""博学而不穷，笃行而不倦""闻善以相告，见善以相示""患难相死"，同时，要"不宝金玉，而忠信为宝""见利不亏其义""可杀而不可辱"，儒者应该具有孟子所描述的"富贵不能淫，贫

① 朱光潜. 悲剧心理学［M］. 北京：人民文学出版社，1983：212.
② 钱中文. 文学发展论［M］. 北京：经济科学出版社，1998：409 - 410.
③ 贺麟. 文化与人生［M］. 北京：商务印书馆，1988：6.
④ 周振甫. 文心雕龙今译［M］. 北京：中华书局，1986：395.
⑤ 礼记·儒行［M］//阮元. 十三经注疏. 北京：中华书局，1980：1671.

贱不能移，威武不能屈"的品格，儒者的人生价值就在于修齐治平。《礼记·中庸》云："知所以修身，则知所以治人；知所以治人，则知所以治天下国家矣。"修齐与治平的目的是完全一致的。当治平的理想无法实现时，儒者也应该坚持理想和道义，无论穷达成败，都不会失义离道。

儒家总是表现出强烈的忧患意识和反思精神。"儒学的忧患精神是对国家民族关怀的博大情怀，是面临危难、困境而不屈服、不畏难的积极参与、敢负责任的精神，是救民族于危亡、救人民于水火而敢于牺牲奉献的精神；是居安思危、处兴思亡的辩证理性精神。"① 从前文几章分析来看，贾谊的文化品格不就集中体现了这几种精神吗？先秦至两汉时期是儒学发展史上的重要阶段。汉代儒家思想首经陆贾，再至贾谊，再及董仲舒，已与先秦儒学有了相当大的变化。但是，汉儒并未从根本上远离先儒，强烈的反思意识、危机意识、忧患意识和使命感等先儒文化品格一直被汉儒继承下来，他们兼容百家，并致力于同君主在文化心理上的沟通②，继续"助人君顺阴阳明教化""游于六经之中，留意于仁义之际，祖述尧舜，宪章文武，宗师仲尼"③。

儒家的反思意识和人道精神，对文学产生了积极影响。儒家的文艺思想既关乎政治伦理，也与社会人生紧密相连；儒家主张文艺必须服务于道德的需要与事功的目的，强调文艺的政治教化功能。而道德与事功的最高目标是尧舜那样的圣人之德、圣人之功，也就是仁德、仁政。换句话说，儒家主张文艺的目的是为实现理想的政治和人生而服务。

按陈松青先生的观点，文学经过秦朝时期短暂的低潮之后，在汉初兴盛起来，崇儒所带来的重文风尚是其中重要的原因。儒学逐渐从在野走向庙堂，并最终成为统治思想，是天下一统的历史发展的大势使然。儒学与中国文学一起发展，对文学的勃兴和发展也曾起过积极作用。④

有人说，一定的政治权力总是借助一定的学术思想实现对他人的统治，一定的学术思想也往往要凭借一定的权力实现其价值。文人政治传统不仅

---

① 张立文．儒学的人文精神［J］．新华文摘，2000（5）．
② 马育良．汉初三儒研究［M］．合肥：黄山书社，1996：13．
③ 班固．汉书［M］．北京：中华书局，1962：1728．
④ 陈松青．先秦两汉儒学与文学［M］．长沙：湖南师范大学出版社，2004：16．

中国有，外国也有。比如 18 世纪法国就有一次文人政治的兴起。文人政治即"政治生活被强烈地推入文学之中，作家控制了舆论的引导，一时间占据了在自由国家里通常由政党领袖占有的位置"①。法国是欧洲所有民族中最有文学天赋、最具创新发明意识的民族，"这些不同体系的作家们至少在一个最普遍的观念上是一致的，这个观念仿佛是他们每个人都设想到的，似乎先于他们头脑中一切特殊思想而存在，而且是这些思想的共同来源"。"作家们不仅向进行这场革命之人民提供了思想，还把思想的情绪气质赋予人民""那时连政治语言也从作者所讲的语言中吸取某些成分；政治语言中充满了一般性词组、抽象的术语、浮夸之词以及文学句式，这种文风为政治热潮所利用，渗入所有阶级，而且不费吹灰之力，便深入到最下层阶级"。

"要实现儒家高蹈的现实主义理想，离得开一个现实的权力吗"，"对政治权力的思考要从权力起步"，"权力就是人与人之间的支配关系，也就必然是相互竞争的，不是 A 支配 B，就是 B 支配 A，舍此没有中间道路可走。因此，权力游戏必然是零和博弈，全得或者全无。因此，如果权力没有被集中，社会必然陷入权力竞争，导致混乱，所以对权力秩序的思考就只能从集中的权力起步，掌握这一权力者就是君主"。② 在我国封建社会，王权与儒学既相互调适又有斗争。先秦时期儒士与王权之间或即或离，行藏舍取，各遵其道。方苞论经术时曾说："古未有以文学为官者，以德进，以事举，以言扬，《诗》《书》六艺特用以通在物之理，而养其六德（知、仁、圣、义、忠、和），成其六行（孝、友、睦、姻、任、恤）耳。战国秦汉所用，惟权谋材武，其以文学为官，始于叔孙通弟子，以定礼为选首；成于公孙弘，请试士于太常，而儒术之污隆自是中判矣。"自叔孙绵蕞，"汉兴七十余年，自天子公卿皆不悦儒术……诸儒以是为道术所托，勤而守之，故虽困而不悔。弘之兴儒术也，则诱以利禄，而曰以文学礼义为官……由是儒之道污，礼义亡，而所号为文学者亦与古异矣"。方苞《又书儒林后》说："由弘以前，儒之道虽郁滞而未尝亡；由弘以后，儒之途通而其道亡

---

① 托克德尔．旧制度与大革命［M］．北京：商务印书馆，2012：182.
② 徐纬光．现实的政治与理想的政治［J］．读书，2013（9）.

矣。"原始儒道依然蓄养在历代文人内心深处，成为不竭的浩然之气。从春秋时期的"三不朽"之说，经过孔、孟整合成占统治地位的儒家思想，成为后世极其深远的传统。"士志于道"成为士人们的行为准则。一代代文人士子，坚守自己的生命之本和国家民族之本，积极进取，"为天地立心，为生民立命，为往圣继绝学，为万世开太平"（孙载语）。

　　古代大多数文人最初为自己设计的人生目标是立德、立功、立言，修身、齐家、治国、平天下，但是，世道艰难，仕途坎坷，大多数的文人的理想是无法得到实现的。那些步入仕途，甚至位极人臣的文人又如何呢？陆机被杀，范晔被处死，曹植忧郁而逝，鲍照为乱兵所杀，蔡邕死于狱中，庾信老死北方，江淹似乎"江郎才尽"后才得以善终。这些才淹古今又极力效忠朝廷的人，在家国同构体制下的君主看来，他们所有的才情和并不太长的生命，都是属于国家即君主个人的，随君主取舍。还有一些文人幸运谋得一官半职，但是危机四伏、焦头烂额的官宦生涯使他们如履薄冰，屡遭贬谪，到头来，发觉宦海即苦海，人生如梦。他们在寻找精神的避乱所，道家思想就这样走进并参与了文学发展的进程。庄子以后的文学家，其思想、情调，能不沾溉于庄子的，可以说是少之又少①。

　　道家与文人的确有着十分紧密的关系。关于这点，前人今贤所论详备。张松辉专著《先秦两汉道家与文学》从不同侧面进行了重点论述，最为允当，可取者甚多。正如松辉先生所分析的那样，道家对文人的影响主要体现在以下方面。一是知足不辱，功遂身退的处世原则，"金玉满堂，莫之能守，富贵而骄，自遣其咎。功遂身退，天之道"②。二是重生思想。三是物化的生命观，从《老子》的"人法地，地法天，天法道，道法自然"，到庄子反对人为地乱五色五声，遵循自然规律成为道家的最高行为准则，这种自然思想慢慢影响文人的审美情趣、创作主张与实践。魏晋名士"越名教而任自然"，《诗品》要求文人创作"句无虚语，语无虚字"，要"自然英旨"③；《文心雕龙》要求创作时"心生而言立，言立而文明""形立则章

---

①　徐复观. 中国艺术精神［M］. 沈阳：春风文艺出版社，1987：116.

②　道德经［M］∥王弼. 诸子集成（三）. 北京：中华书局，1954：5.

③　严可均. 全上古三代秦汉三国六朝文［M］. 北京：中华书局，1958：3277.

成""声发而文生"①；李白的"清水出芙蓉，天然去雕饰"，司空图强调的妙道自然，释皎然的无迹可求的文学风格，苏轼的"文理自然，姿态横生"，都是讲求"自然英旨"。

道家强调无用之用，庄子万物一齐思想可以安慰受伤的心灵。《庄子·大宗师》曰："堕肢体，黜聪明，离形去知，同于大通，此谓'坐忘'。"而世间果能坐忘者，何人？在庄子看来，活着的人应该羡慕死去的朋友，因为死去的人已经返回到了自己的"本真"状态，自由而没有劳苦的羁绊。庄子之妻去世后，庄子鼓盆而歌，像孟子反、子琴张的吟咏一样，不过，与其说是在羡慕死去的亲友，不如说是在借此以减轻死去的人给活着的人带来的悲哀。

在一些特定的情况下，道家主张的无用确实可以保全身心。庄子又提出了要"处乎材与不材之间"的主张，人既不能太有用，也不要太无用。一味有用会十分疲惫，还有自戕、被害的危险；总是无用，也是危险的，不会叫的鹅有时先被杀，"杀不能鸣者"（《山木》），这十分危险可怕。为此，庄子又提出"一龙一蛇，与时俱化"，即到底做一个有用的人还是做无用的人，要根据具体情况而定，"有用"对自己有利时，就像飞龙那样腾达，做个有用有益的人，"无用"更适合自己的处境时，就变作一条小蛇当一个无用之人藏匿自己。联系庄子所处的时代，可知庄子生活如履薄冰，与其说这些保全思想的提出体现了庄子的高超智慧，倒不如说是体现了庄子生活的辛酸。②

看来，道家眼光更接近艺术的审美。西方文艺理论家丹纳指出：艺术家之所以被称为艺术家，"是因为他惯于辨别事物的基本性格和特色；别人只见到部分，他却见到全体，还抓住它的精神。悲伤既是时代的特征，他在事物中所看到的当然是悲伤。不但如此，艺术家原来就有夸张的本能与过度的幻想，所以他还扩大特征，推之极端。特征印在艺术家心上，艺术家又把特征印在作品上，以致他看到所描绘的事物，往往比当时别人所看

---

① 周振甫. 文心雕龙今译 [M]. 北京：中华书局，1986：10.
② 张松辉. 先秦两汉道家与文学 [M]. 北京：东方出版社，2004：195–198.

到所描绘的色调更阴暗"①。前文已述，贾谊思想驳杂，但他受道家思想的深刻影响是显而易见的，他对道家思想十分赞赏，他认为老子是一位"达若天地"、思想境界远远高于诸子的圣人。贾谊的道家思想在《道德说》《道术》《鵩鸟赋》等文中均有充分体现，其中有许多观点与老庄相似或直接来自老庄。这些道家的思想主张，也大多成为他的处世原则、文章主旨和心灵慰藉。从朝廷高官陟降长沙之后，贾谊心情郁闷，孤寂无助，政治上失意，身体上的诸多不适，地理的卑湿，使他感到生命的渺小与无常，他在精神上受到多重的压力，而道家思想却让贾谊看到生命亮光和乐趣，"潮湿的心"得到了暂时的安慰。"万物变化兮，固无休息。翰流而迁兮，或推而还。"他认为万物如此瞬息万变，人是难以认识万物的，当人刚刚认识某一种事物时，这一事物就又发生了变化。可见，贾谊与庄子都认识到了万物永远处于变化之中。

　　贾谊原原本本地接受了《老子》的"祸兮福之所倚，福兮祸之所伏"这一辩证思想，贾谊说："祸兮福所倚，福兮祸所伏；忧喜聚门兮，吉凶同域。彼吴强大兮，夫差以败；越栖会稽兮，勾践霸世……祸之与福兮，何异纠缠；命不可说兮，孰知其极。"在万物一齐思想上，贾谊还认为，天地为炉，造化为工；阴阳为炭，万物为铜，宇宙就是阴阳二气镕铸万物的无限变化的过程，无始无终，人与万物平等，这一思想明显来自道家。《庄子·大宗师》曰："今一以天地为大炉，以造化为大冶，恶乎往而不可哉？"《鵩鸟赋》曰："且夫天地为炉兮，造化为工；阴阳为炭兮，万物为铜。"相同的思想，类似的表达，都为着一致的目的：缓解那看得见和看不见的死亡给人们带来的心理压力。从《道德说》到《鵩鸟赋》，贾谊也从"道者无形，平和而神"的唯心转向了"千变万化，未始有极""万物为铜"的唯物思想转变。正如司马迁所说："读《鵩鸟赋》，同生死，轻去就，又爽然自失矣。"② 后世王充也利用贾谊的"天地为炉，造化为工"这一命题来阐释宇宙万物的产生。

　　贾生意象的形成与两种文化传统的深远影响不无关系。古代文人、士

---

① 丹纳. 艺术哲学［M］. 傅雷，译. 北京：人民文学出版社，1983：36.
② 司马迁. 史记［M］. 北京：中华书局，1959：2503.

子饱读圣贤之书，他们的才情必须找到一个合理的宣泄方式。文人的才情宣泄是一种内在本能力量的驱使，"本能因受阻力而不能释放其全部能量，这叫作目的抑制，遭到目的抑制的本能常常产生强烈的对象性发泄和持久的内驱力……没有解除的刺激便不断提供能量，以保持其对象性发泄作用"①。贾谊通过自己的政治实践和生命程式，在大一统中国版图的文化关口矗立起一个高大的文化巨子形象，使得历代文人士子无条件地生活在其巨大影响之下。贾谊给后代文人也造成一定的心理定式和思维模式，一代代文人，通过各种方式，不自觉地强化这种影响，不自觉地相互依赖和慰藉，当他们需要才情表达的时候，想到了贾谊，当他们急流勇进，报效家国的时候，他们想到的也是贾谊。由于家国同构的文化特点，君主即天下，可以凭尊恃势，不友不师，宰割天下，君主不会按照文人士子的愿望和理想来规划看起来属于君主个人的国家，而大多数文人士子的政治思维和技巧不如文字游戏一样娴熟。他们直道而行，于是，一些文人士子被抛被贬被杀，他们形成了一个独特存在的群体，受群体精神的统一支配，摆脱不了文人传统的惯性力量。这时，他们还是想到贾谊。贾谊便成了文人士子们学习、效仿的楷模，成为诗词吟咏的常规意象，也就不足为奇。经史百家为文，都是产生于实际社会应用的需要，按钱穆观点，政治性就是中国文学一直未断的共同信仰和精神，文章是"经国之大业，不朽之盛事"，纯粹作文的文人其实是很少的。前文已论及的唐代诗人罗隐抱负远大，他从20岁开始参加进士考试，一直考到55岁，数十年的寒窗苦读换来个于世"无用"——"乾坤大半属偷儿"。他没有成为一位"执大柄而定是非"②的名臣，只有感叹"长缨惭贾谊，孤愤忆韩非"，只有哀伤地吟咏"洛阳贾谊自无命，少陵杜甫兼有文"。前文提及的白居易曾在多首诗中吟咏过贾谊，他做过高官，也曾"闭户累月，揣摩当代之事，构成策目七十五门""分为四卷命曰策林云耳"，③ 有意效法贾谊作《策林》纵论天下大事，他也遭遇许多坎坷，不得不学习为人之巧，时刻提醒自己要无用之用，"木雁

---

① 霍尔.弗洛伊德心理学入门［M］.陈维正，译.北京：商务印书馆，1985：84.
② 罗隐.罗隐集［M］.北京：中华书局，1983：241.
③ 白居易.白香山集：下［M］.上海：上海商务印书馆，1934：29.

一篇须记取，致身才与不才间"①。他后半生好似"久知图画非儿戏，到处
云山是我师"，半隐半仕。表面上看，白居易是因上疏论武元衡被杀而以越
职言事的罪名被贬，但实际上是他一再触犯权贵、阉宦甚至君主所导致。
另一诗人刘长卿富于才学，而一生命途多舛，应举十年不第，后虽中举入
仕，却因刚直犯上，两次被贬，长期穷困潦倒，他在多首诗中把贾谊作为
诗歌意象。

悲剧美学认为，人面对命运的苦难不能只是被动地承受，还要顽强地
抗争。正是在与苦难的抗争中，人的坚强意志和顽强生命力才得以迸发出
来，人的本质力量也才得以呈现，伟大的悲剧精神才因此而生。"如果苦难
落在一个生性懦弱的人头上，他逆来顺受地接受了苦难，那就不是真正的
悲剧。只有当他表现出坚毅和斗争的时候，才有真正的悲剧，哪怕表现出
的仅仅是片刻的活力、激情和灵感，使他能超越平时的自己。悲剧全在于
对灾难的反抗。"② 古代诗人群体的这种反抗，无论以何种方式，都表现了
人的不屈和人性的坚强，也给文学增添了无限的风采和催人向上的力量。

贾谊的影响广泛而深远，贾生意象也不仅仅存在于中国历代文人士子
的诗歌创作中，还体现在不少外国友人的诗作中。胡佳的《越南使者咏贾
谊》研究表明，复旦大学文史研究院和越南汉喃研究院 2010 年合编的《越
南汉文燕行文献集成》中，收录了元明清时期越南使者咏贾谊诗作 58 首，
从数量上看，是相当惊人的。这些诗作多为七绝，也有不少五绝、五古，
大多赞扬贾谊才干，哀其不遇早夭之人生。这些诗作水平之高卓、见识之
深邃，并不亚于当时名家，如张好合的《过贾谊故宅有怀》："谪地三年此
地头，负才怜尔到江州。如今听尽寒蝉响，似有当年坠马愁。"阮忠彦的
《怀贾谊》："出傅长沙作逐臣，治安一策有经纶，莫嫌时相憎年少，只是才
华误解人。"黎贵惇的诗："平生雅爱颂《新书》，不肖随人笑阔疏，摊节乍
来依古迹，漫寻太傅旧时居。"吴时任的《过长沙忆贾谊》："不是长沙老贾
生，未遑天子恶纷更。后元虽阙礼文事，宣室还非痛哭迟。"黎定光的《登
拱极楼》："长沙湘水转苍茫，拱极楼头望岳阳。汉傅文章遗古树，楚臣忠

① 白居易. 白居易集 ［M］. 北京：中华书局，1979：760.
② 朱光潜. 悲剧心理学 ［M］. 北京：人民文学出版社，1983：206.

愤逐沧浪。"武希苏的诗："治安一策见经纶，莫说先生不用文。席前未温宣室夜，藩车已动楚江尘。"吴时位的《吊贾谊》："沉潜明主好论卑，明发少年多勇为。痛哭立言宜不售，治家有策惜无施。"阮文超的诗："屈平气盛贾才高，沦落犹为振古豪。北学未通文在楚，洛辞一变赋如骚。"丁翔甫的诗："少年已是遇明君，空向长沙作逐臣。只是化工能赋鸟，不关时相解憎人。"看来，长沙确实是南来北往的谪客、逐臣、使者、官吏的必经之处，而长沙贾太傅祠成了历代的热门景观。文化的影响力一旦形成，就必然会超越时空，展现恒久的魅力。

第七章
从湖湘文化的视角看贾谊文化品格的影响

　　嘉道之间在全国再倡经世之学的湘学巨擘贺长龄（1785—1848 年）曾诗书《贾太傅词》，写到"迁谪南来意未平，犹余祠宇镇孤城。苔深古井秋无色，鸟宿寒林夜有声。宣室空劳问神鬼，才人何必到公卿。投书不尽江流恨，一读遗文一怆情"①，对贾谊寄予了高度同情。以湘军声震天下的"中兴名臣"曾国藩亦曾推举贾谊："古今奏议推贾长沙、陆宣公、苏文忠三人为超前绝后。余谓长沙，明于利害，宣公明于义理，文忠明于人情。"②"奏疏以汉人为极轨，而气势最盛事理最显者，尤莫善于《治安策》，故千古奏议，推此篇为绝唱。"③ 从湖湘之地走出的伟人和文豪毛泽东虽然"独服曾文正（国藩）"，但同时十分赞赏贾谊。1918 年，年轻的毛泽东在一首《送纵宇一郎东行》的诗作中写道："年少峥嵘屈贾才，山川奇气曾钟此"。后又有专门的《贾谊》《咏贾谊》诗两首。前一首诗中写道："贾生才调世无伦，哭泣情怀吊屈文，梁王堕马寻常事，何用哀伤付一生。"后一首写道："少年倜傥廊庙才，壮志未酬事堪哀。胸罗文章兵百万，胆照华国树千台。雄英无计倾圣主，高节终竟受疑猜。千古同惜长沙傅，空白汨罗步尘埃。"他在读书批注和言谈中，多次提到贾谊，称贾为英俊天才④。

　　正如前文所论及，也正如蔡靖泉先生所说，贾生才调本就离不开楚风

① 长沙贾太傅祠志．清光绪刊本．
② 曾国藩全集［M］．长沙：岳麓书社，1986：484，520．
③ 曾国藩全集［M］．长沙：岳麓书社，1986：495．
④ 夏汉宁．贾谊文赋全译［M］．南昌：百花洲文艺出版社，1996：401．

浸染，贾谊少时受到以儒家思想为核心的河洛文化的熏陶，又深受楚人吴公以及曾入楚、师从荀子的张苍的深刻影响，而吴公、张苍之学都有楚文化和道家思想的烙印。贾谊才调本受楚风浸染，又深刻影响唯楚有材的湖湘文化。湖湘文化以贾谊作为源头之一也无甚奇怪，贾谊才调本身就具有楚文化的内涵和风采①。

这些湖湘人士对贾谊的赞誉，表明贾谊虽然只在长沙居住了三个年头，但在湖湘之地的影响很大。湖南自古被称为屈贾伤心之地，贾谊更是被后人称为"贾长沙"，足见贾谊给湖湘文化的深厚留存以及贾谊与湖湘文化的高度关联。历代湖湘文人均为贾谊这位文化巨子曾在自己故乡生活而感到自豪，许多诗人词家以屈贾后人自命。贾谊故宅在今长沙市太平街，原建有贾太傅祠，汉之后许多文人曾来此凭吊。对于贾谊其人、故宅和贾太傅祠，古往今来咏怀、瞻仰和凭吊者不绝；无数迁客骚人写下了大量的诗文，仅《长沙贾太傅祠志》中所录就有两百多首。这些诗文的作者所处时代上起魏、唐，下迄晚清。据传古时湖湘士人出省做官，当地士绅要在贾谊故居置酒送行，由此也可见贾谊对湖湘文化的影响之广。

从区域文化的视角来看，贾谊对湖湘文化的影响不可忽视。贾谊的文化品格给湖湘文化留下了深深的烙印，并通过湖湘文化发扬光大。近代以来，湖湘文化及其影响下形成的精英人物可说是奇峰郁起，拓宇于世，对中国社会历史的发展进程产生了深远的影响，湖湘文化及其孕育出的杰出人物，表现出执着的原道求索意识、浓厚的爱国爱民情怀、深刻的反思和现实担当及强烈的忧患变革意识，而这些文化精神，都可以从贾谊的文化品格中找到源头。

---

① 蔡靖泉. 贾谊才调与楚风侵染 [J]. 职大学报，2011（3）.

第一节　湖湘文化略述

一、湖湘文化的界定

学者们普遍认同湖湘文化不是一个学派，而是长期以来在现今湖南地域范围内形成和发展起来的一种地域文化。但如何确定湖湘文化的内涵，有以下三种意见。

（1）认为湖湘文化是中国传统文化的支脉，是湖南各族人民具有特色的民风、民俗、社会心理、社会意识和科学文化等的总和。

（2）认为从文化的层次上看，湖湘文化可划分为雅文化和俗文化两个方面；从文化的表现形式上看，可分为精神文化与物质文化两大部分。

（3）认为湖湘文化应是包括物质的、制度的和精神（社会心理）的三个层次在内的地域文化，三个层次中都含有"雅"和"俗"的内容，也包含着汉族和少数民族的文化在内。所谓"雅"，即经过知识分子再加工的精英文化；所谓"俗"，即广泛存在于湖南各族人民中的具有特色的民风、民俗、社会心理、社会意识、科学文化等的总和。①

学界主要从以下四种角度对湖湘文化的个性特征进行探索。

（1）从湖湘人物的个性上，认为湖南人政治上具有以天下为己任的使命感、责任感和勇于投身政治洪流的献身精神；思想上具有上下求索、敢为人先、富于开拓与创新的意识；行动上具有脚踏实地、刻苦耐劳、勇于任事的实干精神；行为准则上，刚正不阿，讲求气节，一以贯之。

（2）从湖湘学派的角度，认为湖湘文化的特点，一是重视心学，二是以民族大义为重，三是具有兼容并包的博大胸怀。

（3）从湖湘文学的角度，认为湖湘文化的特点有五：一是具有以天下为己任的爱国主义精神；二是求实务实，讲究经世致用；三是追求理想；

---

① 王兴国．中国传统文化中的奇葩——湖湘文化［M］∥王兴国，聂荣华．湖湘文化纵横谈．长沙：湖南大学出版社，1996：4．

四是革故鼎新的历史观；五是具有浪漫主义情调。

（4）从世习民风的角度，认为近代湖湘文化表现出二重性：既继承了古代湖湘士风民气的基本传统，主要是勤劳、勇敢、笃实、俭朴，富于爱国心和奋斗精神，又具有闭塞、倔强的一面，在新的历史条件下发生明显变异，表现出特别强烈的爱国情怀、经世务实的作风以及善变趋新的奋斗牺牲精神，同时也滋长了某些虚骄心理和偏激思想行为。

本书讨论贾谊对湖湘文化的影响，在钱师宗武先生的指导下，结合自己对湖湘文化的理解，对学界的研究进行重新整合与提升，主要观点如下。

（1）目前对湖湘文化的界定较为庞杂，我们认为湖湘文化的界定必须从时间与空间两方面进行综合考察。湖湘文化的"湖"是指洞庭湖，"湘"是指湘江，湖湘文化是指以今湖南为主体的区域文化。

学者一般认为，湖湘文化的第一次高峰是南宋时期的湖湘学派。湖湘学派形成于南宋建炎以后，当时著名学者胡安国与儿子胡寅、胡宏等，因不满南宋朝廷的黑暗政治和投降政策，由福建迁往湖南衡山附近定居，潜心研究理学并授徒讲学，创建碧泉书院、文定书堂，积极从事传播理学的工作，开创了湖湘学派。湖湘学派提倡重践履、重经世的务实学风，并通过张栻、彭龟年、陆九言、胡大时等人的发扬光大，形成传道求仁、践履务实、不尚空谈、经世致用的学派特色，在全国理学风行的大背景下独具特色。而张栻本人也成为与朱熹齐名的一代理学宗师。[1]

湖湘文化的第二个高峰时期是清中后期至近现代时期，曾国藩领导的"湘军"名声大振，湘军将领约182人，其中左宗棠、曾国荃、彭玉麟、刘坤一等11位湘籍将领升至总督，胡林翼、郭嵩焘等13位湘籍将领升至巡抚，另有143人升至提督、总兵、布政使、按察使。而后从洋务运动到戊戌变法、从辛亥革命到新中国成立，举凡一切军国大事，几乎都少不了湖南人的身影。参加同盟会筹备会议的79人中，有20人属于湖南籍；在新民主

---

[1] 《宋史·道学传》说："张栻之学，亦出程氏，既见朱熹，相与博约，又大进焉。"而朱熹不但认为张栻对他"多有启益"，而且还认为"敬夫见识卓然不可及，从游之久，反复开益为多"，并且"所见卓然，议论出人表"。这说明朱熹之所以能集理学之大成，也与张栻有着密切联系。《宋史·道学传》将朱熹与张栻并列，这是不无道理的。

主义革命时期，以毛泽东、蔡和森、刘少奇、彭德怀、贺龙等为代表的无产阶级革命派人才群体更是灿若群星。至此，湖湘文化对中国的影响一直超越旁省，领风气之先，由此确立了湖湘文化在中国近现代文化史上的显赫地位。

（2）学界许多学者将湖湘文化的界定扩展到楚文化，笔者认为，传统的楚文化是湖湘文化的基石。湖南曾是楚文化重要腹地，屈原南游沅湘，留下了许多著名的诗篇，尤其是相传作于湖南的《天问》，对宇宙、自然和历史的传统观念提出了大胆的怀疑和质问，贾谊更是汲取楚文化诸种因素，并用自己的文赋与经世实践深深地影响着这一片区域文化。屈贾这种精神后来深深植根于湖湘文化的土壤之中，可以说，楚文化的因素已逐渐融汇到湖湘文化之中。湖南相对闭塞的地理环境保证了这些楚文化因素不致过多流失，当宋代儒学亟须振兴、近代国家亟须振兴的时代浪潮冲击湖湘大地时，楚文化因素便喷然而出，焕发出奇异的光彩。所以，传统的楚文化是湖湘文化的基石，也可以说，湖湘文化离不开传统楚文化的孕育。

但作为一种区域文化，便不能不考虑"区域"二字，而且"湖湘文化"盛名来源于两宋与近代之"湖湘人士"，故不能将时间与空间的范围扩大。据文献记载，夏、商、西周时期，湖南大体仍处于"蛮夷"所居的"荒服"之列，无建置。战国时，楚国在湖南设立黔中郡以辖之，郡治在今常德市，首次把湖南纳入封建国家行政管理体系。秦亦立黔中郡，郡治在今离常德市不远的沅陵县，其辖地包括今湖南省大部分。从汉代到南朝宋，湖南一直属荆州，南朝宋初才由荆州分立出湘州。唐代宗广德二年（764 年）在衡州设立湖南观察使，"湖南"之名自此开始。一直到清康熙三年湖南才单独建省。所以，从区域文化研究角度看，楚文化可以说是湖湘文化的源头之一。

（3）湖湘文化还有一个源头是外来文化的因子。湖湘文化的发展，离不开外来文化因素的启迪和推动。已故学者马积高认为湖湘文化的形成假借了异地的力量，这反映了湖南地区本身在创造文化方面处于软弱无力的地位。① 这种说法固然大体可信，但应该有值得商榷之处，因为任何一个区

---

① 马积高. 漫论湖湘文化［J］. 湖湘论坛，1996（6）.

域都创造了属于自己的文化，这种文化创造不像创作一件具体作品或建立某个学派一样可以精心设计，分步实施。从长远历史来看，文化往往是一种结果，而其形成和发展受诸多因素的影响，有内在的，有外在的，有偶然性，也有必然性。与其说湖湘文化的形成假借了外在的力量，不如说它吸纳融入了外来文化的因子更符合实际，胡安国、胡宏父子从福建迁居湖南时不会有多大的文化力量，后来胡安国在南岳紫云峰下结庐隐居，著《春秋传》，辑《二程文集》，胡宏在衡山讲学 20 余年，著《知言》和《五峰集》，这时，他们才有了文化的影响和创造文化的力量。同样，张栻幼年随父由川入湘时也不会有多大的文化力量。所以只能说他们以在湘时的卓有成效的求索和生命实践，参与了湖湘文化的创造，从而影响湖湘文化的特质和形成。

再往上溯源，不少旅湘的异地文化名人或贬谪至湘的官吏士人也影响了湖湘文化的特质和形成。屈原投身汨罗，他本属楚地，其影响之大自不必论。之后，贾谊远迁长沙，王昌龄被贬龙标（今黔阳），刘禹锡寄身朗州（今常德），褚遂良、张说、令狐楚、元结、柳宗元分别谪居潭州、岳州、衡州、道州、永州等湖南"清绝之地"，杜甫老病孤舟漂泊洞庭湘江，李白、韩愈也留有诗篇。诸如此等，难以枚举。贬谪和漂泊对官吏士人的生命个体而言是不幸和痛楚，但他们留存至今的文化影响却是所到之处文化形成和发展的上好养分，对素有卑湿炎热、蛮越杂处、风俗夷僚之称的古代湖湘之地来说尤其如此。汉唐以来莅湘的这些异地文化士人中，贾谊对湖湘文化的影响时间最长、范围最广，程度也最深，因而"西汉学者贾谊，也是湘学的重要思想源头"①。

基于上述论述可以看出，湖湘文化是指湖南省范围内的一种多源的区域文化，它以古代传统楚文化为基石，融入异地文化的因素，兴起于两宋之间，并延续不断，创新发展。

---

① 朱汉民．湘学原道录［M］．北京：中国社会科学出版社，2000.

二、湖湘文化的特质

目前学术界把湖湘文化的特质归结为如下五点：①经世致用；②敢为天下先；③原道、思变、求新；④兼容并蓄；⑤忠君爱国。

这些归纳当然都是极为准确的，但一种文化的特质是从比较中得来的。要突显湖湘文化的特质，必须把这五个方面的内容相互联系起来，因为只有彼此渗透才能将湖湘文化的特质与中国传统的"经世致用""忠君爱国"等思想加以比较和区分，才能将湖湘文化与其他区域文化区别开来。湖湘学人以"经世致用"为指引，辅之以"霸蛮"式的"敢为天下先"的湘人精神，在学术求索、政治实践、经济振兴、军事武功等方面唱出原道不懈、思变求新、吐故纳新、忠君爱国的全国最强音，从而形成了在全国领风气之先的文化特质。在这些特质当中，最值得关注的是"敢为天下先"与"经世致用"。

1. "霸蛮"与"敢为天下先"

"霸蛮"是湖南土话，也是湘人的口头禅，意思跟发狠、执拗相近。就是这个"霸蛮"，演绎出湖湘文化"敢为天下先"的特质。

"霸蛮"，首先是一个地域和民族的概念。商周之际，长江以南为吴、楚两大诸侯国的封地。两国未立之时，这里都是蛮族居住的地方。太伯初至江南，得到千余家荆蛮的拥护，得以站稳脚跟，建立吴国。熊绎在周成王时始封于楚。由于历史和现实的原因，两国在对待商周文化和蛮族文化的问题上表现出不同的态度。吴对黄河文化，特别是周文化认同，在建立自己的文化体系的过程中，自觉地向黄河文化学习。楚则完全是另一种情况，楚在兼并周围的小国家和要求周给予王的称号时，往往打出"我蛮夷也"的旗号要挟对方，这从一个方面说明了楚人对蛮夷文化的认同。正是这种认同，使楚人置身于周人的对立面，使周人对楚怀有戒心。楚文化及楚人受到周文化和周人的歧视。这种歧视在当时的历史条件下，并未能促使楚人像吴人那样去向周文化学习，反而使楚人产生一种逆反心理，在"蛮"的特质的方向上进一步发展。

司马迁在述及吴、楚两国中的蛮族时，分别使用了"荆蛮"和"楚蛮"

两个名称。按照现在的一般理解，荆与楚两个地理概念大致相当，荆蛮也就是楚蛮。但是，司马迁在《吴太伯世家》中只称荆蛮不称楚蛮，在《楚世家》中只称楚蛮不称荆蛮，可见，荆蛮与楚蛮在司马迁那里是有区别的，而且，这种区别是十分清楚、严格的。从两文的比较中可以大概推知，以太伯作吴为界，太伯作吴以前，江南之蛮通称荆蛮，太伯作吴之后，司马迁就改称夷蛮，或直呼之为吴了。名称的变换表示着内容的变化，表明蛮人的一部分与吴人融合、同化，一部分向更边远的地方迁移。司马贞的《索隐》说："蛮者，闽也，南夷之名。蛮亦称越。"[1] 指的或者就是这种情形。居住在湖湘一带的杨越，也就是蛮族人的一支，它构成楚蛮的一部分。

作为湖湘文化前身的楚蛮文化特质的原始层，就是它的带有原始野性的"蛮"。这种"蛮"的特质的内涵，包括"沅有芷兮醴有兰"的自然环境，包括"被薜荔兮带女罗"的服饰，包括"信鬼而好祠"的民风民俗，包括筚路蓝缕的辛勤劳作和开拓精神。

"霸蛮"的第二个层面是强烈的乡土意识和怀乡恋乡情结。这种情感，在包括湖湘在内的楚人身上表现特别强烈和突出。《离骚》云："陟升皇之赫戏兮，忽临睨夫旧乡。仆夫悲余马怀兮，蜷局顾而不行。"项羽和刘邦都是楚人，他们在胜利之后，都想要回归故乡。这些，都表现出一种强烈的乡土意识，难解的怀乡、恋乡情结。

"霸蛮"文化特质的第三个层面便是爱国主义精神。国、家、乡是一个不可分割的整体，但爱家、爱乡与爱国不是一回事，它们有范围、层次的区别。只有爱国主义才是一种最崇高、最广大的爱，属于最高层次。同样可以说，爱国主义在楚人身上表现最为强烈，最为执着。蛮，也就是执着之意。从"楚虽三户，亡秦必楚"的俗谚中，我们可以见到这种蛮，这种执着。

属于第四个层面的，还有一种自强的精神，这一点尤其值得重视。从先王熊绎立国开始，楚人就具有了一种奋发图强的精神。这种精神形成的一个重要原因，是周王室分封不公，因为"齐、晋、鲁、卫，昔封皆受宝

---

① 司马迁. 史记 [M]. 中华书局，1959：1446.

器，我独否"①。这种待遇之不公，促使楚不断开拓疆域，把楚国的版图扩展到淮河、黄河流域，包括今河南、安徽、江苏、山东的广大地区。只是后来由于楚国内部发生了矛盾，使秦国有了可乘之机，后来居上，统一了中国，否则，历史将会是另外一种模样。但是，楚人自强之心并未泯灭，如上所述，秦灭楚之后，民间便流传"楚虽三户，亡秦必楚"的俗谚，而秦竟亦为楚人所亡，就是一个明显的例证。

湖湘文化的这种"霸蛮"精神在特定情势影响下便演化为"敢为天下先"的独立奋斗与创新精神，并一直奔腾在湘人的血液当中。辛亥志士杨毓麟将这种精神做了高度概括和精辟阐释，他说：

　　我湖南有特别独立之根性，无所表现，其影响仅仅及于学术而未大显，盖前则划以大江，群岭环其左而负其后，湘江与岭外之流同出一源，故风气稍近于云贵，而冒险之性颇同于粤，于湖北与湘西则相似者甚少，盖所受地理者使然。其岸异之处，颇能自振于他省之外。自濂溪周氏师心独往，以一人之意识经纬成一学说，遂为两宋道学不祧之祖。胜国以来，船山王氏以其坚贞刻苦之身，进退宋儒，自立宗主；当时阳明学说遍天下，而湘学得奋然自异焉。自是学子被服其成俗。二百年来，大江南北相率为烦琐之经说，而邵阳魏默深治今文尚书、三家诗，门庭敞然。及今人湘潭王氏之于公羊，类能蹂躏数千载大儒之堂牖而建立一帜。道咸之间，举世以谈洋务为耻，而魏默深首治之，湘阴郭嵩焘远袭船山，近接魏氏，其谈海外政艺时措之宜，能发人之所未见，冒不韪而勿惜。至于直接船山之精神者，尤莫如谭嗣同，无所依傍，浩然独往，不知宇宙之圻埒。何论世法！其爱同胞而甚仇虐，时时迸发于脑筋而不能自已，是何也？曰：独立之根性使然也。②

———————————

① 司马迁. 史记 [M]. 北京：中华书局，1959：1705.
② 杨毓麟. 新湖南 [J]. 湖南历史资料，1959（3）：68–69.

杨毓麟把周敦颐、王夫之、魏源、王闿运、郭嵩焘、谭嗣同身上所体现的"坚贞刻苦""奋然自异""发人之所未见""无所依傍""浩然独往""爱同胞而甚仇虐"总结为湖南人的"独立之根性",是对湖湘文化精神的典型概括。

2. 湖湘学派与经世致用

学界普遍认为,湖湘学派是宋代理学阵营中的一个重要学派,这个学派主要代表人物的思想是在湖南形成,所以把它叫作湖湘学派。湖湘学派包括一大批卓有学识的理学家,见于经传者达几十人,当时著名学者朱熹、吕祖谦、叶适等都曾与此学派切磋学术。湖湘学派不仅奠定了以后近千年湖南学术文化发展的基础,而且影响中国古代历史的特质。学界也普遍认为,湖湘学派与湖湘文化有着同构同质关系。

综合前贤今人的研究可知,从源流上看,湖湘学派源于"二程"洛学,程门弟子杨时、谢良佐将"二程"之学南传,杨时传罗从彦,罗传李桐,李传朱熹,而大弟子谢良佐传胡安国。"上蔡(谢良佐)之传,始自胡文定公入衡湘。"[1] 湖湘学派是与朱熹之学同源并起的一个学派,朱熹不仅与湖湘学派交往密切,有"朱张会讲"的学术活动,而且朱熹最早为湖湘学派命名,在《朱子语类》卷 101 中,朱熹及其弟子总称胡安国、张栻一派为"湖湘学""湖南学""湖南一派",黄宗羲在《宋元学案》中称"湖湘学派之盛""湖南一派,当时为最盛"。此后,湖湘学派一直沿称。

湖湘学派的理论先驱和奠基人是胡安国,但学派的创始人则被认为是胡安国之子胡宏。胡宏曾拜理学家杨时、侯仲良为师,理学造诣深厚,《宋元学案》云:"中兴(指南宋初年)诸儒所造,莫出五峰(胡宏)之上。"[2] 不过,他创立湖湘学派,主要是继承和发展了胡安国的理学思想,即恢复上古三代的井田制等古制,胡宏也认为要实现天下太平,就必须复井田,行封建。

湖湘学派最有成就的代表人物是胡宏的得意弟子张栻,张栻与当时的理学大师朱熹、吕祖谦并称为"东南三贤"。"经世致用"的灵魂是实践,

---

① 黄宗羲. 宋元学案 [M]. 北京:中华书局,1986:1173.
② 黄宗羲. 宋元学案 [M]. 北京:中华书局,1986:1366.

因而张栻十分注重"力行"，并对当时一些学者好讲空言而不求实践的学风
进行批评。张栻的学识得之于胡宏，但其理学思想比胡宏更为纯粹和正宗，
因此张栻是湖湘文化经世致用特质的奠定者，经世致用的学术传统成为湘
学的显著特色并绵亘不绝地延续下来。

　　南宋后期，张栻谢世，不少湖湘学人转学朱熹、吕祖谦、陈傅良等学
术大师，加上岳麓学子在抗元斗争中共赴国难，死伤惨烈，因此湖湘学派
不再著称，而朱熹理学开始成为主流并尊崇达数百年之久。但是湖湘地区
没有独尊朱学，而是同时传承以张栻等为代表的湖湘学派的学术传统，朱
张并重，偏重湖湘学风。

　　湖南书院长久兴盛，瓜瓞连绵，尤其是岳麓书院办学成效显著，称誉
海内外，湖湘学派优秀的学术传统由此得以传承和发展。元代，岳麓书院
以张栻提出的"成就人才，以传道而济斯民"为教育方针，要求学生在事
亲事长、一言一行的日用伦常中去体察崇高道德境界。明正德、嘉靖年间，
王阳明心学盛行，时任湖南学道任凤梧以周敦颐及朱熹、张栻等人的理学
传授学生，以朱张之学为湖南正学。岳麓书院培养出不少杰出人才，王夫
之、贺长龄、魏源就是其中的代表。

　　从学术史的角度来看，王夫之无疑是湖湘学派的集大成者。他深受岳
麓书院学术传统的影响，推崇胡安国、胡宏、张栻及其学术思想。传统儒
学将知行统一于礼，理学将知行统一于理，而船山学将知行统一于行。王
夫之继承和发扬了湖湘学派把探讨性理哲学和经世致用结合起来的治学传
统，对理学进行新的阐发，为经世致用提供了理论根据。谭嗣同说："五百
年来学者，真通天人之故者，船山一人而已。"①

　　从清代开始，宋明理学衰落，考据之学逐渐盛行。但湖湘之地亦是汉
学、宋学同领风骚，无论汉学还是宋学，都继承了湖湘学派经世致用的学
术传统。

　　康熙中期，岳麓书院山长李文照专门为书院学生编写了《岳麓讲义》，
对《大学》《中庸》等儒家经典篇章进行阐述，他对以张栻为代表的湖湘学
派的理学思想极为推崇，强调"力行"，勉励学生读史书以通世务。康熙年

---

① 梁启超. 清代学术概论 [M]. 上海：上海古籍出版社，1998：19.

间长沙人王文清学贯古今，是中国学术史上由宋学转向汉学的先驱人物，但作为一个大汉学家，王文清以经世致用为治学目标，并要求学生把研习经史和通晓时务相结合，勉励学生通晓礼、乐、兵、农等各方面的学问。

三、湖湘学派与贾谊春秋学渊源浅析

我们说贾谊对湖湘文化有着深远的影响，那么，湖湘学派的学人与贾谊有什么学术渊源吗？回答是肯定的。笔者试着把年代相隔甚远的贾谊与湖湘学派的春秋学渊源作一个粗浅的探析，这是一件非常有意义的事情。

1. 春秋三传和贾谊的春秋学

《春秋》18000 字，记鲁史 244 年，其中"弑君三十六，亡国五十二"。一般认为，在春秋三传中，《左传》是古文经学，以史实、史料和思想性取胜，以事传经，诠释《春秋》所记的事件；《公羊》《谷梁》属于今文经学，以微言大义取胜，以义理、解释的方式传经。实际上，三传成书时间不同，按何休的《春秋公羊解诂》，《公羊》是汉景帝时才由公羊寿及其弟子胡毋子等人从"口说"转变为文字记录，《谷梁》更在公传之后成书。在西汉初年，《春秋》三传之间并没有森严的壁垒。刘师培曾说群经大义相通，何况三传同为春秋学著作。《左传》开始不称作经，也不是史，从一开始，《左传》就是春秋学的著作，在一些先秦经典中就被直接称为《春秋》，或者与《公羊》等书并称为《春秋》。《春秋》大义的阐发始于孟子，孟子认为《春秋》本身就具有明人伦、正纲常的经世目的，孔子有感于世衰道微和邪说暴行发生因而作《春秋》，这本身就包含了政治与伦理的价值，具有政治和伦理两种要义。

实际上，《左传》的思想性、艺术性都非常高，它随着私人著述越来越多的采集引用，由春秋王官学转入诸子学，又由史学转入经学，因此既是经学著作，也是史学著作、文学著作，其书文才若日月，高深若山海。虽然两汉早期的流传非因义理而缘叙事，但是《史记》《汉书》均认为，孔子以义理说《春秋》时，弟子们的看法和接受程度不一，左丘明为了弥补这一不足，就辑补史实，以方便阐述。《左传》不仅解释了《春秋》史实和义理，蕴含了作者的情怀和价值选择，也能"微言大义"，作品本身具有丰富的义和独特的魅力。《公羊》《谷梁》二传和《左传》叙事来源不同，《公羊》着重阐释春秋大义，但重义不重事，所依据的史实模糊不清，难以考据，难免有一些臆断虚说的嫌疑，不像《左传》叙事详细，首尾贯纵，因此《左传》受到史迁的称许和引用，汉章帝时还要求研习《公羊》的学生转而研习《左传》。《左传》不仅仅是史书，也不仅仅属于孔门，它是人们共同的学术资源，如战国末期的韩非子和李斯都引用了不少《左传》的文字，西汉时"汉廷谟诰，皆引其文"。《左传》从先秦成书到西汉末刘歆请立学官拟用《左传》之"礼"弥补现实政治的缺失，可以说属于王宫贵族的教材（贾谊的出身也由此可见非同一般）。立于学官成为经书之后，人们往往依据《左传》而言春秋义理。固然，《左传》的流转主要体现在义理方面，而这些义理也不是《左传》本身的义理，而是论者依据春秋"往事"阐发的思想和是非观点（李学勤语）。甚至也可以说："《春秋》一句即一事，是非便见于此，乃穷理之要。学者只观《春秋》亦可以尽道矣。"（程颐语）

从《史记》和陆德明《经典释文叙录》的记述可知，贾谊早年主要受吴公的影响，吴公曾经师事李斯，得刑名、申、商之学。贾谊自22岁起主要师从张苍，研习《左传》，而且贾谊曾经作《春秋左氏传训诂》，贾谊是《左传》的重要传承人。《汉书·儒林传》载："汉兴，北平侯张苍及梁太傅贾谊，京兆尹张敞，太中大夫刘公子皆修《左氏春秋传》，谊为《左氏传》训诂，授赵人贯公，为河间献王博士，子长卿为荡阴令，授清河张禹长子，禹与萧望之同为御史，数为望之言《左氏传》，望之善之，上书数以称说……授尹更始……传子咸及翟方进，琅琊房凤。"这是《汉书》记载的传承情况，而陆德明《经典释文序录》所载《左传》的传承情况虽然与此略有不同，但都表明传到房、尹、翟等人。对《左传》的流传、疏注做一简要回顾可以发现，宋代以前的学者认为孔子依据一定的原则和规范来笔削鲁史，这些原则和规范就是义理，三传都有自己的义理。三国时古文经学兴盛，《左传》注者众多；西晋杜预的《春秋左传集解》是最早、最有影响的注本，汇校两汉《左传》的各种旧注，专取《左传》释春秋，开创了以传附经的体例，影响广泛而长远，从魏晋到隋唐《左传》均为显学；南北朝时北朝的服虔参与了玄学化流传；到唐代三传合入九经，孔颖达的《春秋左传正义》多用杜预注，只取左氏，疏不驳注；刘知己的《史通》惑经申左；中晚唐开始跳出注疏范围，不再一味注疏破经，直寻宗本，注重向义理和经世致用转变，出现了以啖助、赵匡、陆淳等为代表的"新春秋派"，提倡"通经为意"；至宋代，开始了对《左传》价值的深度挖掘，"说《春秋》者，莫多于两宋"（《四库全书》），春秋学由汉唐私家经学变为通学。虽然多有舍传求经，且王安石新政弃《春秋》，朱熹明确《左传》是史学，《公羊》《谷梁》是经学，但也有不少学人倚重"以史传经"，如欧阳修、苏轼兄弟、叶梦得、陈傅良、吕大圭等。从汉唐以训诂注疏为主要方法的春秋学到宋代以通经致用、探究思想义理为主要目的的春秋学，从私学、家法到通学，这既是学术的一种自然发展，也是时代给学术留下的深刻烙印。再至清代，开始了《左传》的各种专门性研究。余嘉锡认为贾谊对《左传》的征引只是字句的引用，不包括思想观念的借鉴和移植，这是说不过去的。因为《左传》一直都是作为春秋学著作而存在的，而且义理包含在史实、文字之中，价值取向体现在行为选择之中。看来，对春秋三传来说，各种训诂和注疏，只是各自的方法和各自的需求不同而已，并无根本矛盾，只是取向和侧重不同。训诂、注疏以及宗本，都可以看出大义，不看注者，但看精义，都不需要矫枉过正，更不可为突出自己而贬损、打压别派。贾谊不仅是春秋学传人，而且他的民本思想、礼制思想与《春秋左氏传》具有高度的一致性，这点诸多学者已有论述。贾谊《新书》中的《数宁》《藩伤》《大都》《审微》《淮难》《礼》《容经》《春秋》《大政上》《胎教》《连语》《先醒》《礼容语下》等篇中多次征引《左传》事例。根据吴涛先生的研究统计，贾谊的《新书》共引用《左传》19处，徐复从文字训诂方面研究后认为贾谊的《新书》征引左氏说二十四件事情，还可以看见书中保存了不少古字。一般认为，《左传》善于礼（《公羊》善于谶，《谷梁》善于经），礼是《左传》历史叙事中的一个重要内容，贾逵说《左传》的义理是"崇君父，卑臣子，强干弱枝，劝善戒恶，至明至切，至直至顺"，其实这也就是《春秋》的义理。贾谊接受了《左传》中礼的思想。《傅职》曰："或称春秋，而为之耸善而抑恶，以革劝其心。教之礼，使知上下之则；或为之称诗而广道显德，以驯明其志；教之乐，以疏其秽而填其浮气；教之语，使明于上世，而知先王之务明德于民也；教之故志，使知废兴者而戒惧焉；教之任术，使能纪万官之职任，而知治化之仪；教之训典，使知族类疏戚，而隐比驯焉。此所谓学太子以圣人之德者也。"这说明贾谊不仅训诂、征引《左传》史实，而且明白地指出了《春秋》耸善抑恶等诸多精义。

贾谊在征引《左传》时也接受了其中的民本思想，即君权的根本在于民，立君的目的在于保民，利于民就是利于君（前文已述）；另外，在人与神的关系上，人满足神是为了要神来满足人的目的，神只是人达到目的的工具（刘家和语）。根据杨伯峻的观点，奴隶社会中最大的奴隶主被称为"天子"，而天象与人事密切相关，那时，国之大事，在祀与戎，可是也有郑国的思想家、政治家子产认为"天道远，人道迩，"坚持不禳火灾，说明了当时人们思想上的激烈斗争，成败得失都用人事来解释，叙述各种天道鬼神、卜筮灾祥也"未尝废人事"。按说《公羊》成书在贾谊去世之后，有人说《新书》也征引公、谷二传，实在难以让人理解。《公羊》提出大一统、三世异辟、经权说、异内外等，到董仲舒《春秋繁露》将"天"的范畴引入春秋学中，提出"天人合一""《春秋》之法，以人随君，以君随天"，又引入阴阳五行学说解释符瑞和灾异现象、救旱止雨。这些观念大都在贾谊的《新书》中或明或隐出现过，董子可以得于公羊和贾子，而公羊则要么从《春秋》中所得，要么从《新书》中借鉴。公羊学认为要继承和发扬夏商周三代的道统，君主开国要改正朔、易服色，这些主张，在贾谊的《新书》中多处可见。

虽然西汉实际上存在以贾谊的"传训故"为特点的《左传》学派，然而随着刘歆及其著名后学孔奋、卫宏、贾徽、贾逵、马融、许慎、郑玄等在《左传》研究上的崛起，经传合行，且把《左传》立于官学，使《左传》从史书走向微言大义的经学，贾谊《左传》学有据可查者应该最终传至王莽篡汉之后的陈元，而陈元最终又接受了刘歆在《左传》研究上的创新观点，贾谊所传《左传》似乎消失了。不过，"刘歆一方面得到孔壁本《左传》，又从尹咸和翟方进学习民间私传本《左传》，甚至两本并没有什么歧异，于是两种本子合为一了"（杨伯峻语）。刘歆是在贾谊训诂的基础上把《左传》引向经学的，且在确定《左传》章句义理时曾经向贾谊《左传》后学传人尹咸和翟方进"质问大义"。所以贾谊《左传》学固有的精义依然流传下来，并融入了以后的春秋学研究之中。

2. 胡安国的春秋学和春秋情怀

胡安国是北宋哲宗年间进士，历经宋徽宗、宋钦宗和南宋高宗两朝四代。胡安国生活在辽金强盛、宋人南渡时期，内忧外困，人民痛苦，"奸佞用事，大义不立，苟存偏安，智勇扼腕，内修之未备，外攘之无策"（虞集语），宋室羸弱，屡战屡败，不得已迁都临安，而国内农民起义接连不断。与贾谊一样，胡安国有着深刻的忧患意识，对国家前途有着深切的关心。

胡安国"闻道伊洛，志在《春秋》"（朱熹语），得泰山孙复《春秋》之传，而孙复治《春秋》循唐代啖助、赵匡、陆淳一派学风。啖、赵、陆是中唐的新春秋学派学人，杂采三家，变颛门为通学，"三传之外，能卓然有见于千载之后者，自啖氏始，不可没也"（宋陈振孙语），《四库全书》认为清代之前两千年经学"凡六变"，孔颖达、贾公彦、啖助、陆淳为上承章句注疏之学、下启宋明理学的第二变，三传从这里基本走向统一。可惜的是史籍对啖助等学人的学术师承和生平语焉不详，留下不少遗憾。陆淳曾师从啖助和赵匡，柳宗元曾经师从陆淳，所以啖、赵、陆春秋学是韩柳儒学复兴的学术底子，对韩柳提出道统说来反击汉代经学衰落之后的玄学释经思潮和佛教渗透，应该起到了重要作用，对宋明理学和陆王心学试图增强儒学的抽象性和思辨性也提供了借鉴。胡安国继承了孙复《春秋》学强烈的经世取向和明确的尊王的现实指向，不问三传，专研本经而求大义，穷理尽性分辨善恶，"善善不能用，恶恶不能去"，但与孙复稍有不同的是，胡安国尊崇的是王道而不是王权，他认同伊川所说的王道即天理，王法必须合于天理。从师承关系来看，从胡安国往上溯源，通过朱长文、靳裁之、杨时、游酢、谢良佐、二程、孙复，一直可以上溯到范仲淹。按钱穆观点，宋学，究其滥觞，实始于韩愈，开山祖师则为范仲淹，宋学精神就是"革新政令"和"创通经义"，庆历新政州县兴学，奠定了九百年地方教育体系的基础。范仲淹于学于齿均长于宋初三先生，而范可以说师承儒学世家戚同文的孙子戚舜宾及王洙、张吉甫二人，而戚同文立志不仕，继承了杨悫的教育事业。从杨悫再往上，暂时实在难以找寻明确的师承关系。汉人最重师法，汉代以后特别是春秋学作为通学之后又不是那么注重师承，根据葛志毅的观点，魏晋南北朝到唐代中叶的六百年之间，经学经历了恢复与发展、分离与整合、创新与蜕变几个不同的阶段，最终《左传》一枝独秀。

书山学海，隐隐迢迢，从贾公之后到胡安国，甚至到具有强烈的春秋情怀的王夫之、魏源、皮锡瑞、曾国藩之间，即使是最勤奋的学者也难以梳理清楚历朝历代之间的嫡传师承关系。好在思想是可以隔代传承的，知音的风云际会可以跨越千年。

胡安国在湖南生活的实际时间只有八年左右，但是他对湖南学人的影响和作用是巨大的，他是湖湘学派的实际奠基人。胡安国特别强调经世致用，其目的在于治国安邦，强学力行，以圣人为榜样，"志于康济时艰"。他说，有志于学，要以圣人为则，有志于为政，当以宰相自期。他著述《春秋传》有其主观认识的原因，他认为孔子笔削鲁史而成春秋是为了"史外传心""以鲁史而见王法"，春秋六经只有《春秋》一书出于孔子之手，尽得五经之妙，所以是百王法度、万世准绳，是褒忠抑邪、奖善罚恶的神圣经典。《春秋》是经也好，是史也罢，无论三传，都只是解经的方式方法和侧重点不同而已，所以胡安国秉持经史一体的春秋观，史实与大义兼作，兼采三家而折中其是，事按左氏，义取公羊、谷梁之精华，旁考啖、赵、陆诸家之议，而微词则以程氏之说为据，苦心研究《春秋》三十年，"备征先儒，虽一义之当，片言之善，靡不采入"（胡寅语），可见学识的积累之深之难，可谓繁言累辞，深文周纳，著述《春秋传》三十卷（另有《春秋通例》一卷、《春秋通旨》一卷）。与贾谊十分相似的是，他紧密结合当时的实际，为宋王朝重新设计礼法制度下的社会秩序，提出了系列治国主张，如尊王道，强调君臣纲常，维护皇权和中央权威，"戒失兵权而严于军律，以三纲为本，以民事为要，以赏功罚罪为先"，为人臣者应当崇尚忠义气节。他认为《春秋》不仅提出了君臣纲常、君子小人、风俗人心的总体原则，同时还在华夷之辨、上下之分、善恶之别、行事得失等方面提出了规矩。他著述《春秋传》，就是要借助《春秋》申明尊君抑臣之义，严夷夏之防，"虽微词奥义，或未贯通，然尊君父、讨乱贼、辟邪说、正人心，以夏变夷，大法略具"。他还反思唐、五代以来的夷夏关系，重视春秋灾异之说和天人感应，认为灾异都是人间君主失德所导致的，所以人君要"鉴观天人之理"，要"以人胜天，以德消变"；在民本思想和礼制思想方面，他认为王道包含尊王和崇道两方面的意思，王道政治包含了国以民为本的仁政和以上下尊卑的礼为主要内容的德治，要"使民以时""不竭民力""与民同忧乐"，要通过正心诚意来实现王道政治，国君要"以礼制心""以礼守心""以礼治家""以礼为国"，《春秋》就是"传心之要典"，研读《春秋》可以得到正心的方法——这些大义实在是《春秋》固有的义理，也与贾谊《新书》中的诸多篇什的观点相同。

胡安国立足当时社会实际问题，结合义（天理）利（人欲）之辨，不纯求义理，不空谈性命，与时俱进地对《春秋》进行阐释，甚至超越了学术而具有了政治学的色彩，所以朱熹说其《春秋传》过分地以己意解经，不顾本义，有《春秋》注我之嫌，"有牵强处"。虽然如此，朱熹认为《春秋》是圣人之笔而不愿解经，但他在春秋学的观点上与胡安国是一致的，胡安国过世时，朱熹才八岁，这说明学术思想是可以隔代影响的。胡安国的出发点本来就是借经论道、借经淑世，所以他"感激时事，往往借《春秋》以寓意，不必一一合于经旨"。他也像贾谊一样面临着国家的艰难，也有着同样的方法论，从《春秋》中寻找理论论证和直接指导，他不是以寻章摘句的方式解释《春秋》，而是抱着经世的目的为解决现实的政治问题找寻良方。宋徽宗、宋钦宗时，蔡京推崇王安石新学，士大夫无不依附，只有胡安国不为所污。南宋绍兴元年，胡安国为中书舍人兼侍讲，上《时政论》二十一篇，内容包括定计、建都、设险、治国、恤民、立政、尚志、正心、养气等，与当年贾谊太息流涕上书治安策何其相似乃尔，二者的学术渊源（尊王攘夷、华夷之辨、大一统、正名正心的主张）、历史意识、反思精神、经世致用的价值取向、民本情怀、政治与伦理的结合、人生实践、文化品格也格外相似。贾谊是汉初《左氏春秋》私家经学的突出代表和传人，胡安国代表宋代《春秋》通学的最高成就，二人学术得益于共同的"政治教科书"——《春秋》。贾谊"求天理"，胡安国"明天理"，如此巧合，是历史的偶然还是无形的影响，是心灵导引还是自觉皈依，确实难以置评。即使胡安国在主观上、客观上都没有自觉与贾子保有传录关系，也没有看到贾谊的左传著述，但通过客观比较后发现二人有那么多相似、相同和相通，这不就是人们常说的一代一代的深远影响吗？历史上还有如此相似的两个人吗？

胡安国通过著述《春秋传》彰显天理，通经致用，不仅治理当世，牵合时政，"为大君开为仁之方"，而且能立言而流泽后世。他的写作得到当朝最高统治者宋高宗的诏令，他的学术理想也实现了，而且成为宋高宗的宠臣，他六十一岁那年《春秋传》在南京成书，之后就逐渐取代或者说战胜了北宋后期开始处于主流地位的王安石新学。胡氏的《春秋传》受到历代统治者的高度重视，宋高宗认为"深得圣人之旨"，将之列为经筵读本，"朝夕省览，以考治道"。史载元仁宗时实行科举新制，就以胡安国《春秋传》定经文，与三传并行于世。明初科举胡传和张（洽）传被当做春秋定本，后张传不用，只用胡传并渐渐到弃经不读，专涉科场达数百年之久。明英宗时胡安国得以从祀孔庙，享誉甚隆。

春秋学在两宋是显学，胡安国的《春秋传》代表了当时春秋学最高的学术价值和最好的时代精神，对后世影响最大。胡安国三个儿子胡寅、胡宁、胡宏以及侄儿胡宪、胡实都师从胡安国，且都成为著名学者。程颐用《周易》构建天道，而通过《春秋》来阐发天道，他建立理学体系，认为在天为命，在义为理，在人为性，以理解经的理学《春秋》又成为通学中的主流。正是胡氏父子和师徒把"二程"理学传播到湖南，与楚文化融合，形成了极具地域特色的湖湘学派，并进而形成了湖湘文化的基因。胡安国之后，湖湘之地的大思想家王船山以及魏源、皮锡瑞、曾国藩、王闿运等，都是春秋之学的大家。明末清初的王夫之，借春秋时代的荣衰与离合，为后世提供"守经事"而"知宜"，"遭变事"而"知权"的经验，尤其对华夷之辨用功甚深，以致过激地说出对待夷狄"歼之不为不仁，夺之不为不义，诱之不为不信"。他把《左传》看作史并仔细地寻缘溯流，认真研究，著有《春秋家说》三卷、《春秋世论》五卷、《春秋稗疏》三卷、《春秋条贯篇》十一卷和《春秋左氏传博议》。改革家魏源是晚清今文经学的重要倡导者，认为为了救世就必须改变观念、变革政制，又十分看重《春秋繁露》的微言大义的价值，著《董子春秋发微》七卷。皮锡瑞的春秋观多有创见，得到很多人的关注，他说：《春秋》有微言，有大义，微言就是改立法制以致太平，大义就是诛讨乱贼以戒后世。他还说"春秋是经，左氏是传，离之双美，合之两伤"，虽不免偏颇，但也是创见。他又说史是据事直书，不立褒贬，是非自见，而经就是借助褒贬是非来定制，为百王不易之常经，如鲁隐非真能让国，而春秋借此明让国之义，齐襄非真能复仇，而春秋借此明复仇之义，宋襄非真能仁义行师，而春秋借此明仁义行师之义，这些还是很有道理的。胡宏是胡安国的小儿子,是湖湘学派的创立者和一代宗师。胡宏的弟子、著名理学家张栻熔蜀学洛学于一炉,集湖湘学之大成,得到胡宏之真传,曾任岳麓书院山长并通过书院使湖湘学术广为传播。张栻曾把贾谊的《治安策》和董仲舒的《天人三策》做过比较:"贾生英俊之才,若董相则知学者也。治安之策,可谓通达当世之务,然未免乎有激发暴露之气,其才则然也"(《张南轩先生文集·卷五》),所谓"通达当世之务",说明贾谊善于分析形势,权衡利弊,提出自己的改革主张,这与曾国藩评价贾谊"明于利害"是一致的。曾国藩推《治安策》为千古奏议之绝唱,他在教育儿子如何作文时说:"然少年文字,总贵气象峥嵘。东坡所谓蓬蓬勃勃如釜上气。古文如贾谊《治安策》、贾山《至言》、太史公《报任安书》、韩退之《原道》、柳子厚《封建论》、苏东坡《上神宗书》,时文如黄陶庵、吕晚村、袁简斋、曹寅谷,墨卷如《墨选观止》《乡墨精锐》中所选两排三叠之文,皆有最盛之气势。尔当兼在气势上用功,无徒在揣摩上用功。"(《曾国藩全集·家书二》)曾国藩写有读《左传》和《谷梁传》的笔记,并十分推崇王夫之,在戎马倥偬中不忘出人出资编纂《船山全书》。被称为帝王之师的王闿运则深受魏源影响,专治公羊学,公羊学成书于春秋时期,礼是用来"经国家、定社稷、序人民、利后世"的,是治国安邦的法宝,所以王闿运说:"礼明,所以治春秋。"这些义理,在早于《公羊传》成书的贾谊诸篇中多处论及。这些著名学人士子的代代相传,湖湘大地出现了梁启超所说的情况——"(湖南)各县州府和各学校纷纷并起,小学会尤盛,人人皆能言政治之公理,以爱国相砥砺,以救亡为己任,其英俊沉毅之才,遍地皆是"。湖湘学术千年绵延,湖湘学子无论是激进、温和还是保守,也无论是受"春秋改制"观的影响较大,还是受"春秋夷夏之辨"的影响较深,都不掩春秋本色,都善于与时俱进,从春秋中找出理论皈依,得到理论滋养和学术勇气。有了这些学术涵养,时势大潮一来,便会人才喷发,群贤并起。由此,从学术渊源这个方面可以看出贾谊对湖湘学人和湖湘文化的深刻影响。

第二节　贾谊文化品格对湖湘文化的影响

一、坚定强烈的经世致用意识

前文已述，经世变革意识是贾谊的一个重要文化品格。"贾生于汉道初成之际，经营讲画，不遗余虑，推而达之于仁义礼乐，无所不可。申韩之书，直发其经世之志耳。"① "盖仲尼既没，六艺之学其卓然著于用世者，贾生也。"② 这一文化品格正是湖湘文化的特质之一。

贾谊是有着强烈经世意识的文学家、思想家。出入百家、师承荀学本来就构建了贾谊强烈的入世意识。贾谊不是通过正式的察举制选拔出来的，而是根据有关的朝令，由吴公推荐，文帝亲自面试通过后授予官职的。这更加激发了贾谊的经世情怀，他认为遇到了明主，于是便把整个精神、学养、希望甚至生命，均融入入世的政治实践中。他希望变革现有的社会政治制度，塑造蕴含他的理想的政治结构，使汉廷长治久安，以实现国身合一的毕生抱负。关于他的经世思想与实践在第二章中已有详细分析，兹不赘述。

注重经世致用，是湖湘学派的重要学术特色。③ 上文已述胡安国持《春秋》经世说，通过注释《春秋》宣传康济时艰、抗金复国的政治主张，清

---

① 陈亮. 陈亮集：卷十一 [M]. 北京：中华书局，1974：133.

② 汪中. 贾谊《新书》序 [M] //方向东. 贾谊集汇校集解. 南京：河海大学出版社，2000：503.

③ 有学者认为，经世致用是中国传统学术的基本精神，不能视为湖湘文化的特点。其实湖湘文化经世致用的特点是从下面这三方面体现出来的。（1）绵延不绝，湖湘学派的经世致用的特色在宋代积淀、发展成为一种区域文化之后，明清乃至近现代，湖湘文化中的以经世致用之主张与成就称世的精英人物层出不穷，经世致用之精神可谓绵延不断，近四百年湖湘文化的道统脉络非常清楚，前后大家相望。（2）领风气之先，湖湘人士标举的经世致用大旗在每个历史阶段皆能领风气之先，在全国产生重大影响。（3）湖湘文化中的政治意识极为强烈的现象。特别是到了近代，这种现象更加明显。可以说，近代湖湘文化各个层垒上的代表人物，无论是进步的还是守旧的，都说得上是相应阶段上的政治活动家。他们在理论上、实践上实行的都是"学与政兼"，甚至完全使学从属于政。

人尤侗说此书是"宋元《春秋》，非鲁之春秋也"，俞汝言也说其为"借经以抒己旨，非仲尼之本旨"①，说明这是一种典型的"致用"做法。胡安国致力于《春秋》近 30 年，他"遍览诸家，欲求博取，以会要妙"②，必定对贾谊所传《左氏春秋》并不陌生，不然，他就不是"遍览诸家"。实际上，胡安国提出的由人道而及天道，注重在日用伦常中获得本体性超越的理论特色也与贾谊的道德观相类。胡安国面对"夷狄乱华"所表现出的忧患意识和振兴传统儒家文化的责任感，与贾谊的文化品格十分相符。胡安国把《春秋》义理的阐发和经世致用结合起来，把《春秋》视为经世大典，从而奠定了湘学独特的经世风格。胡宏虽然终身布衣，且 41 岁时遭逢国破家亡，但他强调经世致用，一直有着强烈的忧患意识和社会责任感，他在《上光尧皇帝书》中指斥当时"上以利势诱下，下以智术干上，犯法者不必诛，乱政者不必退，是非由此不公，名实由此不核，赏罚由此失当，乱臣贼子由此得志，人纪由此不修"的社会状况，甚至直言不讳地指责君主，将这些主要责任归之于君主，"臣深探其本，盖陛下体元之功未加焉，是以听善不明，择善不审，执善不固，官人失贤，行政失理"，这种直道而行的勇气和豪情溢于言表。作为一个儒家士大夫，他时刻忧患国势和民心，《与吴元忠四首》中载其"心维天下之理，深考拨乱致治之术"，提出了"复圣人之政"的改革方案，包括恢复井田制，恢复封建制，并提出了一系列治国安邦的措施，如抗金复仇、改革参政、恤民养民、鼓励耕植、减免冗滥、选贤举能、加强法治、慎用刑罚等。这一系列措施与贾谊的政治主张多有相同之处，且在上疏中的情感表达方式上与贾谊的政论文一致。胡寅因此在诗作中写道："经纶今贾谊，词赋昔相如。"

湖湘学派这种经世致用的特色，发展为一种区域性的学术传统。张栻强调"操心主于忠厚，为学谨于人伦，贵实用而耻空言"③，他与弟子皆以抗金救国、经邦济世而闻于当时。张栻曾对贾谊有过较深入的研究，并对贾谊作过恰当的评价，他把贾谊与董仲舒相比较，并非常赞赏贾谊通达世

---

① 曹道衡，刘跃进. 先秦两汉文学史科学［M］. 北京：中华书局，2005：121.

② 黄宗羲. 宋元学案［M］. 北京：中华书局，1986：1173.

③ 张栻. 钦州灵山主簿胡君墓表［M］∥朱熹. 南轩集：卷八. 影印文渊阁四库全书本：第 1167 册. 台北：台湾商务印书馆，1983：751.

务，作为一个理学家，他还认识到贾谊的"激发暴露之气"是因为"其才则然也"，这是非常难得的，如果他不是对贾谊高度认同和接受，不可能有如此评价。与贾谊相同，张栻是一个忠君爱国的学者，其父张浚为抗金名将。张栻一生以奋伐仇虏、克复神州为己任，多次上疏朝廷，"誓不言和，专务自强，虽折不挠"①，他贬抑权贵，仗义执言，毫无保留地阐发自己的政治见解，因权臣近幸所忌而屡遭排挤，他病危之时仍上疏孝宗帝，建议"亲君子远小人，信任防一己之偏，好恶公天下之理，以清四海，克固丕图"②。此等政治意识和忠君爱国的痛切之情直逼贾谊。虽然张栻只活了48岁，像贾谊一样英年早逝，但他传承了自贾谊以来爱国知识分子的精神，光大了湖湘学术传统，张栻"主岳麓书院教事，从学者众，遂奠定了湖湘学派的规模"③。

朱熹在南宋乾道、淳熙年间曾来湖南讲学，对湖湘文化的兴盛作出过很大贡献。朱熹曾高度评价贾谊："谊有经世之才，文章盖其余事，其奇伟卓绝，亦非司马相如辈所能仿佛"。并且他认识到贾谊赋中的道家思想只是自诳而已："以今观之，凡谊所称，皆列御寇、庄周之常言，又为伤悼无聊之故，而籍之以自诳者，夫岂真能原始反终，而得夫朝闻夕死之实哉！"④由此可见，朱熹对贾谊的思想和文化品格有过独到而深刻的思考与理解。

明末清初，王夫之提出"因文以劝实，因文以全质，而天下欢欣鼓舞于敦实崇质之中，以不荡其心"，要防止"尽弃其质以浮荡于虚名"⑤。他把天、道、心、性奠定在气、物、欲等感情存在的基础上，提出"天下惟器""据器而道存，离器而道毁"的朴素唯物观，对理学走向空疏和荒诞起了某种抑制作用。王夫之曾作文论贾谊，并被贾谊的忧国忧民之心所震颤，说"贾生《治安策》偶用激回语，亦缘'痛哭''流涕''长太息'，说得骇人"⑥。

① 黄宗羲. 宋元学案 [M]. 北京：中华书局，1986：1632.
② 脱脱，等. 宋史 [M]. 中华书局，1977：12770.
③ 侯外庐. 宋明理学史 [M]. 北京：人民出版社，1984：319.
④ 朱熹. 楚辞集注：卷八 [M]. 上海：上海古籍出版社，1979：159.
⑤ 王夫之. 读通鉴论：卷十 [M]. 长沙：岳麓书社，1988：389.
⑥ 王兴国. 贾谊评传 [M]. 南京：南京大学出版社，1992：299.

曾国藩、左宗棠等人"志在于匡俗，通经欲以致用"①，他们无一例外地是深受贾谊的经世思想影响。湖湘文化的代表人物学术上主张经世致用，实践中具有强烈的政治参与意识，他们大多"学与政兼"，有的甚至完全使学术从属于政治。曾国藩强调义理、辞章、考据、经济，可实际上他的重点仍在经济和义理。王闿运自谓"学人"，在清光绪版《长沙贾太傅祠志》所载诗文中，王闿运先后四次论述、吟咏贾谊。王闿运仿《橘颂》而作《柑颂》，指出贾谊的深远影响，即"芳华不没昭湘裔"，在另一首诗中他称赞贾谊"翩翩弱冠容，矫矫出周行，雅步轻绛灌，遥情吊沅湘……名位岂所患，余情企芬芳，高才代有人，同时反相妨"，赞美与追慕之情溢于诗中。在另一首诗中，王闿运立志要"异代追文采""高怀契寂寥"。正如其弟子杨度所言，王闿运平生怀揣帝王之学，其治学完全出于政治目的，据传这位"帝王学"之师曾力主曾国藩自立为王，可未被采纳。近现代湖南青年学子尤其具有贾谊一样强烈的政治意识，湖南时务学堂第一批招录的40名学生在十多年中多数死于国事，如蔡锷等。第一次国内革命战争时期，黄埔军校第一期645位学生中，湖南籍贯的有180多人，参加广州政治讲习班的416名学生中，湖南籍贯的有384人②。从学术源流上看，这种强烈的政治参与意识主要来源不是传统的楚文化，而应该是来源于贾谊文化品格的影响。

经世致用固然是中国传统学术的基本精神，但它在不同时期和不同地域的表现是有程度不同的。例如，清代汉学盛行时，在大多省份，经世致用思想是不被重视的，但在湖南却是始终一贯的，到了近代这种思想更在全国处于领先的地位。

二、"敢为天下先"的奋斗与创新精神

汉兴三十年，万方大理，四海太和，但贾谊以历史的眼光和独特的视角敏锐地认识到"天下和洽既久，若不为防微杜渐之策，则积习相沿，将

---

① 钱基博. 钱基博学术论著选［M］. 武汉：华中师范大学出版社，1997：105.
② 中共湖南省委党史资料征集研究委员会. 湖南党史大事年表［M］. 长沙：湖南人民出版社，1986：12，35.

至溃败而不可收拾，故欲法制度，兴礼乐"①，显示出强烈的变革意识。贾谊想人之未想，言人之未言，以济世之心，在政治、经济、教育等各方面提出变革主张，并试图构建以礼制为中心的政治结构。前文已述，贾谊不仅指出礼的重要性，而且对具体的礼提出了变革的措施，有些制度，如对太师、太傅、太保、大相、大拂、大辅等职责的论述，"既非周制，也非汉制，而是贾谊自己的制定"②。贾谊要求变革经济政策，崇本抑末，以增加生产，稳定社会，巩固中央政权，他把他这种驱民归农的做法称为"玮术"，并把它与"瑰政"相对立。贾谊在主张"抑末"时，特别反对任民私铸金钱，因为私铸金钱的危害超过煮盐、冶铁等末业。贾谊的变革意识与当时的社会现实是十分吻合的，如果联系湖湘大师王夫之对汉文帝"除铸钱令"的批评，我们会更加认识到这种变革意识的难能可贵。贾谊在货币方面的变革意识和主张，奠定了他在经济思想史上的地位，面对已经铸钱成风的情况，大胆提出变革主张，更显示出贾谊的勇气。

贾谊强烈的变革意识，在政治、经济、国防、外交、教育领域都得到充分体现，也成为湖湘文化"敢为天下先"精神的重要来源之一。

纵观湖湘文化发展的历史，我们可以鲜明地看到奋斗和创新精神有两个高峰期。第一个高峰期是两宋，在中国文化三重演进的背景下③，奠基、发展出理学型的湖湘文化，湖湘学者走在学术文化的前沿，使湖南成为独具特色的理学之邦。其间最具敢为天下先精神的代表人物是北宋著名学者、湖南道州人周敦颐。他"师心独往，以一人之意识经纬成一学说，遂为两

①　方宗诚. 柏堂集前编［M］. 柏堂遗书光绪刻本.

②　曹道衡，刘跃进. 先秦两汉文学史料学［M］. 北京：中华书局，2005：313.

③　第一，两宋时期兴起了理学思潮。作为一种新兴的学术思潮，理学的主要特点在于对传统思想文化的综合。它以复兴儒学为旗帜，又大量吸收、综合了佛、道两家的宇宙哲学和思辨方法，将儒学发展为一种具有高深哲理的思想体系。第二，中国的文化重心南移。两晋以后，南方经济不断发展，加之中原地区战火不绝，迫使中原人士南迁。于是南方在文化方面逐步崛起，南宋时，文化重心南移终于完成。第三，儒学地域化的出现。两宋时期中国出现的一个重要的文化现象，即儒学演变为一个个具有地方特色、历史传承的地域学派，这便是所谓的"儒学地域化"。汉代儒学是一种自上而下的国家意识形态，故而是一种统一的儒学。宋代复兴儒学的思潮则是一种自下而上的学术思潮，它不是通过官学而主要是通过地方的书院来开展学术研究与传播。一批批立志于重振儒家信仰、重建儒学知识体系的新儒家学者集聚于各个地域的不同书院中，潜心著述，授徒讲学。于是，一个个具有学术传统、思想特色的地域学派促进了地域文化的形成和发展。参见：朱汉民. 湖湘学术与文化研究［M］. 长沙：湖南大学出版社，2005：4－6.

宋道学不祧之祖"①。周敦颐在《太极图说》和《通书》中提出的一整套理论和范畴体系，为以后中国封建社会占统治地位近千年之久的意识形态，即"宋明理学"奠定了一个基本框架，是宋明理学的开山鼻祖。

第二个高峰期是清初至民国的三百年间，由于中国社会的急剧变革，湖湘士人能在这重大的社会转型时期，实现文化的转型。他们再次站在文化变革的前沿。"船山王氏，以其坚贞刻苦之身，进退宋儒自立宗主，当时阳明学说遍天下，而湘学独奋然自异焉。"② 王夫之对当时风行的宋代学者程颢、程颐兄弟和朱熹创立的"理先气后"的哲学体系与王守仁创立的"心即理"的哲学体系进行了反思性吸收，对宋明理学进行了总结和提升，创立了一种哲学体系，将中国古代唯物主义哲学推向高峰。

在汉学占主流地位的乾嘉时期，湖南学者仍坚持经世致用的实学精神。嘉道年间，陶澍和贺长龄等人在全国首倡经世之学，咸同年间，曾国藩将"经济"列入学术纲领。这一切更是彰显出湖湘文化"敢为天下先"的独立精神。湖南邵阳人魏源是国内最早主张改革开放并喊出"师夷长技以制夷"的人，他说："小变则小革，大变则大革；小革则小治，大革则大治。"③ 而曾国藩、左宗棠等湘军领袖，则是以自己的社会政治实践实施"师夷长技"，他们是中国近代化运动的第一阶段——洋务运动的领袖人物。甲午战争中，湘抚吴大征亲率一批湖湘子弟对日作战，但落得大败，"大溃于牛庄，湖南人始转侧豁悟""经此创巨痛深，乃始摒弃一切，专精致思"，因而"舍己从人取于人""不恤首法大难，画此尽变西法之册"④，与日本人一样，转学西方，湖南维新运动由此展开。易鼐提出"改正朔，易服色"，樊锥提出要"革从前，搜索无剩，唯泰西是效"，这与贾谊为西汉提出的治国良谋又是惊人相似，从这里回溯，可以明显地看出贾谊文化品格的传承和接受。甲午海战以后到辛亥革命之间，中国先进知识分子进一步主张学习西方、进行近代化变革，湖湘士人再次成为这场运动的倡扬者、领导者和实施者，他们具有深刻的反思和社会担当精神及经世变革实践，创办传

---

① 杨毓麟. 新湖南 [J]. 湖南历史资料, 1959 (3)：68 – 69.
② 杨毓麟. 新湖南 [J]. 湖南历史资料, 1959 (3)：68 – 69.
③ 魏源. 圣武记：卷七 [M]. 北京：中华书局, 1984：296.
④ 谭嗣同. 谭嗣同全集：上册 [M]. 北京：中华书局, 1981：168.

播西方政治文化的时务学堂和武备学堂，举办各种学会开启民智，编辑出版宣扬维新的报刊和图书。从辛亥革命到新文化运动、五四运动期间，是中国社会的又一个转型变革时期。这一时期，毛泽东、蔡和森等在湖南宣传、传播马克思主义新文化，声光并茂，振幽拔滞，使湖湘文化的近代化向着最新的、最高的层次发展。

三、不懈的原道精神

"一个有文化的民族竟没有形而上学——就像一座庙，其他各方面都装潢得富丽堂皇，却没有至圣的神那样。"① 每个民族都应该有成为该民族文化精神支柱的传统的形而上学，它以哲学的方式解决其文化精神的支柱问题。早在春秋战国时期，中国的先哲们就认识到了作为宇宙本原的"道"，并构建了以道为原点的哲学世界。孔子曰："天下有道则见，无道则隐""士不可以不弘毅，任重而道远"②。老子云："道生一，一生二，二生三，三生万物。"③ 道不仅表达出中华民族对宇宙人生的基本态度，亦决定了中华传统文化精神的主要特点，成为中华民族的精神支柱。道的学问是中国最高的学问，原道从来就是中国学人最高的精神追求。

借用朱汉民先生的观点，道是一个具有终极意义的概念，它具有以下三个方面的内涵。第一，它是宇宙的终极存在，"是故形而上者谓之道，形而下者谓之器"④。第二，它是天地自然秩序的总规律，"道生之，德畜之，物形之，势成之，是以万物莫不遵道而贵德"⑤，"道者，万物之奥，善人之宝，不善人之所保"⑥。第三，它是人文理想的体现。《礼记·礼运》云："大道之行也，天下为公。选贤与能，讲信修睦……是谓大同。"《孟子·尽心上》云："天下有道，以道殉事；天下无道，以身殉道。"《论语·中庸》云："子曰：道不远人，人之为道而远人，不可以为道。""天命之谓性，率

① 黑格尔. 逻辑学：上卷 [M]. 北京：商务印书馆，1966：2.
② 论语·泰伯 [M] // 阮元. 十三经注疏. 北京：中华书局，1980：2486.
③ 道德经 [M] // 王弼. 诸子集成（三）. 北京：中华书局，1954：26.
④ 周易·系辞上 [M] // 阮元. 十三经注疏. 北京：中华书局，1980：76.
⑤ 道德经 [M] // 王弼. 诸子集成（三）. 北京：中华书局，1954：31.
⑥ 道德经 [M] // 王弼. 诸子集成（三）. 北京：中华书局，1954：38.

性之谓道，修道之谓教。道也者，不可须臾离也，可离非道也。"道在中国传统文化中，既是宇宙法则，又是人文理想，是二者的统一。这种道，强调天人一体，《周易·象传》云："天行健，君子以自强不息；地势坤，君子以厚德载物。"《庄子·齐物论》云："天地与我并生，而万物与我为一。""形而上者"与"形而下者"是同一个世界，道器合一，体用一源，如扬雄《太玄·玄图》云："夫玄也者，天道也，地道也，人道也。"

　　湖湘文化总是体现出源源不断的原道意识与重现世、讲功用的世俗精神相结合的特点。屈原在流放湖南期间作《天问》，对宇宙、自然和历史的传统观念提出了大胆的怀疑和质问，强烈地表达了对"道"的精神追求以及希望获得道的精神支撑的渴望①。

　　前文已述，从源头来看，对天人关系苦苦求索的屈原固然是湖湘原道第一人，但从对湖湘文化的实际影响来看，贾谊的影响亦不小，因为贾谊不仅原道，而且他消解了死亡，具有更现实的伦理意义。他的原道更具有思想体系，更成系统，也更深入，在湖湘学术上的影响不容忽视。

　　屈原自沉湘水一百年后，贾谊来到长沙，担任长沙王太傅，在《鵩鸟赋》中，贾谊对天地的变化无常和宇宙法则进行了深入系统的思考，并将之化为一种以"道"为本的思想体系和知识体系。贾谊认为，"道"是宇宙的本始与法则："物所道始谓之道，所得以生谓之德。德之有也，以道为本，故曰道者，德之本也。""道"是无形无象的，即"道者无形"。"道"在每个具体的人物身上体现出来的东西就是"德"，由"德"又派生出各种具体的法则，"德生理，理立则有宜，适之谓义"。因此，贾谊还认为，此"道"不仅是天道，亦是人道，"故天下者，非一家之有也，有道者之有也。故夫天下者，唯有道者理之，唯有道者记之，唯有道者使之，唯有道者宜处而久之"。这个"有道"，是伦理道德的"道"，属于人文法则。可见，贾

---

　　① 湘学巨子王夫之感悟《天问》时认为屈原已经获得了对天道的领悟："以上皆问天地幽明之故，原好学深思，得其所以然，为吉凶顺逆之原本，而为习而不察者诘，使察识而不自锢于昏昏之内也。"同时还指出，屈原提出那么多疑问，表明在他看来，造化变迁，人事得失，无非都是客观规律的反映。"有道而兴，无道则丧"，因此统治国家不要黩武忌谏，耽乐淫色，疑贤信奸。屈原探讨宇宙奥秘之目的，是"以尽人事纲维之实用"。

谊所说的"道"，是天人一体的"道"①。

贾谊在其哲学著作《道术》《六术》《道德说》中，系统地论述过"道"和"理"，在《道术》一文中，贾谊以问答的方式阐释了什么是道术，并论述了它在治理国家和社会生活各方面的具体运用，体现了贾谊"道为虚，术为用"的思想，"道者，所以接物也，其本者谓之虚，其末者为之术。虚者，言其精微也，平素而无设施也，术也者，所以制物也，动静之极也"。道术是精深的，"夫道之详不可胜数也""故守道者谓之士，乐道者谓之君子，知道者谓之明，行道者谓之贤，且明且贤，此谓圣人"。由上我们可以看出，贾谊的原道内容是多方面的并初具系统性。

朱汉民先生认为，两宋兴起的理学思潮就是一种原道的思潮，它自身就包含一种根深蒂固的弘道精神，尽管理学内部存在不同的学派，形成了不同的思想体系，但他们的学术体系却确认了一个共同的信仰，即道是一个自然法则与人文法则、宇宙主体与主体精神合为一体的终极存在。湖湘学术表现出强烈的原道意识，并与原道有了一种不可分离的结合。② 从湖湘学术的奠基、发展、演化的历程中，可以发现一个重要的事实，就是湖南学人对宇宙法则、人文理想等大本大源问题的强烈关注。那些著名的湘学学者，总是具有强烈的原道意识，并且在原道论方面做出了卓越贡献。宋明理学开创者周敦颐穷源探本，著《太极图说》；胡宏、张栻和朱熹集理学之大成；流寓湖南的柳宗元、刘禹锡也加入了湖湘原道队伍，分别写出了原道论著《天对》和《天论》；文化巨子王夫之系统地总结了宋明理学的思想精华，开启了中国文化之道的历史转型；到近代，魏源、曾国藩、郭嵩焘、谭嗣同等一代学术大师不遗余力地求索原道，湖湘学术因此代代相传，声气远播，湖湘文化熠熠生辉。

从学术视野来看，湖湘原道精神不仅受到了屈原的影响，更与贾谊的躬身"原道"有着密切的渊源，湖湘文化中的原道意识和贾谊的求索与执着精神一脉相承，因果蝉联。

---

① 朱汉民. 湘学原道录 [M]. 北京：中国社会科学出版社，2000：24.
② 朱汉民. 湘学原道录 [M]. 北京：中国社会科学出版社，2002：41.

四、历久弥新的爱国主义情怀

"通道居正,而以天下为公"的忠君爱国理想是贾谊突出的文化品格,这一理想,包括贾谊对汉帝国的至诚之心,对汉帝国长治久安的一种政治理性和精神期待,以及贾谊明于经国大体的器识与胸襟。身负忠君爱国理想的贾谊继屈原之后,再次在湖湘大地践履着忧国忧民的士人风尚,其爱国主义情怀与其他文人士子和政治家的不同在于:他上承先秦诸子,立足于西汉实际,施行于学术精英、政治明星独特的官宦实践。贾谊这一爱国主义品格深深影响了湖湘文化的特质。

爱国主义传统一直是湖湘文化的重要特征之一,这种传统往往与经世致用的学术主张和敢为天下先的奋斗创新精神融为一体,并在不同时期有不同的表现。湖湘文化中的爱国主义既是一种一以贯之的理念,也是一种高尚的情感,更是一种前仆后继、互相鼓舞和激励的政治实践。屈原最先为湖湘大地书写爱国主义的宏伟诗篇,以壮烈的行动赋予爱国主义亮丽的底色。贾谊继之,为爱国主义注入华夷之辩的主张和却敌护国的军政谋略。值得注意的是,学界在论及这一话题时,多有纵论屈原而将贾谊一笔带过的习惯。屈原的高洁品质和爱国情感光照古今,无论怎样赞美也不过分。但从区域文化的视角来看,忽视贾谊文化品格的影响,可能是未详考湖湘文化中的爱国主义传统在传扬中的实际表现所致。湖湘爱国主义传统有具体的主张张其义,有可行的实践践其志。因而,至少从华夷之辩和军政谋略的角度看,从感性和理性的综合表征来看,贾谊对湖湘区域文化具有更多的显性影响,这是无论如何也不能忽视的。

湖湘文化发展的两个高峰期,也是爱国主义传统得到极度张扬的时期,这一点,学者们论述已多,本文稍做梳理。宋元时期湖湘文化中的爱国主义突出表现在以下三个方面。一是一些湖湘学者坚决反对妥协投降,极力主张抗金抗元。胡安国著《春秋传》,强调"华夷之辩"不能失,"一失则为夷狄,再失则为禽兽",金军攻陷京城时,其子胡寅尚在京城任职,有朋友为此担忧,但胡安国考虑更多的是国家的安危,说:"主上在重围中,号令不出,卿大夫恨效忠无路,敢念子乎!"① 这与贾谊欲以"三表""五饵"

---

① 脱脱,等. 宋史 [M]. 北京:中华书局,1977:12905.

臣服匈奴，渴望杀敌报国是一样的精神寄予。二是许多湖湘士子亲赴前线奋勇抗敌，如张栻抱定誓不言和、专务自强、百折不挠的信念，跟随他的父亲——著名抗金将领张浚挥师出征。岳麓书院诸儒在抗元斗争中纷纷走出书斋山门，投入战斗，虽然战争惨烈、死伤殆尽，但浩然之气长存，延续了湖湘文化悲壮的爱国主义传统。三是不少异地士人来到湖南，习武练兵，抵抗外侮，他们虽然没有长期在湖南学习、生活，但以实际行动加入湖湘大地上的爱国主义潮流之中，为湖湘文化增添了动人的光彩，前文已述的辛弃疾就是典型的例子。明清之际，王夫之提出"不以一时之君臣，废古今夷夏之通义"，他一生以抗清为头等大事，清顺治五年（1648 年）王夫之在湖南衡山举兵抗清，失败后誓不降清，钱基博对王夫之坚贞的民族气节高度赞赏："夫之荒山敝榻，终岁孜孜，以求所谓育物之仁，经邦之礼，穷探极论""蒙难坚贞以遁世无闷，固为生民立极""茹苦含辛，守己以贞""历劫勿渝，历世磨钝之节坚"。①

　　越是到了民族危亡之时，或是时势大潮来临之际，湖湘文化中的爱国主义传统越是焕发超越旁省的动人光彩。即使国运屯剥，即使荆天棘地，尽管左支右绌，尽管茕茕孑立，亦复如是。甲午战败之后，谭嗣同呼喊"四万万人齐下泪，天下何处是神州""万物昭苏天地曙，要凭南岳一声雷"。当时外国舆论也称"士民勃勃有生气，而可侠可仁者惟湖南"②。熊希龄则直言"吾湘变，则中国变；吾湘立，则中国存"。他不避斧钺，表现出以性命行事，杀身成仁，何不可为的英勇气概。③ 杨度在《湖南少年歌》中更石破天惊地发出豪言壮语："若道中华国果亡，除是湖南人尽死。"④ 杨度曾有"四夷朝中国"之愿，受其师王闿运的影响，一心想成为和贾谊一样的帝王师，其学识、胆识与士风，简直就是第二个贾谊，他们的诗作与贾谊的"痛哭""流涕"如出一辙。1918 年，杨昌济撰文指出："湘省士风，云兴雷奋，咸同以还，人才辈出，为各省所难能，古来所未有。"又

　　① 钱基博，李肖聃. 近百年湖南学风·湘学略［M］. 长沙：岳麓书社，1985：4.
　　② 朱汉民. 湖湘文化与学术研究［M］. 长沙：湖南大学出版社，314.
　　③ 麦仲华. 皇朝经世文新编［M］//沈云龙. 近代中国史料丛刊：第 78 辑. 台北：台湾文海出版社，1966.
　　④ 杨度. 湖南少年歌［M］//刘晴波. 杨度集. 长沙：湖南人民出版社，1986：95.

说："夫支持国势原不限一地之人，然人才所集，大势所趋，亦未始无偏重之处。德国之普鲁士实为中枢，日本之鹿儿岛多生俊杰，中国有湘，略与之同。"①

近代以来，湖湘士人前赴后继，百折不挠，世所罕见。黄兴出入枪林弹雨，英勇无畏；蔡锷抱病护国讨袁，"为四万万人争人格"；谭嗣同自请流血献身，唐才常、林圭、沈荩等在庚子之役遇难；刘道一、蔡绍南死于萍浏醴起义；禹之谟、刘复基、焦达峰、宋教仁、宁调元、蒋翊武都死于革命运动。湖湘文化中的爱国主义基因发展到近代，已不仅仅具有传统的吃苦耐劳、性格坚韧的特点，而且还兼有了血性和刚烈的光辉。后来，毛泽东、蔡和森等一批湖南志士接受了马克思主义，把反帝爱国与社会主义和共产主义结合起来，把贾谊以来湖湘文化中的爱国主义发展到了一个崭新的阶段。②

五、湖湘文化特质的全面体现：近现代的湖湘人才群体

近现代湖湘人才群体不是本书研究的重点，但近年来已有不少学者开始了对近现代湖湘人才群体的研究，这确实是一个值得研究的文化现象，因为很少有一种区域文化像湖湘文化一样，在一个不短的时期内，爆发式地涌现影响历史进程的多群文化精英。这些湖湘文化精英人物不管其是否研究过贾谊或信奉贾谊，实际上不得不或多或少地受到贾谊文化品格的沾溉，观望或遵循贾谊的轨辙，并使湖湘文化特质在其人其事上得到全面体现。对此，本书认为即使以余论的方式进行观照也是十分有意义的。

人才群体的崛起当然是一个复杂的社会现象，由地理环境、人口素质、经济条件、政治因素等多方面的原因引起。康熙三年湖南独立建省，大批移民的进入不仅促进了经济的发展和人口的增加，也促使了文化的融合与繁荣，两湖乡试南北分闱促进了对教育和人才选拔的进一步重视，湖湘士人互相学习、推崇、激励和提携，等等。但是，人才群体崛起的深层影响

---

① 王兴国. 杨昌济文集 [M]. 长沙：湖南教育出版社，1983：351.

② 郭汉民. 观世·爱国·务实·奋斗——近代湖南人文精神试探 [M] // 周秋光. 湖南文化宏观研究. 长沙：湖南师范大学出版社，2001：295-296.

应该是湖湘文化传统的深厚积淀，屈贾是他们共同的精神偶像，湖湘文化特有的政治意识、价值观念、知识系统、行为方式影响着这批士人所具有的意识、观念、心态和行为。

对于近代以来湖湘人才群体，不同的研究者根据不同的研究目的和论述方式而有不同的分类法。学界一般按时间先后顺序把近现代以来的湖湘人才分为五个群体：一是以陶澍、贺长龄、贺熙龄、魏源等为代表，包括何陵汉、何绍基、劳崇光、唐鉴、丁善庆、常大淳等在内，以通经学古而致诸用为特点的政治改革派群体；二是以曾国藩、左宗棠、郭嵩焘、胡林翼等为代表，把性理哲学、经世致用、伦理践履三者统一起来的理学经世派；三是以谭嗣同、唐才常、熊希龄等为代表的维新派人才群体；四是以黄兴、宋教仁、蔡锷为代表，包括杨毓麟、章士钊、刘揆一、蒋翊武、陈天华等一大批仁人志士在内的人才群体；五是以"欲栽大木柱长天"的杨昌济及其杰出的学生毛泽东、蔡和森，以及刘少奇、彭德怀、贺龙、罗荣桓、任弼时为代表，包括众多永载史册的革命家在内的无产阶级革命人才群体。

近现代时期湖湘文化的经世致用、敢为天下先、求变思变、忠君爱国之特质在政治、军事、经济、文化诸领域皆得到充分体现。湖湘人才群体有口皆碑，为湖湘文化抹上最辉煌的一笔。前文多已提及的魏源是湖南邵阳人，他通过过对鸦片战争的反思，编写成了《海国图志》一书，提出了"师夷之长技以制夷"① 的口号，这个口号成为几乎贯穿整个中国近代史的纲领性口号之一。左宗棠曾评价龚自珍和魏源时说："道光朝讲经世之学者，推默深与定庵，实则龚博而不精，不如魏之切实而有条理。近料理新疆诸务，益叹魏子所见之伟为不可及。《海国图志》一书，尤足称也。"② 费正清云："（魏源）是经世致用论与今文学研究的范例"，"是他当时社会面临的变化的一面镜子"，"他响亮地提出要用经世致用的态度来实行改革"③。此外，由时任江苏布政使的贺长岭出资组织，魏源编纂了《清经世

---

① 魏源. 海国图志 ［M］. 郑州：中州古籍出版社，1999：68.

② 左文襄公宗棠全集 ［M］//沈云龙. 近代中国史料丛刊续辑：第65辑. 台北：台湾文海出版社，1966：18.

③ 费正清. 剑桥中国晚清史：上卷 ［M］. 北京：中国社会科学出版社，1985：158，164.

文编》一书，共收录 654 人的 2236 篇文章，其中大部分是当时散见的奏议和材料，这是一本大型的经世致用的著作，主要涉及实践与思想、法与人、今与古、物与我四个方面的关系，对朝廷的政体、礼政、兵政、户政、刑政、工政和吏政等方面提出了诸多建议，也可以说是一本清朝的治国大纲。从这个角度来看，此举与贾谊在《新书》中为汉朝统治者设计长治久安的蓝图有几分相似。

魏源逝世十年后，湘人曾国藩、左宗棠率先将魏源的强国梦想付诸实践。曾国藩和左宗棠都是理学信徒、湘军领袖。曾国藩又为桐城派余绪，他对贾谊论述较多，他服膺于贾谊直言无畏的忠君爱国之情，说："陈于文帝时，便谓文帝死后，庙号应称太宗，足见当时风俗近古。"又说："古今奏议推贾长沙、陆宣公、苏文忠三人为超前绝后。余谓长沙，明于利害，宣公明于义理，文忠明于人情。""奏疏以汉人为极轨，而气势最盛事理最显者，尤莫善于《治安策》，故千古奏议，推此篇为绝唱。"① 他教育儿子作文"古文如贾谊《治安策》……有最盛之气势，尔当兼在气势上用功，无徒在揣摩上用功"②。与其说是曾国藩对贾谊文章之美的赞赏，不如说是对贾谊文化品格的高度认同。

湖南人魏源第一个提出师夷之主张，又由湖南人曾国藩等首先将它付诸实践，这不完全是历史巧合，而是湖湘文化发展的必然性使然。湖湘学派经世致用的传统学风和变革、奋斗、创新的精神，使杰出的湖南人在鸦片战争后能正视现实，及时更新经世方略，补苴罅漏。

20 世纪初，为数众多的湖南青年留学日本，撰写了《猛回头》《警世钟》等许多著作，发皇耳目，经纬万端，阐发思想主张，以黄兴、蔡锷、宋教仁、陈天华、杨毓麟、章士钊为杰出的代表的一代湖南志士为湖湘文化续写了光辉的一页。而毛泽东、蔡和森、萧子升等人组织的以提倡文化革新为宗旨的新民学会，是五四运动的中坚组织之一。湖湘文化从此又续写出光辉灿烂的崭新篇章。

进入 21 世纪，湖湘大地在习近平新时代中国特色社会主义思想指引下，

---

① 曾国藩 . 曾国藩全集［M］. 长沙：岳麓书社，1986：495.
② 曾国藩 . 曾国藩全集［M］. 长沙：岳麓书社，1986：1204.

在艰苦卓绝的脱贫攻坚战中构筑和创造了"十八洞精神"，这是马克思主义理论最新发展与伟大实践相结合的成果，是历史与时代的完美衔接，是中国精神与地方文化的融合与升华。"根之茂者其实遂，膏之沃者其光晔"，"十八洞精神"秉承丰厚的湖湘文化土壤的滋养，是优秀传统文化在新时代的创造性转化和创新性发展。与湖湘文化的特质类似，"十八洞精神"的文化特质可以概括为敢闯敢拼的血性担当、精准精细的绣花功夫、自立自强的不懈奋斗、互帮互助的大爱情怀与创新创造的求变意识。"十八洞精神"所表现出的血性担当、精准精细、自立自强、互帮互助、创新创造的文化特质与湖湘文化中所蕴含的劲悍决烈、刚强坚勇、经世致用、敢为人先、创新创造、实事求是以及爱国主义特质是高度契合的，它既是党领导人民自强不息、追求国家富强和生活幸福的精神，也是中华优秀传统文化组成部分——湖湘文化特质的生动体现。

新时代，新征程。羯鼓催花，天交地泰，椒花颂世，玉振金声。贾谊文化品格在新时代必将得到更好的传扬，必然激励更多的人踔厉奋发、砥砺同行。浩浩山河美楩楠广布，堂堂岁月新杞梓长青。国家富强，人民安康；欣逢盛世，幸甚至哉！

参考文献

[1] 诸子集成［M］. 北京：中华书局，1954.

[2] 司马迁. 史记［M］. 北京：中华书局，1959.

[3] 班固. 汉书［M］. 北京：中华书局，1962.

[4] 阮元. 十三经注疏［M］. 北京：中华书局，1980.

[5] 商鞅，等. 商君书［M］. 上海：上海人民出版社，1974.

[6] 苏舆. 春秋繁露义证［M］. 北京：中华书局，1992.

[7] 刘文典. 淮南鸿烈集解［M］. 北京：中华书局，1989.

[8] 刘向. 战国策［M］. 上海：上海古籍出版社，1978.

[9] 应劭. 风俗通义校释［M］. 北京：中华书局，1981.

[10] 汪荣宝. 法言义疏［M］. 北京：中华书局，1987.

[11] 左丘明. 国语［M］. 上海：上海古籍出版社，1987.

[12] 陈寿. 三国志［M］. 北京：中华书局，1959.

[13] 范晔. 后汉书［M］. 北京：中华书局，1965.

[14] 萧统，李善. 文选［M］. 北京：中华书局，1977.

[15] 庾信. 庾子山集注［M］. 北京：中华书局，1980.

[16] 刘知几. 史通通释［M］. 浦起龙，释. 上海：上海古籍出版社，1978.

[17] 欧阳询. 艺文类聚［M］. 北京：中华书局，1965.

[18] 杜牧. 樊川文集［M］. 上海：上海古籍出版社，1978.

[19] 瞿蜕园. 李白集校注［M］. 上海：上海古籍出版社，1980.

[20] 柳宗元. 柳宗元集：卷二十四［M］. 北京：中华书局，1979.

[21] 白居易. 白居易集［M］. 北京：中华书局，1979.

［22］罗隐. 罗隐集［M］. 北京：中华书局，1983.

［23］董浩，等. 全唐文［M］. 北京：中华书局，1983.

［24］王安石. 临川先生文集［M］. 北京：中华书局，1959.

［25］司马光. 资治通鉴［M］. 北京：中华书局，1956.

［26］苏轼. 苏轼全集［M］. 上海：上海古籍出版社，2000.

［27］苏辙. 苏辙集［M］. 北京：中华书局，1990.

［28］朱熹. 四书章句集注［M］. 北京：中华书局，1983.

［29］朱熹. 楚辞集注［M］. 上海：上海古籍出版社，1979.

［30］陈振孙. 直斋书录解题［M］. 北京：中华书局，1987.

［31］张栻. 张南轩先生文集［M］. 北京：中华书局，1985.

［32］陈亮. 陈亮集［M］. 北京：中华书局，1974.

［33］永瑢，等. 四库全书总目［M］. 北京：中华书局，1965.

［34］严可均. 全上古三代秦汉三国六朝文［M］. 北京：中华书局，1958.

［35］吴楚材. 古文观止［M］. 北京：中华书局，1959.

［36］卢文弨. 抱经堂文集［M］. 北京：中华书局，1985.

［37］方苞. 方苞集［M］. 上海：上海古籍出版社，1983.

［38］白居易. 白香山集［M］. 上海：上海商务印书馆，1924.

［39］陈鳣. 简庄文集［M］. 刻本. 清嘉庆.

［40］方宗诚. 志学录［M］. 刻本. 清光绪.

［41］王耕心. 贾子次诂［M］. 刻本. 清光绪.

［42］吕留良. 吕用晦文集［M］. 铅印. 国粹丛书：国学保存会本，1908.

［43］刘毓崧. 通义堂文集［M］. 刻本. 民国求恕斋丛书.

［44］姚莹. 东溟文集［M］. 清道光刊本.

［45］汪之昌. 青学斋集［M］. 清光绪刻本.

［46］汪中. 述学［M］. 沈阳：辽宁教育出版社，2000.

［47］金圣叹. 天下才子必读书［M］. 合肥：安徽文艺出版社，1991.

［48］文渊阁四库全书（影印版）［M］. 台北：台湾商务印书馆，1983.

［49］曾国藩. 曾国藩全集［M］. 长沙：岳麓书社，1986.

［50］黄宗羲. 宋元学案［M］. 北京：中华书局，1986.

［51］姚鼐. 惜抱轩全集［M］. 香港：文海出版社，1979.

［52］吴孟复，蒋立甫. 古文辞类纂评注［M］. 合肥：安徽教育出版社，1995.

［53］梁启超. 饮冰室合集［M］. 北京：中华书局，1989.

［54］鲁迅. 鲁迅全集［M］. 北京：人民文学出版社，1981.

［55］杨昌济. 杨昌济文集［M］. 长沙：湖南教育出版社，1983.

［56］毛泽东. 毛泽东早期文稿［M］. 长沙：湖南出版社，1990.

［57］二十四史［M］. 北京：中华书局，1978.

［58］章学诚. 文史通义校注［M］. 北京：中华书局，1985.

［59］鲁迅. 汉文学史纲要［M］. 北京：人民文学出版社，1976.

［60］侯外庐，等. 中国思想通史［M］. 北京：人民出版社，1980.

［61］朱绍侯. 中国古代史［M］. 福州：福建人民出版社，1982.

［62］刘大杰. 中国文学发展史［M］. 上海：上海古籍出版社，1982.

［63］范文澜. 中国通史简编［M］. 北京：人民出版社，1965.

［64］陈寅恪. 金明馆丛稿二编［M］. 上海：上海古籍出版社，1982.

［65］翦伯赞. 秦汉史［M］. 北京：北京大学出版社，1983.

［66］侯外庐. 宋明理学史［M］. 北京：人民出版社，1984.

［67］赵翼. 廿二史札记校正［M］. 北京：中华书局，1984.

［68］冯友兰. 中国哲学史新编：第三册［M］. 北京：人民出版社，1985.

［69］郭预衡. 中国散文史［M］. 上海：上海古籍出版社，1986.

［70］张纯，王晓波. 韩非思想的历史研究［M］. 北京：中华书局，1986.

［71］游国恩. 楚辞概论［M］. 上海：北新书局，1926.

［72］马积高. 赋史［M］. 上海：上海古籍出版社，1987.

［73］萧清. 中国古代货币思想史［M］. 北京：人民出版社，1987.

［74］谭其骧. 简明中国历史地图集［M］. 北京：中国地图出版社，1996.

［75］吴文治. 中国文学史大事年表［M］. 合肥：黄山书社，1996.

［76］陈柱. 中国散文史［M］. 上海：东方出版社，1996.

［77］越晔，应劭，崔鸿. 野史精品［M］. 长沙：岳麓书社，1996.

［78］金春峰. 汉代思想史［M］. 北京：中国社会科学出版社，1997.

［79］任继愈. 中国哲学史［M］. 北京：人民出版社，1998.

［80］褚斌杰，谭家健. 先秦文学史［M］. 北京：人民文学出版社，1998.

［81］蔡镇楚. 中国古代文学批评史［M］. 长沙：岳麓书社，1999.

［82］徐复观. 两汉思想史［M］. 上海：华东师范大学出版社，2001.

［83］陈戍国. 中国礼制史：秦汉卷［M］. 长沙：湖南教育出版社，2002.

［84］林剑鸣，吴永琪. 秦汉文化史大辞典［M］. 上海：汉语大词典出版社，2002.

［85］齐思和. 中国史探研［M］. 石家庄：河北教育出版社，2003.

［86］孟祥才. 先秦秦汉史论［M］. 济南：山东大学出版社，2003.

［87］钱穆. 秦汉史［M］. 北京：生活·读书·新知三联书店，2004.

［88］赵吉惠. 中国儒学简史［M］. 长沙：湖南人民出版社，2004.

［89］陈平原. 中国散文小说史［M］. 上海：上海人民出版社，2004.

［90］田建荣. 中国考试思想史［M］. 北京：商务印书馆，2004.

［91］曹道衡，刘跃进. 先秦两汉文学史料学［M］. 北京：中华书局，2005.

［92］荀悦. 两汉纪［M］. 北京：中华书局，2005.

［93］朱维铮. 中国经学史十讲［M］. 上海：复旦大学出版社，2005.

［94］张国刚，乔治忠，等. 中国学术史［M］. 上海：东方出版中心，2006.

［95］王应麟. 汉书艺文志考证［M］. 台北：台湾商务印书馆，1983.

［96］陈骙. 文则［M］. 北京：人民文学出版社，1960.

［97］刘熙载. 艺概［M］. 上海：上海古籍出版社，1978.

［98］王夫之. 读通鉴论［M］. 北京：中华书局，1975.

［99］沈德潜. 说诗晬语［M］. 北京：人民文学出版社，1979.

［100］李涂. 文章精义［M］. 北京：人民出版社，1960.

［101］郭沫若. 十批判书［M］. 北京：人民出版社，1961.

［102］章太炎. 国故论衡［M］. 上海：上海古籍出版社，2003.

［103］朱光潜. 朱光潜美学文学论文选集［M］. 长沙：湖南人民出版社，1980.

［104］钱基博. 近百年湖南学风［M］. 长沙：岳麓书社，1985.

［105］朱自清. 朱自清古典文学论文集［M］. 上海：上海古籍出版社，1981.

[106] 朱光潜. 悲剧心理学 [M]. 北京：人民文学出版社，1983.

[107] 朱自清. 经典常谈 [M]. 上海：上海古籍出版社，1999.

[108] 高尔泰. 美是自由的象征 [M]. 北京：人民文学出版社，1986.

[109] 徐复观. 中国艺术精神 [M]. 沈阳：春风文艺出版社，1987.

[110] 贺麟. 文化与人生 [M]. 北京：商务印书馆，1988.

[111] 袁济喜. 赋 [M]. 北京：人民文学出版社，1994.

[112] 马育良. 汉初三儒研究 [M]. 合肥：黄山书社，1996.

[113] 王兴国，聂荣华. 湖湘文化纵横谈 [M]. 长沙：湖南大学出版社，1996.

[114] 张岂之. 中华人文精神 [M]. 西安：西北大学出版社，1997.

[115] 钱中文. 文学发展论 [M]. 北京：经济科学出版社，1998.

[116] 杨树增. 先秦诸子散文 [M]. 桂林：广西师范大学出版社，1999.

[117] 刘松来. 两汉经学与文学 [M]. 南昌：百花洲文艺出版社，2001.

[118] 何兆武. 历史理性批判论集 [M]. 北京：清华大学出版社，2001.

[119] 郭建勋. 楚辞与中国古代韵文 [M]. 长沙：湖南师范大学出版社，2001.

[120] 周秋光. 湖湘文化宏观研究 [M]. 长沙：湖南师范大学出版社，2001.

[121] 朱汉民. 湘学原道录 [M]. 北京：中国社会科学出版社，2002.

[122] 朱汉民. 湖湘学派史论 [M]. 长沙：湖南大学出版社，2004.

[123] 尚永亮. 贬谪文化与贬谪文学 [M]. 兰州：兰州大学出版社，2004.

[124] 程世和. 汉初士风与汉初文学 [M]. 北京：中国社会科学出版社，2004.

[125] 张松辉. 先秦两汉道家与文学 [M]. 上海：东方出版社，2004.

[126] 刘泽华. 先秦士人与社会 [M]. 天津：天津人民出版社，2004.

[127] 陈松青. 先秦两汉儒学与文学 [M]. 长沙：湖南师范大学出版社，2004.

[128] 王保国. 两周民本思想研究 [M]. 北京：学苑出版社，2004.

[129] 孙明君. 汉魏文学与政治 [M]. 北京：商务印书馆，2004.

[130] 余英时. 士与中国文化 [M]. 上海：上海人民出版社，2004.

[131] 魏源. 海国图志 [M]. 郑州：中州古籍出版社，1999.

[132] 侯外庐. 船山学案 [M]. 长沙：岳麓书社，1982.

[133] 贾谊新书 [M]. 刻本.

[134] 贾长沙集 [M]. 刻本. 清光湘江书局.

[135] 贾长沙集 [M]. 铅印本. 都门书局，1917.

[136] 新书十卷 [M]. 刻本.

[137] 贾子. 抱经堂校订本 [M]. 影印本. 北京：直隶书局，1923.

[138] 贾长沙集 [M]. 清光绪滇南唐氏重刊本

[139] 贾谊. 贾谊新书 [M]. 卢文弨，校. 上海：上海古籍出版社，1989.

[140] 贾谊故居管理处. 贾太傅新书 [M]. 长沙：湖南人民出版社，2006.

[141] 贾谊. 贾谊集 [M]. 上海：上海人民出版社，1976.

[142] 吴云，李春台. 贾谊集校注 [M]. 郑州：中州古籍出版社，1989.

[143] 王心湛. 贾子新书集解 [M]. 上海：上海广益书局，1936.

[144] 王洲明，徐超. 贾谊集校注 [M]. 北京：人民文学出版社，1996.

[145] 夏汉宁. 贾谊文赋全译 [M]. 南昌：百花洲文艺出版社，1996.

[146] 饶东原. 新译新书读本 [M]. 台北：台湾三民书局，1998.

[147] 方向东. 贾谊集汇校集解 [M]. 南京：河海大学出版社，2000.

[148] 阎振益，钟夏. 新书校注 [M]. 北京：中华书局，2000.

[149] 于智荣. 贾谊新书译注 [M]. 哈尔滨：黑龙江人民出版社，2004.

[150] 王兴国. 贾谊评传 [M]. 南京：南京大学出版社，1992.

[151] 杨鹤皋. 贾谊的法律思想 [M]. 北京：群众出版社，1985.

[152] 汪耀明. 贾谊和西汉文学 [M]. 上海：复旦大学出版社，2003.

[153] 马克思，恩格斯. 马克思恩格斯全集 [M]. 北京：人民出版社，1962.

[154] 黑格尔. 逻辑学 [M]. 杨一之，译. 北京：商务印书馆，1966.

[155] 黑格尔. 美学 [M]. 朱光潜，译. 北京：商务印书馆，1981.

[156] 爱克曼. 歌德谈话录 [M]. 朱光潜，译. 北京：人民文学出版社，1978.

［157］丹纳. 艺术哲学［M］. 傅雷, 译. 北京: 人民文学出版社, 1983.

［158］布迪厄, 华康德. 实践与反思——反思社会学导引［M］. 李猛, 李康, 译. 北京: 中央编译出版社, 2004.

［159］富兰. 变革的力量［M］. 北京: 教育科学出版社, 2004.

［160］杰克曼. 不需暴力的权力［M］. 欧阳景根, 译. 天津: 天津人民出版社, 2005.

［161］博维. 权力中的知识分子［M］. 萧莎, 译. 南京: 江苏人民出版社, 2005.

［162］赫费. 政治的正义性［M］. 庞学铨, 李张林, 译. 上海: 上海译文出版社, 2005.

［163］佛洛姆. 逃避自由［M］. 孟祥森, 译. 哈尔滨: 北方文艺出版社, 1987.

［164］霍尔. 荣格心理学入门［M］. 冯川, 译. 北京: 生活·读书·新知三联书店, 1987.

［165］霍尔. 弗洛伊德心理学入门［M］. 陈维正, 译. 北京: 商务印书馆, 1985.

［166］三木清. 人生探幽［M］. 张勤, 张静萱, 译. 上海: 上海文化出版社, 1987.

［167］王季星. 贾谊和他的作品［J］. 东北人大学报, 1956 (4).

［168］杨毓麟. 新湖南［J］. 湖南历史资料, 1959 (3).

［169］魏建功, 阴法鲁, 吴竞存, 等. 关于贾谊《新书》真伪问题的探索［J］. 北京大学学报, 1961 (5).

［170］阴法鲁, 陈铁民. 贾谊思想初探［J］. 北京大学学报, 1962 (5).

［171］胡念贻. 贾谊和他的散文［N］. 光明日报, 1962 – 03 – 04.

［172］朱碧松. 试论贾谊和晁错的政论文［J］. 光明日报, 1962 – 11 – 25.

［173］邵勤. 论贾谊［J］. 安徽师大学报, 1977 (4).

［174］张斌荣. 贾谊心态历程及其特点［J］. 青海师专学报, 1998 (2)..

［175］赵逵夫. 论《惜誓》的作者与作时［J］. 文献, 2000 (1).

［176］王艳, 袁野. 从汉文帝不采纳贾谊的《谏除盗铸钱令》想到的［J］. 金融科学, 2000 (2).

［177］张立文. 儒学的人文精神［J］. 新华文摘，2000（5）.

［178］安小兰. 贾谊论［J］. 安徽教育学院学报，2000（5）.

［179］韩高年. 论贾谊赋的承上启下［J］. 中国韵文学刊，2002（1）.

［180］马晓东，庄大均，贾谊. 荀学与黄老［J］. 山东大学学报（哲社版），2003（1）.

［181］乔易如. 两篇讽喻作，一部兴亡史［J］. 大同职院学报，2003（2）.

［182］吴松庚. 贾谊谱系考略［J］. 船山学刊，2004（3）.

［183］邱冬玎. 贾谊散文风格论［J］. 西华师大学报，2004（4）.

［184］马积高. 漫论湖湘文化［J］. 湖湘论坛，1996（6）.

跋

　　壬寅夏至，也没有什么特别之处，只是多了几分潮湿的闷热，这种天气，莫不就是《史记·屈原贾生列传》中所载的"长沙卑湿"？虽然杂务繁重，但拙著能得以出版，顿觉非常惬意。

　　2003 年，我考入扬州大学攻读博士学位，扬州三年，转瞬即逝，但当年那份莫名的向往，对学业的那份执着，以及师长学友们对我多般指导关心，并未随着时光的消失而远去。我写过几首小诗，回忆当年这些情景：

　　　　江南风润物，最忆半塘旁。君去吾年少，我来雨骤狂。青莲擎碧绿，弱柳乱华章。大曲传千里，不如思念长。　　（《扬州学忆之一》）
　　　　樗栎自知省，刍荛天亦怜。三春勤运览，八怪巧铺笺。骑鹤芙蓉事，呼朋汲冢篇。归来风物美，原道袖湘弦。　　（《扬州学忆之二》）
　　　　早觉西湖瘦，三年未看园。章黄胜义在，孔壁五经喧。化境心无物，无言道几番。簏中书屡笑，香咳似诗媛。　　（《扬州学忆之三》）

　　"少年易老学难成，一寸光阴不可轻；未觉池塘春草梦，阶前梧叶已秋声。"诚哉！朱子之言。五柳先生曾叹"总角闻道，白首无成"，人生有涯而学海无边，如今我深感于是：

　　　　误入书山几十春，归来未遇烂柯人。霜天浓暮怜芳草，且喜苍华且自珍。　　　　　　　　　　　　　　　（《扬州学忆之四》）
　　　　曾忆当年为学痴，瘦西湖畔拜良师。文章半揉而今看，无悔多情

未老时。 　　　　　　　　　　　　　　　　　　　（《扬州学忆之五》）

　　几度扬州本事消，湖湘学子起心潮。青灯黄卷随春梦，入夜浮于
廿四桥。 　　　　　　　　　　　　　　　　　　　（《扬州学忆之六》）

　　出于研究的需要，我曾数次到位于长沙市太平街的贾谊故居寻找写作
思绪，这处古迹的负责人也是一位研究贾谊的专家，我曾专门向这位专家
请教。来来去去，我写了《贾谊故居》四首：

　　贾生辞汉室，谪过洞庭涯。三载长沙客，千秋鹏鸟家。新书多太
息，故馆著风华。置酒思贤哲，怜君尽饮霞。 　　　（《贾谊故居之一》）

　　借我三升墨，难同太傅侪。天风凉似海，皇室晦如幽。富贵何曾
见，林皋不可求。楼高空自倚，投笔几回眸。 　　　（《贾谊故居之二》）

　　太傅多英特，文章更发明。治安知国体，原道胜公卿。涕泪终军
意，哀伤王粲情。天公无妒忌，何使马蹄惊。 　　　（《贾谊故居之三》）

　　千堆江浪起，疑是贾生来。寒翠晨昏滴，诗花日月开。潭州留泣
语，往事入尘埃。古树谁人种，枝枝拂旧台。 　　　（《贾谊故居之四》）

　　贾生意象是我在书中着重论述的一个创新点，贾谊虽处形格势禁，但
勇于求索，忠君爱国，沾溉历代文人士子。我在一些诗中，也不自觉地用
到了贾生意象，今摘录于此补苴罅漏：

　　叶染寒霜树未斜，湘风楚雨尽飞花。淑心一片销俗气，欢喜无边
向学涯。酒入诗肠杨万里，泪伤时事贾长沙。多年已忘扬州夜，曾宿
桥头第几家？ 　　　　　　　　　　　　　　　　　（《扬州学忆之七》）

　　自从五月五怀沙，一派流风拂岁华。贾傅移舟怜底事，少陵跋履
惜寒家。濯缨桥是琳琅句，独醒亭如蕙芷花。愿得湘岑临水坐，愁随
桴鼓到天涯。 　　　　　　　　　　　　　　　　　　　　（《汨罗江》）

　　花里莺簧。晴绿新裳。春来也，几处人忙。若寻胜景，直到潇湘。
访九嶷山，秦人洞，贾生乡。

　　星河千转，浮华惊散，祝融峰、宝策高藏。愿天无疾，祈地无殇。

使人如意，情如酒，喜如狂。 　　　　　　　（《行香子·二月偶记》）

　　本书以鄙人 2007 年的博士学位论文为基础改定而成。拙著虽然曾获湖南省第十七届优秀社科著作出版资助，但出版过程一波三折，几欲放弃，只因劳神费力，无暇照拂，又无甚大用；终又再次捡起校阅，只因不忍弃之，意欲了却牵挂，放下纠结。幸得诸位领导和挚友高看厚爱，拙著才得以印行。本书引用了前贤时人的不少研究成果，在此一并致谢！书中有注释不充分、引用疏漏之处和对近十五年的研究成果综述不力的情况，还望多多海涵；研究中还存在许多疑问，虽然后来也进行了一些考究和补充，但由于本人学力有限，未能穷其渊源，相关研究的新成果又难以尽览，恭请各方专家学者批评指正。

　　跋，既有登山涉水之意，又指文体的一种，跋涉了文字的山山水水之后，再写一点感想，此等际遇，能得几回？

　　"夫诗者，众妙之华实，六经之菁英"，诗是最高级的语言形式，是高贵人格的象征，倚诗为跋，又有几回？

熊永祥
2022 年 6 月于岳麓山下